职务犯罪司法实务难题精解

ZHIWU FANZUI SIFA SHIWU NANTI JINGJIE

余枫霜 著

中国检察出版社

图书在版编目（CIP）数据

职务犯罪司法实务难题精解 / 余枫霜著 . -- 北京：中国检察出版社，2025. -- ISBN 978-7-5102-3290-9

Ⅰ. D924.304

中国国家版本馆 CIP 数据核字第 20258GE493 号

职务犯罪司法实务难题精解

余枫霜　著

责任编辑： 刘思昊

技术编辑： 王英英

封面设计： 徐嘉武

出版发行： 中国检察出版社

社　　址： 北京市石景山区香山南路 109 号（100144）

网　　址： 中国检察出版社（www. zgjccbs. com）

编辑电话：（010）86423796

发行电话：（010）86423726　86423727　86423728

（010）86423730　86423732

经　　销： 新华书店

印　　刷： 唐山玺诚印务有限公司

开　　本： 710 mm × 960 mm　16 开

印　　张： 18

字　　数： 244 千字

版　　次： 2025 年 6 月第一版　　2025 年 8 月第二次印刷

书　　号： ISBN 978-7-5102-3290-9

定　　价： 60.00 元

序

本书作者余枫霜同志2006年硕士研究生毕业后进入南京市检察院从事公诉工作，在一个个案件的磨砺中快速成长，先后获得南京市十佳公诉人、南京市十佳政法干警、江苏省十佳公诉人、江苏省检察业务专家、全国优秀公诉人、全国模范检察官等荣誉称号。2011年9月，她进入南京大学法学院在职攻读博士学位，我担任她的指导老师。她在校期间勤勉努力、乐于钻研，妥善处理工学矛盾，在三年学制内顺利毕业并取得法学博士学位。

后因工作需要，她从公诉处调入新成立的职务犯罪检察部，专门从事重大职务犯罪案件的审查起诉工作，办案任务十分繁重。有几次元旦假期，我们互道新年问候时，才知道她仍在办案点带着团队夜以继日工作。后来，在央视新闻、反腐专题片以及检察机关的微信公众号中，多次看到她在公诉席上的身影，知道她这些年办理了不少在全省、全国有影响力的职务犯罪大要案。

加强法治理论和检察实践的深度融合，是助力法治建设、服务反腐败工作大局的急切需求，也向一线司法者的素能建设提出了挑战。余枫霜同志不断探索钻研，善于思考总结，与时俱进破解实践难题，近年来，她办理、指导办理了不少疑难复杂案件。2022年，她在办理一起互涉案件的过程中，通过个案请示推动最高检出台《关于先后受理同一犯罪嫌疑人涉嫌职务犯罪和其他犯罪的案件审查起诉期限如何起算问题的批复》，获评2022年度职务犯罪检察十大事例。看到学生的涓滴之力汇入法治中国建设的浪潮，我感到非常欣慰。

为了推进职务犯罪法律适用研究及实务难题解决，余枫霜同志通过实证研究方法，结合典型案事例，对贪污贿赂犯罪中重大疑难案件涉及的若干法律适用问题及案件办理过程中疑难程序问题进行了比较系统深入的研究，精心撰写了《职务犯罪司法实务难题精解 》一书。通览全书，我认为有以下三个鲜明特点：

一是聚焦问题。本书没有用大量篇幅综述学术观点或梳理法条沿革，而是着眼于职务犯罪检察办案实体和程序中的难题，坚持以问题为导向。作者以层层打开“问题清单”的方式，深入探究司法实践中亟须回答的贪贿犯罪法律适用、行贿犯罪违法所得追缴、监检衔接机制完善等问题，视角新颖、论证有力，对司法实务工作者具有积极的参考意义。

二是深剖案例。每个疑难复杂案例，都映射出司法认定中的困惑与纠结。作者收集多个典型案例，剔除旁枝末节，突出问题症结，将复杂的案情提炼为短小精悍的研讨案例，让争议焦点跃然纸上，读者可以从一个个生动、鲜活的案例里，了解到司法实践中职务犯罪案件的新情况新问题以及作者对这些疑难问题的理论思考。

三是紧贴实务。“法律的生命不在于逻辑而在于经验”。作为一门实践性科学，法律根植于社会现实，法度需与时偕行，感知并回应时代需求，方能实现良法善治。司法者同样需要不断提升素能，与时俱进破解实务难题。近年来，疑难、复杂问题不断涌现：收受虚拟币是否构成受贿？在无法通过价格认证确定虚拟币价值的情况下，如何认定受贿金额并计赃论罪？如何认定行贿犯罪中的不正当财产性利益？通过行贿承接工程所获利润，是否全部作为违法所得予以追缴？满足一定条件的预期利益，能否成为刑法中的贿赂？……本书作者善于对司法难题辨法析理，领悟出紧贴实务的法治精神，实现社会公平正义。书中提出的诸多观点与方法，不仅是作者丰富司法经验的总结，也体现职务犯罪检察研究的最新理论成果。

我相信，本书的出版将为司法机关、纪检监察机关及相关法律从业人员的“工具箱”提供一部视角新、内容实的参考书，其中的不少典型案例也颇具警示教育意义。对于一个长期在一线从事高强度办案工作，又要兼顾家庭的女同志来说，完成这样一本专著，实属不易，没有高度自律和孜孜不倦的钻研劲头，是很难做到的。作为她的博士生指导老师，在她的这部力作出版之际，我谨表达最美好的祝贺！希望余枫霜博士在今后的理论与实务结合中不断耕耘，推出更多更好的研究成果。

是为序。

杨春福*

2025 年 6 月

* 杨春福，东南大学法学院教授、博士生导师；国家人权教育与培训基地——东南大学人权研究院副院长。

Contents 目录

第一章 贪污罪

◎ 如何认定公共财产损失

◎ 如何认定虚增交易环节型贪污

◎ 如何界分贪污罪与非法经营同类营业罪

◎ 如何界分贪污罪与盗窃罪

……

第一节　公共财产的损失认定

一、贪污罪的对象

根据《刑法》第三百八十二条的规定，贪污罪的对象是“公共财产”。《刑法》第九十一条界定了公共财产的范围，该条规定：“本法所称公共财产，是指下列财产：（一）国有财产；（二）劳动群众集体所有的财产；（三）用于扶贫和其他公益事业的社会捐助或者专项基金的财产。在国家机关、国有公司、企业、集体企业和人民团体管理、使用或者运输中的私人财产，以公共财产论。”根据《刑法》第三百九十四条的规定，“国家工作人员在国内公务活动或者对外交往中接受礼物，依照国家规定应当交公而不交公，数额较大的，依照本法第三百八十二条、第三百八十三条的规定定罪处罚。”可见，国内外公务活动中接受的应当交公的礼物，也是贪污的对象。关于贪污对象，有几点值得关注。

第一，国有单位违规收取的费用，在行政主管部门作出处置之前，应认定为公共财产。从《刑法》第九十一条的规定中不难看出，判断公共财产，本质不在于某一财产在法律上的最终所有权权属关系，而在于财产现实的占有、管理状态。《刑法》所保护的财产权利，源于相关民事、行政法律法规的规定，同时又具有相对的独立性，这是由《刑法》承担的维护社会秩序的基本机能所决定的。《刑法》上的财产，更多强调的是财产的经济价值性，而非合法性，如盗窃违禁品也同样构成盗窃罪。因此，实际处于单位占有、管理、控制之下的财产，即便是违法、违规取得的，也可以认定为贪污对象。比如，某国有企业违规向员工收取的风险保证金，某高等院校违规收取的点招费，某派出所违规收取的赞助费等，虽是单位违规取得的财产，但依然在单位的占有、管理之下，应视为公共财产。《刑事审判参考》第312号案例尚荣多等贪污案[①]中，辩护人提出收取“点招费”违反国家有关规定，“点招费”不能视为国有财产，收取“点招费”并作为奖金进行分配，侵犯的只是学生家长的私人财产所有权，但法院认为，在行政主管部门未对学校的乱收费行为进行查处前，应当视为由该商业高等专科学校授权学生处管理的公共财产。

第二，土地使用权是贪污的对象。最高法2012年发布的第3批指导性案例杨延虎贪污案中，明确了土地使用权具有财产性利益，属于《刑法》第三百八十二条第一款规定中的公共财产，可以成为贪污的对象。

第三，贪污的对象不仅包括国有独资企业的财产，也包括含有国有财产成分的混合所有制企业的财产。从主体身份来看，根据最高人民法院、最高人民检察院2010年发布的《关于办理国家出资企业中职务犯罪案件具体应用法律若干问题的意见》的规定，经国家机关、国有公司、企业、事业单位提名、推荐、任命、批准等，在国有控股、参股公司及其分支机构中从事公务的人员，应当认定为国家工作人员。经国家出资企业中负有管理、监督国有资产职责的组织批准或者研究决定，代表其在国有控股、参股公司及其分支机构中从事组织、领导、监督、经营、管理工作的人员，应当认定为国家工作人员。“贪污罪立法的出发点在于规制国家工作人员的主体行为，而不主要在于国有资产对象。”[②]虽然贪污的对象包括混合经济组织的财产，但是认定贪污犯罪数额时，并不需要折算出国有资产成分的占比或净值。在具体量刑时则不同，侵吞同样数额的情况下，危害程度还是有差别，需要酌情予以考量。

---

① 尚荣多等贪污案，载中华人民共和国最高人民法院刑事审判第一庭、第二庭编：《刑事审判参考》总第39辑，法律出版社2005年版，第312号案例。

② 林荫茂：《国资流失犯罪研究——兼谈私分国有资产罪的刑法适用问题》，载《政治与法律》2008年第6期。

二、公共财产损失包括单位应得收益损失

“贪污罪的对象不以单位的既定财产为限，应归单位所有的收入及财产性利益，也应纳入贪污罪的对象”[①]，譬如，单位的应收货款、租金收入及其他无经营风险的确定性收益。如果国家工作人员利用职务之便，占有上述财物，即构成贪污罪。实践中，我们需要厘清单位应得收益与市场活动正常收益的区别。

【案例一】

2010年上半年，某大学后勤管理处副处长彭某，从亲戚处偶然得知A公司在营业厅选址过程中初步看中该大学两间门面房。彭某遂找到李某，让李某到某大学资产管理中心洽谈上述门面房出租一事。经正常洽谈，李某以年租金10万元的价格租下该门面房，后李某与A公司签订房屋租赁合同，年租金12万元。该房屋共出租三年，彭某获得出租差价人民币6万元。

本案中，如何评价彭某获得差价的行为，是正常的市场行为，还是利用职务上的便利变相侵吞公共财产的行为？某大学证实，其按照10万元的价格出租房屋，是进行充分市场调研的结果，经调取相关合同，发现该大学所有的同地段其他房屋，也是以该价格对外出租；A公司认为，公司初步看中大学门面房后，尚在“犹豫期”，被李某捷足先登，但A公司经过测算和集体讨论，同意以12万元的价格从李某处租赁房屋。无论是大学还是A公司，均不认为自己是被害单位，也都认为本单位没有任何财产损失。本案到底有无被害人，大学是否存在财产损失呢？

从职务便利看，彭某作为后勤管理处副处长，似乎具有管理全校资产的职责，但按照该大学的相关规定和实际运作情况，大学经营性房产归资产管理中心负责，不归后勤管理处管理，而资产管理中心和后勤管

① 熊选国、任卫华主编：《刑法罪名适用指南——贪污贿赂罪》，中国人民公安大学出版社2007年版，第7页。

理处各自独立，在职能上也不存在交叉。经调查，李某从资产管理中心租赁门面房，是正常洽谈结果，从调取该大学相同地段其他门面房的出租合同看，年租金与10万元相当。资产管理中心负责人证实，将门面房以10万元价格出租给李某，是双方协商的正常结果，并不知道实际承租人是彭某，彭某在此过程中也未向资产管理中心任何人员打过招呼。换言之，彭某所任职的后勤管理处无权决定、参与大学经营性房产的管理及出租事宜，彭某对此事项并未职务上的便利。A公司证实，以12万元租金租赁该门面房，符合总公司关于该区该地段营业厅选址的价格定位，是正常的市场行为。

首先，彭某的确侵吞了合同差价，但彭某对学校门面房出租事项没有职务上的便利，其利用的不是职务之便，而是从亲戚处获得的信息优势。其次，彭某安排李某先行从学校租赁门面房，其间A公司尚在“犹豫期”，并不能确定A公司一定以更高的价格向李某租赁门面房，也存在门面房短时间无法出租的风险，因此，彭某实际上也承担了一定的市场风险。最后，该学校同地段房屋均按照该价格对外出租，难以评价存在公共财产的实际损失。从以上三个方面看，学校不存在应得收益损失，本案没有遭受财产损失的被害单位，彭某的行为并不符合贪污罪的构成要件。

【案例二】

2020年7月至2021年2月，刘某某利用其担任区粮食购销公司总经理、某湖公司执行董事等职务上的便利，指使张某某采取收付款均不入账的方式，将某湖公司采购的1300吨糯稻出售给二人自行联系的粮食买家，侵吞某湖公司上述粮食销售利润款共计32.712万元。

上述案例中，刘某某与张某某是否系内外勾结型贪污犯罪，存在分歧意见。争议焦点在于，在国有公司签订合同后，可以明确但尚未实际获得的利润，是否系贪污犯罪对象。粮食购销合同、财务记账资料、个体粮商的证言，能证实涉案粮食系某湖公司订购，保证金系某湖公司支付，粮食的权益及风险均应当归属于某湖公司；刘某某、张某某在明知粮价上涨、行情较好的情况下，私自出售定购粮食，售粮款均进入个人账户，变相侵吞了国有公司可预期的、确定性利润。实际上，国有粮食购销公司与其他单位签署购销合同并支付保证金后，便取得了合同项下的粮食财产权益且承担交易风险。在合同履行过程中，行为人在明知粮价上涨、履行购销合同将给单位带来确定性利润的情况下，利用职务上的便利，采取收付款均不入账的"体外循环"方式，将国有公司采购的糯稻出售给自行联系的其他粮食买家，本质上侵吞了单位可预期的、确定性的收益，致使国有粮食购销公司因错失交易机会而遭受确定性财产利益损失，符合"损公肥私"的贪污罪本质特征，应以贪污罪予以评价。

国有单位通过履行合同可以获得的利润，属于单位的预期利益，"预期利益是否属于'本单位财物'不能一概而论：若预期利益属于单位'必然可得'的财产性利益，则应归类为'确定的收益'，属于'本单位财物'；若预期利益只是不确定的利益，则不属于本单位财物"[①]。本案中，某湖公司的合同利益具有确定性、可量化的特征，属于财产性利益，可以成为贪污对象。

三、以资格体现的财产性利益是贪污对象

【案例三】

2015年，被告人王某担任某区征收办房源科副科长期间，利用负责管理、审核、办理定购商品房申购工作的职务便利，使用被拆迁人的征收资料和虚假的申购资格转让材料，违规以其母亲名义办理"定购商品房"申购手续。2015年10月，王某支付购房款156万元，2016年9月与开发商签订购房协议，购买清风雅苑定购商品房一套（经鉴定，该房

① 刘艳红：《保护民营企业视角下职务侵占罪的司法适用研究》，载《现代法学》2023年第3期。

产同时期市场价值为 244 万元）。2019 年 9 月，王某将该房产以 400 万元的价格出售。

该案中，王某利用职务便利，违规获取了定购商品房的申购资格并转卖房屋获利，王某的行为该如何评价呢？有观点认为，定购商品房由开发商出售给被拆迁户，案件发生时产权并不在政府名下，不属于《刑法》中的“公共财物”，且定购商品房产生的溢价部分也是市场行情带来的，并非公共财产的实际损失，故王某的行为不构成贪污。可见，评价王某行为的关键是先厘清定购商品房的性质，以及判断公共财产有无实际损失。

本案中的定购商品房，系区域征收拆迁工作中的特色产物，是某区政府为了顺利推进拆迁工作、解决被拆迁居民在社会购房难的问题，由区政府征收办与开发商签订购房协议，区政府按照协议约定支付全额或大部分房款，由征收办房源科统一管理并作为安置保障房储备的房屋。根据拆迁补偿方案及申购指南，具有申购资格的人只能是放弃保障性房源的被拆迁人以及被拆迁公房的承租人。

定购商品房与普通商品房有以下几点区别：一是购买渠道不同。定购商品房只能通过征收办开具的《定购商品房联系单》到开发商处购买；二是收款人不同。普通商品房由开发商收款，而定购商品房因政府前期已支付全额或大部分购房款，定购商品房由征收办收款；三是购买人不同。普通商品房对购买人资格无任何限制，但申购商品房只能由放弃申购保障性住房的被拆迁人购买；四是价格不同。定购商品房是政府在房地产开发初期大批量购买，享受团购优惠，申购价格均为政府协议锁定价，不受市场价格波动的影响，通常要比同地段的普通商品房便宜，且随着时间的推移，与同地段其他普通商品房之间的价格差距可能越来越大。

因而定购商品房属于公共财产，因增值形成的财产性利益亦属公共财产。从定购商品房的产生背景及管理规定看，定购商品房的购房主体和资金来源均为区政府，由区政府房源科统一管理房源以及核定申购资格，故定购商品房虽未办理产权，但由国家机关出资锁定，由国家机关统一管理，属于公共财产。其次，申购商品房与同期同地段的普通商品房相比，存在很大的价格差距，如王某购买的清风雅苑定购商品房，政府在三年前就支付购房款从开发商处锁定房源并确定定购价，时隔三年，定购价比该房产同期市场价低 88 万元，溢价的形成当然与市场因素息息相关，但溢价是政府三年前出资定购房屋所形成的增值，这部分财产性利益理应由政府享有，属于“公共财产”的范畴。

本案中，在定购商品房价格与同期商品房形成巨大差价的情形下，定购商品房的申购资格，实质上代表着应归属于国家机关的财产性利益。王某利用职务上的便利，通过弄虚作假手段违规获取定购商品房申购资格，从而非法占有定购商品房订购价和市场价之间的差额，其行为符合贪污罪的构成要件，应以贪污罪定罪处罚。王某申购房屋时，房屋真实市场价格和实际支付价格之间的差额，即是定购商品房这一“资格”所体现的财产性利益，故本案贪污犯罪数额应为差价 88 万元。三年后，王某将该房屋出售获利 156 万元，应作为犯罪孳息一并予以没收。

四、公共财产损失包括原本无须支付的费用支出

【案例四】

2007 年 6 月，某市某区某街道龙山社区党支部书记王某和村委会主任万某，在明知龙山社区及周边地区即将拆迁的情况下，雇用他人在该村委会办公大院旁球场搭建违章建筑 834.22 平方米。同年年底，王某、万某利用协助街道负责村委会办公楼及周边地块违章房的拆迁补偿标准制定、拆迁补偿协议签订及补偿款申报、发放等职务之便，将搭建的违章建筑以村民宫某某的名义申报一次性临建拆迁补偿款，骗取拆迁补偿款共计现金人民币 45 万元。

本案的争议焦点有两个：一是主体身份问题，二是如何看待公共财产

的损失问题。村委会主任、村党支部书记是否具有国家工作人员身份？一种观点认为，村基层组织工作人员在协助拆迁过程中，仅仅是陪同拆迁公司丈量、登记、做好记录、按名单发放补偿款。根据2000年全国人大常委会关于《刑法》第九十三条第二款的解释释义，“村民委员会等村基层组织人员协助人民政府从事下列行政管理工作，属于《刑法》第九十三条第二款规定的‘其他依照法律从事公务的人员’：（一）救灾、抢险、防汛、优抚、扶贫、移民、救济款物的管理；（二）社会捐助公益事业款物的管理；（三）国有土地的经营和管理；（四）土地征用补偿费用的管理；（五）代征、代缴税款；（六）有关计划生育、户籍、征兵工作；（七）协助人民政府从事的其他行政管理工作”。协助拆迁不属于立法解释规定的六种情形，也不适用第（七）种情形的兜底条款。虽然征地拆迁安置工作不在该立法解释列明的六项具体行政管理工作，但根据《征收土地公告办法》第十一条“征地补偿、安置方案经批准后，由有关市、县人民政府土地行政主管部门组织实施”的规定，征地拆迁安置工作具有政府管理性质，应当属于上述立法解释第一款第（七）项所规定的“协助人民政府从事的其他行政管理工作”的范围。王某、万某基于村民委员会的组织人员的特定身份，根据政府的要求在征地拆迁过程中，具体从事的被拆迁户资料收集、确认被拆迁房屋及附属物等协助工作，均是协助人民政府从事的行政管理工作，而非村民自治范围内的村集体事务工作，属于协助人民政府从事的其他行政管理工作，王某、万某具有国家工作人员身份。

厘清主体身份后，本案的第二个焦点就是如何界定公共财产的损失问题。虽然违章建筑在拆迁过程中通常不予补偿，但有的地方为了推进拆迁安置工作，也会按照一定标准给予违章建筑补偿。本案中，给予违章建筑一定补偿，是政府经集体研究决定的，该部分支出是否具有合理性？王某、万某的行为，是钻政策空子的不可罚行为还是变相侵吞公共财产的贪污行为？本案中，该地块的违建一共有四处，其中两处是王某、万某在明知要拆迁的情况下，在村集体土地上突击搭建的，另两处是两个村民在自家宅基地上修建的。违章建筑本不能获得补偿，王某、万某利用协助政府从事拆迁工作的职务之便，向政府隐瞒了两个村民同意无条件拆除违章建筑的真相，谎称拆迁工作难度大，不补贴不行，政府为了推进拆迁工作，最终同意给予违章建筑一定补偿。王某、万某还刻意隐瞒有两处违章建筑系村委会工作人员临时突击搭建的事实，以村民宫某某的名义向政府上报，从而顺利获取补偿款。如果政府了解实情，王某、万某二人是不可能获得任何补偿款的，即王某、万某利用职务上的便利，通过欺骗方式，使政府支出了原本无须支出的费用，造成了公共财产的实际损失，二人利用职务上的便利，骗取国家补偿款的行为，构成贪污罪。

第二节 贪污罪中的“非法占有目的”认定

非法占有目的是《刑法》中的一个重要概念，也是大多数经济犯罪、财产犯罪的行为人所追求的主观目的。有的《刑法》条文明确将“以非法占有为目的”规定在犯罪构成要件中，如《刑法》第二百二十四条规定的合同诈骗罪。有些条文虽然没有直接提到“非法占有目的”，但其逻辑上包括非法占有目的，如盗窃罪、诈骗罪、抢劫罪等。贪污罪是故意犯罪，是一种以非法占有为目的的财产性职务犯罪。“非法占有目的，是指排除权利人，将他人的财物作为自己的财物进行支配，并遵从财物的用途进行利用、处分的意思。”①

侵犯财产类犯罪中，在成立共同犯罪的情形下，“非法占有目的”包括为第三人占有。比如，在共同盗窃中，负责望风的行为人虽可能不参与分赃，主观上系为他人占有，但并不影响其构成盗窃共犯。那么，贪污罪中的“非法占有”，是否如盗窃、诈骗等普通侵财犯罪一样，同样包括“为第三人占有”？

在征地拆迁、申请补贴等领域中，国家工作人员与非国家工作人员共谋，国家工作人员利用职权帮助他人骗取拆迁款、补贴款而本人没有占有的情形并不少见，这种行为是构成贪污共犯、诈骗共犯还是滥用职权罪，司法实践存在较大争议。

【案例】

2004年至2007年，宫某某在担任某市某街道某社区党支部书记期间，利用所在社区协助该区科学园管理委员会从事征地拆迁工作的职权，采取违规将集体资产出售给个人、违规出具虚假常住户证明等方式，使得不符

① 张明楷:《刑法学》(第五版)，法律出版社2016年版，第957页。

合拆迁政策要求的李某某、戴某某参与拆迁并取得拆迁安置房，造成国家财产损失共计人民币902万余元。

本案争议的焦点在于，宫某某的行为是构成贪污罪、滥用职权罪还是诈骗罪？一种观点认为，宫某某明知李某某等人不符合拆迁安置政策，不是社区的常住户，在该社区也没有房屋，却利用职务便利为李某某出具虚假证明材料，违规将集体资产出售给李某某等人，主观上是为了帮助李、戴二人骗取国家安置房，宫某某利用职权帮助他人骗取公共财产，按照刑法共同犯罪理论，其与李、戴二人构成了共同贪污犯罪。另一种观点认为，宫某某利用职权帮助他人骗取补贴款而本人没有直接占有，不符合贪污罪的要件，但其行为造成了国家利益的重大损失，符合滥用职权罪的特征，宫某某与李、戴二人构成滥用职权罪的共犯。第三种观点认为，宫某某明知他人不符合拆迁政策而利用职权帮助他人实现犯罪目的，造成国家利益的重大损失，应以滥用职权罪评价；而李、戴二人以虚构事实、隐瞒真相的方式，骗取公共财产，构成诈骗罪。

上述几种分歧观点，争议的实质在于如何理解贪污罪中的"非法占有目的"。从刑法共犯理论出发，则贪污罪中的"非法占有"，既包括行为人将公共财物据为己有，也包括财物由自己和第三人共同占有，还应包括帮助第三人非法占有。也就是说，贪污罪"不以行为人主观上具有将公共财物非法占为己有或非法取得公共财物的所有权的犯罪目的为必要条件，只要行为人具有非法占有公共财物的犯罪目的，即已充足了贪污的主观要件。"[①] 另有相反观点认为，"贪污罪要求国家工作人员以本人非法占有财物为目的或以本人与他人共同非法占有财物为目的"[②]，这种观点的主要

① 储槐植、梁根林：《贪污罪论要——兼论〈刑法〉第394条之适用》，载《中国法学》1998年第4期。

② 王勇、姚国梅：《贪污罪要求国家工作人员以本人非法占有为目的》，载陈国庆主编：《刑事司法指南》（第61集），法律出版社2015年版。

理由是，根据最高检1999年《关于人民检察院直接受理立案侦查案件立案标准的规定（试行）》等相关规定，实质上将贪污罪中的“非法占有目的”进行了限缩，将意图使第三人非法占有排除在入罪之外。同时，《刑法》第二百七十一条对职务侵占罪的罪状表述是，“公司、企业或者其他单位的人员，利用职务上的便利，将本单位财物非法占为己有……”因此，根据体系解释原理，贪污罪中的“非法占有”，也应理解为意图占为己有。这一争议，直接影响到征地拆迁、申请补贴领域诸多案件的定性，甚至带来量刑差异。如果认为贪污罪中的“非法占有”包括为他人占有，则上述案例中，国家工作人员宫某某与外部人员构成贪污共犯，面临十年有期徒刑以上的处罚。反之，如对贪污罪中的“非法占有目的”进行一定限缩理解，仅包括国家工作人员本人占有财物，不包括为第三人单独占有财物的情形，则宫某某构成滥用职权罪，面临三年以上七年以下有期徒刑。

贪污罪中的“非法占有目的”应进行限缩理解，这种理解更符合贪污罪、滥用职权罪的罪质区分。贪污罪是典型的占有型财产犯罪，本质特征是国家工作人员利用职务便利损公肥私，无论是国家工作人员将公共财物单独占为己有，还是国家工作人员与他人共同占有，均是“损公肥私”的体现。鉴于“损公肥私”与“滥用职权”是两种截然不同的心理态度，对于国家工作人员实施渎职行为但个人没有非法占有的，宜认定为渎职犯罪。

在办理此类案件时，我们应注意区分“损公肥私”和“滥用职权”两种心态的不同，结合“国家工作人员是否事先约定分赃、所得赃款归个人所有还是小集体所有”等不同情况分别处理，具体可以从以下几个方面予以考量：（1）国家工作人员在申请、审核、拨付国家补偿款、补贴款的过程中，利用职务上的便利为非国家工作人员提供帮助，如事先约定国家工作人员可以分得部分拆迁补偿款、补贴款，国家工作人员和非国家工作人员事先进行了共谋，更符合贪污共犯的特征，可以贪污罪定罪处罚。（2）国家工作人员与非国家工作人员事先约定，部分赃款归小集体、小金库所有、部分归非国家工作人员所有，国家工作人员并未因贪污行为实际获取任何经济利益，对国家工作人员宜以滥用职权罪定罪处罚；非国家工作人员的行为如符合《刑法》规定的其他犯罪，依《刑法》规定定罪处罚。（3）国家工作人员与非国家工作人员事先未约定分成、未谋取个人私利，但在拆迁补偿款、补贴款申请、审核拨付等过程中玩忽职守或滥用职权，给国家利益造成重大损失时，原则上对国家工作人员以玩忽职守罪或滥用职权罪定罪处罚。（4）国家工作人员滥用职权为配偶、子女、情人等特定关系人谋取经济利益，虽自己未分得赃款，但由于国家工作人员与特定关系人是一个利益共同体，同样具备"以非法占有为目的"的主观要件，具有贪污故意。（5）国家工作人员在滥用职权或玩忽职守的同时，索要或收受非国家工作人员给予的财物，构成受贿罪的，对国家工作人员以滥用职权罪和受贿罪数罪并罚。因此，上述案例中，以滥用职权罪评价宫某某的行为更为适宜，更符合罪责刑相适应的原则。

非国家工作人员李某某、戴某某构成诈骗罪还是滥用职权罪的共犯？无身份者构成渎职共犯需要具备何种条件呢？最高法在《〈关于办理渎职刑事案件具体应用法律若干问题的解释（一）〉的理解与适用》[①] 中进行了说明，"渎职罪的打击对象应以国家机关工作人员为主，通常情况下不得根据共同犯罪的一般理论追究非国家机关工作人员渎职共犯的刑事责任。确有必要的，可以渎职共犯追究非国家机关工作人员的刑事责任，但必须加以严格限定。必要性限定包括两个方面的内容，一是非国家机关工作人员实施的渎职帮助行为在《刑法》中没有相应的罪名，如果《刑法》有相应的罪名规定，则无论法定刑轻重，应一概以该罪名定罪处罚。二是渎职帮助行为在地位和作用上必须达到一定的重要程度。"因此，渎职犯罪是

① 苗有水、刘为波：《〈关于办理渎职刑事案件具体应用法律若干问题的解释（一）〉的理解与适用》，载《刑事审判参考》（总第95辑），法律出版社2014年版。

真正身份犯，对无身份者通常不以渎职共犯追究其刑事责任，李某某、戴某某以非法占有为目的，通过欺骗手段骗取拆迁补偿款，符合诈骗罪的特征。当然，如果非国家工作人员实施的渎职帮助行为在《刑法》中没有相应的罪名，且是犯意提起者或教唆国家工作人员实施犯罪，在地位和作用上达到相当重要程度的，可以渎职犯罪共犯评价。

第三节 “虚增交易环节型贪污”的认定

随着党和国家反腐败和打击经济犯罪的力度不断加大，一些利用职务贪污受贿的犯罪分子为了逃避打击，也在不断地变换着犯罪的方法手段，产生新型隐性腐败。很多新型腐败与传统直接、单一、简单的腐败行为相比，就在于其“隐”，呈现出更多的伪装性、隐蔽性。其中一个显著的动向是，一些手握实权的国有企事业单位工作人员，在实施贪污犯罪时，不再使用虚报冒领等传统方法进行犯罪，而是采用虚增交易环节的方式侵吞公共资产。辨认新增环节的不必要性，透过现象识别本质，是案件审查的重点难点。

一、虚增租赁环节的贪污

【案例一】

2004年8月13日，为参与某某长途汽车客运总公司（国有公司，以下简称长客总公司）改制，经某某市交通局批准，长客总公司总经理田某某和其他29名中高层管理人员共同出资人民币2000万元成立了某某投资有限责任公司（以下简称某投公司，田某某任董事长兼总经理），其中田某某个人在某投公司持股30%。2004年9月15日，在田某某的安排下，长客总公司和某投公司之间签订了一份《设备租赁服务合同》。该合同约定：1.某投公司出资49.98万元购买空调供长客总公司下属机构东站使用，空调的产权归某投公司；2.长客总公司向某投公司一次性支付空调前期综合服务费15万元、保证金20万元，每年支付空调管理和技术服务费24万元；空调投入使用后，按月将空调收益资金的60%（每月15万元至25万元不等）支付给某投公司。3.如空调费收费政策有变，长客总公司仍需每月支付7万元租金给某投公司。2005年11月25日，长客总公司改制为长途汽车客运集团有限责任公司（以下简称长客集团、国有参股公司）。依据该合同，2004年8月至2005年11月，某投公司以空调投资收益的形式从长客总公司获得人民币2370623.5元。[①]

（一）合同效力的判断

检察机关指控田某某犯贪污罪，认为田某某利用其任长客总公司总经理的职务之便，为了使其个人控股（田某某出资600万元，占注册资金的30%）的某投公司获得好处，在长客总公司完全有能力自行购买空调且根本无必要接受其他公司投资的情况下，指使下属工作人员签订所谓《设备租赁服务合同》，非法侵占长客总公司利益。田某某的辩护律师对此做无罪辩护，其认为田某某的责任是民事责任，《设备租赁服务合同》仅仅是不公平的合同，空调租赁费是某投公司基于投资获得的应有回报。

可见，《设备租赁服务合同》的性质认定对于田某某罪与非罪起关键作用。若《设备租赁服务合同》是民法中的“显失公平合同”，则应当依照《中华人民共和国合同法》第五十四条的规定处理，认定为可撤销合同，由长客总公司与某投公司之间通过民事诉讼解决纠纷。此时，该合同对田某某具有出罪作用。若《设备租赁服务合同》是民法中的“以合法形式掩盖非法目的的合同”，则应当依照《中华人民共和国合同法》第五十二条的规定，认定为无效合同。

《设备租赁服务合同》不属于“显失公平合同”。显失公平的合同是指一方在订立合同时因情况紧迫或缺乏经验而订立的明显对自己有重大不利的合同。显失公平合同的客观要件，是指当事人在给付与对待给付之间失衡或造成利益不平衡。显失公平合同的主观要件，是指在订立合同时一方具有利用优势或利用对方轻率、无经验等而与对方订立显失公平合同的故

① 江苏省高级人民法院刑事判决书，（2014）苏刑二终字第00042号。

意[①]。本案中，客观上《设备租赁服务合同》的交易结果是长客总公司与某投公司之间的给付（49.98万元）与对待给付（2370623.5元）存在不平衡，某投公司的收益率超过100%，但是，作为“获益方”的某投公司，主观上并没有利用自身优势或对方轻率、无经验的故意。一方面，某投公司作为2014年8月新成立的公司，相对于长客总公司而言，在信息获取、资源占有、交易机会等方面并无任何优势。另一方面，作为“利益受损方”的长客总公司，订立该租赁合同时情况并不紧迫，购买空调只需投资49.98万元，而当时长客总公司资产达7900万元；租赁决策也完全不是轻率、无经验，其对于安装空调、收取空调费获得收益的情况已经获知，且此前也曾与空调公司商洽、签订过买卖合同。所以，关于《设备租赁服务合同》对其造成的利益损失，其应当是明知并且放任的。因此，该合同尽管客观上“不公平”，但并不符合“显失公平合同”的构成要件。

该《设备租赁服务合同》属于“以合法形式掩盖非法目的”的无效合同。“以合法形式掩盖非法目的”是指当事人实施的行为在形式上是合法的，但在内容上和目的上是非法的，这种行为又称为隐匿行为。在实施这种行为时，当事人有意表示出来的意思或有意实施的行为并不是其要达到的目的，也不是其真实意思，而只是希望通过这种形式和行为掩盖和达到其非法目的。形式上，长客总公司和某投公司之间的合同是双方当事人自由协商达成意思一致，合同成立。实质上，该合同是田某某——既是长客总公司总经理又是某投公司董事长兼总经理——的安排，其目的在于将长客总公司的利益转移给某投公司。

其一，作为长客总公司总经理，田某某在获悉长途客运可以增收空调费之后，曾安排长客总公司启动空调购买和安装事宜，并通过预测收益表得知此项投资的高额回报。某投公司成立之后，田某某安排国有公司与个

① 王利明、房绍坤、王轶:《合同法》(第四版)，中国人民大学出版社2013年版，第129—130页。

人持股的私营企业某投公司签订《设备租赁服务合同》，根据该合同，国有企业不仅要支付高额的租赁费、维修费，还要支付空调费收入的60%作为租赁费。通过该合同，田某某将长客总公司空调费收益几乎全部转移给某投公司。这一系列行为反映出田某某主观上利用该“合法形式”的合同达到侵占公共财产的“非法目的”。

其二，该合同条款本身亦能反映出其“幌子合同”的本质。该合同规定，长客总公司应当每年向某投公司支付24万元空调管理和技术服务费，而事实上根据长客总公司与海廷公司的合同，空调管理和技术服务均由海廷公司负责。故而，某投公司每年收益24万元，却完全不负担任何对待给付，几乎可以认定为赠与。

其三，据其股东大会上通报，自成立起至2005年11月，某投公司收益的主要来源只有空调收益这一项。可见，《设备租赁服务合同》的存在就是为了减轻某投公司股东的出资压力，尽快收回投资。而该目的的实现无疑是以长客总公司的利益丧失为前提的。

（二）“虚增交易环节”的《刑法》判断

通过上文分析，在民法上可以认定:《设备租赁服务合同》虽具有合法形式，但其背后隐藏着田某某将长客总公司的收益转移给其控股的某投公司的非法目的，因而无效。那么，在《刑法》上田某某的行为该如何定性呢?《刑法》规范与民法规范虽然同样是调整社会行为的规范，但它们的调整角度和调整方法是完全不同的，并不存在孰优孰劣、孰先孰后的问题。《刑法》规范注重的是行为人的行为具备了犯罪构成要件，具有违法性与可责性，因此给予刑事制裁，但《刑法》并不调整因此而带来的财产关系的变动[①]。依据《刑法》的相关规定，田某某应当构成贪污罪。

---

① 刘伟:《民刑交叉案件中表见代理行为的刑事法律判断》，载《中国刑事法杂志》2014年第1期。

首先，田某某是国家工作人员。我国《刑法》第九十三条规定："本法所称国家工作人员，是指国家机关中从事公务的人员。国有公司、企业、事业单位、人民团体中从事公务的人员和国家机关、国有公司、企业、事业单位委派到非国有公司、企业、事业单位、社会团体从事公务的人员，以及其他依照法律从事公务的人员，以国家工作人员论。"对于田某某的身份，市交通局文件、干部履历表、干部任职呈报表、劳动合同书等证明田某某在长客总公司的任职情况；长客集团章程、长客集团董事会记录、情况说明等证明田某某在长客集团任董事长系受国有公司推荐、委托。

其次，关于贪污罪的"利用职务上的便利"，1999年9月16日最高人民检察院《关于人民检察院直接受理立案侦查案件立案标准的规定（试行）》对于贪污罪中的"利用职务上的便利"解释为："'利用职务上的便利'，是指利用职务上主管、管理、经手公共财物的权力及方便条件。"田某某的身份是长客总公司的总经理，而市场经济条件下的国有企业属于人格独立、产权明晰、经营自主、责任自负的市场交易和市场竞争主体，频繁发生的市场交易以及对交易效率的追求，客观上需要企业领导人拥有较大的自主管理与经营裁量权。尽管现行法律法规及相关政府文件对国有企业管理人员的权力（通常以职责的面目出现）及其监督有规定，但是很多规定较为抽象、可操作性不足，实际经营过程中企业经营管理人员特别是"一把手"对企业的人财物、产供销逐渐取得全面的控制权和说一不二的话语权[①]。本案中两公司订立和实施《设备租赁服务合同》都是在总经理田某某的安排下才得以进行，整个过程都受到田某某作为国有企业一把手主管公共财物的职权操控。此外，职务、职权应当具有一定的稳定性，并且只能是指行为人职责范围内的主管、管理、经手公共财物的便利条件，行为

① 黄金桥:《国有企业老总的权力究竟有多大》，载《检察日报》2009年3月24日，第7版。

人主管、管理、经手公共财物，都是基于行为人所担负的职责[①]。

最后，我国《刑法》对贪污罪的客观行为表述为“侵吞、窃取、骗取或者以其他手段非法占有公共财物。”可见，贪污罪的行为方式是开放的，“其他手段”系兜底性规定。理论上一般认为，所谓贪污的其他手段，是指行为人利用职务上的便利，采用侵吞、窃取、骗取以外的方法，非法占有公共财物的行为[②]。本案中，田某某利用《设备租赁服务合同》虚增交易环节，试图“合法地”将原本归属于长客总公司的利益转移给某投公司，新出现的行为方式具有一定的隐蔽性，但合同本身不能掩盖田某某非法占有公共财物的主观目的，属于“侵吞、窃取、骗取或者以其他手段”中的“其他手段”。于本案中，田某某具有“非法占有公共财物”的目的，如下事实可以证明：案发后，办案人员从田某某办公室搜查到一份空调设备经营租赁年效益预测表，预测表证明汽车东站设备投资需50万元，年收益168万～204万元，每月空调收入的60%为12万～15万元。当然，无论行为人在实施贪污行为时采取了侵吞、窃取、骗取或者其他手段中的哪一种手段，或者是先后采取了多种手段，对于贪污罪的认定并没有实质性的影响，也涉及不到罪与非罪或者此罪与彼罪的问题[③]。

（三）“虚增交易环节型贪污”的数额计算

1. 贪污数额应当进行全额认定还是比例认定？

黑格尔曾说，“犯罪自在地是一种无限的侵害行为，但作为定在，它必须根据质和量的差别予以衡量。”[④]尽管《刑法修正案（九）》已经摒弃“数额中心论”，重视情节在定罪量刑中的作用，但是，无可否认的是在贪污罪的量化过程中，数额仍起到重要作用。然而，“贪污数额”具体指什么，

---

① 肖中华：《也论贪污罪的“利用职务上的便利”》，载《法学》2006年第7期。

② 曲新久主编：《刑法学》（第四版），中国政法大学出版社2011年版，第546页。

③ 李文峰：《贪污贿赂犯罪认定实务与案例解析》，中国检察出版社2011年版，第35页。

④ ［德］黑格尔：《法哲学原理》，范扬等译，商务印书馆1961年版，第228页。

《刑法》没有明确规定，理论上存在较大分歧：有观点认为，贪污罪中的犯罪数额指公共财产损失数额。另有观点采“占有说”“控制说”，认为贪污罪中的犯罪数额就是行为人通过贪污实际占有（控制）的公共财产数额。也有观点采“实得规则”，认为贪污犯罪数额就是行为人的实际得赃数额。具体到本案来说，田某某的贪污数额应当以长客总公司“转让”给某投公司的全部数额计算，还是以田某某根据股权比例所获得的具体数额计算？

对此，司法实践中曾经支持“比例认定说”。比如，“以被告人在改制后的股份企业中所持的股份比例，来确定其非法占有的犯罪数额是比较合理的。同时，应将其余 65% 的被隐瞒的国有资产，作为被告人为实现个人非法占有的目的而给国家造成的其他财产损失，在量刑时一并予以考虑。认定贪污数额应以被告人在改制后的企业所占股份比例来确定，其余部分作为造成的国有财产损失在量刑时予以考虑。”① 但是，这种做法是建立在“非法占有”等于“非法占为己有的”思维模式上，割裂了行为与结果因果关系的整体性②。在2010年11月26日“两高”颁布的《关于办理国家出资企业中职务犯罪案件具体应用法律若干问题的意见》中指出，“国家工作人员或者受国家机关、国有公司、企业、事业单位、人民团体委托管理、经营国有财产的人员利用职务上的便利，在国家出资企业改制过程中故意通过低估资产、隐瞒债权、虚设债务、虚构产权交易等方式隐匿公司、企业财产，转为本人持有股份的改制后公司、企业所有，应当依法追究刑事责任的，依照《刑法》第三百八十二条、第三百八十三条的规定，以贪污罪定罪处罚。贪污数额一般应当以所隐匿财产全额计算……”所以，田某某的贪污数额应当以长客总公司损失的财产全额认定。但是，长客总公司损失的财产毕竟是转为田某某和长客总公司管理层人员共同持股的某投公司

---

① 最高人民法院刑事审判第二庭：《国企改制中贪污罪的认定及处理》，载《人民法院报》2005 年 7 月 25 日，第 B4 版。

② 孙国祥：《论企业改制中贪污罪的司法认定》，载《江海学刊》2007 年第 2 期。

所有，田某某所占有的是其股份所代表的资产。这一事实在量刑时应当考虑，以区别于将损失财产全部据为己有的情况。

2. 贪污数额认定不应当扣除“犯罪成本”

本案中，对于田某某的贪污数额，一审认定是2370623.50元，二审时，提出贪污数额应认定为1870823.50元，去除投资49.98万元空调购买费。那么，这49.98万元是不是投资？

就本案来说，时间上，这笔费用虽然只投入市场几天，后来很快收回，但毕竟是真正用来购买空调，应当能算投资。但是，从犯罪人的角度来说，田某某安排某投公司支付这笔费用，正是为了让《设备租赁服务合同》表面看起来更具合法性，从而达到掩饰事实上的犯罪之目的。因此，这笔费用可以认为是贪污罪的“犯罪成本”。支出“犯罪成本”必然要减少实际非法所得，然而正是有这些“成本”的出现本案贪污行为才能完成，因此，“犯罪成本”本身即具有社会危害性。如果扣除“犯罪成本”，仅按“犯罪利润”来认定贪污数额，行为人的刑罚也将随之减轻。支付“犯罪成本”这一犯罪情节反而被告人减轻处罚，这无疑是违反了“任何人不得从自己的错误行为中获益”（No one can take advantage of his own wrong）的基本法理，也无法达到刑事处罚的公正性追求。因此，笔者以为，这笔费用并不能认定为田某某的投资，进而不应从贪污数额中扣除。

就贪污罪来说，行为人为实施侵吞、骗取、窃取等贪污行为，要先期交付一定的财物，这些预先支付的犯罪成本是否在“个人贪污数额”中予以扣除？对此，2003年《全国法院审理经济犯罪案件工作座谈会纪要》指出，“贪污罪是一种以非法占有为目的的财产性职务犯罪……应当以行为人是否实际控制财物作为区分贪污罪既遂和未遂的标准……”易言之，贪污罪的犯罪数额是结果犯模式，只有行为人控制了一定数额的公共财产，才成立贪污罪。所以，应以具体犯罪形态为基础，严格适用法定标准，准确认定贪污犯罪数额：当贪污罪处于犯罪既遂时，应以行为人实际控制的财物数额进行相应的定罪量刑；当贪污罪处于未遂时，因行为人尚未实际控制相关的公共财物，只存在公共财物丧失数额，这一数额一定程度反映出贪污行为的社会危害性和行为人主观上想要非法占有的财物数额，应以此作为定罪量刑的依据，但比照既遂犯从轻或者减轻处罚。所以，认定贪污数额时不应扣除实施贪污行为所支付的成本，而应以行为人实际控制、占有的公共财产数额为准。

二、虚增买卖环节的贪污

【案例二】

成某系 A 国有公司总经理，A 公司需采购一批螺纹钢，联系了供货厂家 C 并进行了初步的价格磋商。为了通过中间环节获取差价，成某安排其胞弟注册成立 B 公司，安排 A 公司以每吨 4000 元的价格与 B 公司签订采购合同，并支付 15% 定金。后 B 公司向螺纹钢供货厂 C 以每吨 3800 元的价格签订采购合同，C 公司直接将货物发至 A 公司仓库。2016 年至 2018 年，成某胞弟通过低买高卖方式获利人民币 240 余万元，将其中 150 万元交给成某购房。经查，B 公司成立至案发，只与 A 公司做螺纹钢业务，无实际经营场所。

本案是国有公司高级管理人员安排国有公司与特定关系人公司进行关联交易，靠企吃企的典型案例。对于成某的行为该如何评价，存在不同的意见。

第一种意见认为，虽然成某胞弟成立 B 公司介入采购环节并赚取了部分差价，但 A 公司采购螺纹钢的价格在合理的市场价格区间内，A 公司并无明显损失，且原料采购并不一定要从源头厂家采购，向中间商采购原材料完全符合市场规律，故成某的行为不构成犯罪。第二种意见认为，成某作为国有公司的管理人员，利用职务上的便利，以明显高于市场的价格向自己的亲友经营管理的单位采购商品，造成国有企业的损失，其行为构成为亲友非法牟利罪。第三种意见认为，A 公司在已经与厂家 C 取得联系并初步磋商的情况下，按照正常交易规则，应自行与厂家签订采购合同，完全没有必要通过B公司进行采购，徒增不必要的买卖环节。成某通过虚增买卖环节的方式化公为私，且无成本无风险，其行为构成贪污罪。

第三种意见更符合法理情理。本案中，B公司就是专门为了介入螺纹钢采购业务而成立的，B公司成立以来，除了与A公司做螺纹钢生意外，没有再开展其他业务，实际上就是一家空壳公司。A公司原本可以自行向C厂采购钢材，成某却为了中饱私囊，利用其胞弟注册空壳公司介入公司采购业务，人为虚增交易环节，直接造成国有公司交易成本提高，使本应归属国有公司的利益，被成某及其胞弟非法占有，其人为增设交易环节的行为与个人非法获利之间具有《刑法》上的因果关系，构成贪污罪。需要注意的是，为亲友非法牟利罪与贪污罪均属于国家工作人员利用职务便利实施的化公为私、损公肥私型犯罪，但两者的法定刑配置差异很大，体现了《刑法》对两者的评价程度不同。贪污罪与为亲友非法牟利罪的区分在于两点：一是亲友是否有实质经营行为。上述案例中，成某胞弟既无经营场所，也没有实施经营管理行为，其在上下游价格已经形成的情况下，作为虚增的一环加入买卖过程中，无须承担任何市场风险。二是国家工作人员本人是否具有非法占有的目的。成某的胞弟，系成某的特定关系人，与成某本身就是一个经济利益共同体，且事后二人进行了分赃，成某具有非法占有的目的。结合上述两点看，为亲友非法牟利罪显然不足以评价成某的行为，成某与其胞弟系贪污共犯。

三、虚增项目承接环节的贪污

【案例三】

2015年至2023年，被告人王某某利用担任某民政局副局长、分管相关软件开发、系统维护项目招投标工作的职务之便，在明知其实际控制的A公司、B公司均无软件开发、系统维护能力的情况下，通过在招标文件中设定有利条件、参与项目评标、安排其他公司陪标、直接指定承接、事先约定分包等方式，使A公司、B公司承接到该民政局的多个软件开发、系统维护项目，再交由个体工商户苏某以及博某科技公司实施，以此侵吞差价共计人民币790余万元。

本案中，民政局副局长王某某先是通过亲友、朋友注册成立A公司、B公司，再利用职权，使自己实际控制的A、B公司中标民政局项目，之后交由其他公司或者个体户实际实施，从中赚取差价。国家机关工作人员自己开办公司，披着招投标的合法外衣，承接国家机关发包的业务获利。该如何评价王某某的行为呢？有以下三种不同的观点。

一是王某某实施了违规经商行为，但不构成犯罪。A公司、B公司虽是王某实际控制的公司，但中标后优质地履行了合同义务，开发的软件项目亦通过了民政局验收并投入使用。A公司、B公司的中标价格在市场合理价格的范畴内，A公司、B公司将项目转给他人实施是正常的分包行为，未造成公共财产的损失，不构成贪污犯罪。但王某某作为民政局的副局长，成立影子公司参与民政局招标的项目谋利，属于违规经商办企业的违纪行为。

二是王某某的行为构成受贿罪。王某某利用职权将软件开发、系统维护项目最终交个体户苏某以及博某科技公司实施，变相收受苏某以及博某科技公司给予的财产性利益，构成受贿罪。

三是王某某的行为系虚增交易环节的贪污行为。A公司、B公司系空壳公司，并无软件开发能力，王某某通过干预插手招投标的方式，将本可以直接交给博某科技公司等承接的项目，先交由自己实际控制的空壳公司承接，再转交博某科技公司等具体实施，其行为属于在自身无经营能力，合同本可以由其他公司、个人直接承接的情况下，创设了不必要的中间环节，使国家多支付本不应该支付的款项，系利用虚增交易环节的隐蔽方式侵吞公共财产，应认定为贪污行为。

对于上述第二种观点，应当认识到王某某赚取的所谓差价，是民政局支付的项目资金，而非个体工商户苏某以及博某科技公司给予的感谢费，且苏某、博某科技公司对此不知情，没有行贿的故意，故不能以受贿罪评价王某某的行为。

为准确评析王某某的行为性质是贪污还是违纪，我们需重点分析以下关键点：第一，王某某控制的公司有无经营能力。A公司、B公司是王某某利用亲友名义成立的公司，亲友是挂名的股东、法定代表人，不参与公司事务，A公司、B公司也均无软件开发及系统维护能力。

第二，王某某及其控制的公司是否实际承担经营风险。虽然项目中标价格在市场范围之内，并不明显高于同类合同，但项目价格是王某某本人提议并上会研究的，王某某通过网络技术开发QQ群组认识苏某（经营一家信息技术服务部，系个体工商户），每次上会研究前，王某某都会提前跟苏某沟通并提出软件开发具体需求，苏某基于该需求报价，王某某在苏某报价的基础上加一部分，再报局相关会议研究决定。换言之，王某某通过事先询价，对于以该价格中标再将项目转包给他人实施，自己可以从中“赚取”巨额差价这一点，是心知肚明的。以甲项目为例，王某某与苏某商谈后，苏某认为200万元即可完成该项目并获利，而项目中标价格是500万元，王某某可从中侵吞项目差价300万元。可见，王某某实际不承担任何经营风险，其获利具有确定性。

第三，通过A公司、B公司承接项目，是否为虚增的交易环节。在审查判断是否系虚增交易环节时，一是应审查交易是否具有真实性，“行为人在市场交易中增加中间交易环节，如果确实投入了人力、物力、财力等经营成本，承担了一定的经营风险，获利与否具有一定的不确定性，则该交易具有真实性特征，即便其中有利用职务便利获取交易机会的情形，也不宜认定为违法犯罪行为。”[①] 二是应审查该增加环节是否有必要。结合上下游交易对象、是否符合交易惯例、交易价格是否合理等因素，判断该环节是否有独立存在的价值和意义。按照王某某的供述，其之所以注册成立A

① 张希靖、李聪明:《金融领域新型隐性职务犯罪案件的审查要点》，载《中国检察官》2024年第6期。

公司、B公司，就是想利用自己分管软件开发、系统维护的职务便利，从民政局承接软件开发业务，再交给搞软件开发的人做，从中赚取差价。王某某作为民政局分管软件开发、系统维护项目的领导，明知其他公司能以更低的价格完成民政局所需的软件开发、系统维护等项目，却为了实现将公共财产据为己有的目的，自己注册成立皮包公司，先中标项目，再把项目转包给他人承接，A公司、B公司从民政局承接合同项目这一交易环节，系王某某为了实现贪污目的而人为创设的、完全不必要的交易环节。

第四，公共财产是否产生了实际损失。从表面上看，中标价格在市场合理价格区间，A公司、B公司无论是自己实施项目，还是转包给他人实施，貌似都履行了合同义务，公共资产似乎并没有损失。但是，如前文所述，国家多支付本不应该支付的款项，也属于公共财产的损失。王某某作为民政局相关软件开发、系统维护项目的负责人，在进行市场询价、充分调研的基础上，知悉该中标价格较高，转包给他人仍能赚取差价，一方面，王某某明知自己实际控制的A公司、B公司没有经营能力和专业技术人员，通过设定有利条件、参与项目评标、安排其他公司陪标等违规手段使其中标，另一方面，项目实际并不由A公司、B公司实施，而是由其他公司和个人以更低的价格完成，因此，王某某系通过虚增交易环节的手段，使民政局多支付了原本无须支付的费用，客观上造成了公共财产的损失。结合上述四点看，应以贪污罪评价王某某的行为。

当前，随着反腐败斗争的不断深入，腐败的行为方式变化、隐蔽性增强。虚增交易环节的贪污，除了上述虚增买卖环节、租赁环节、业务承接环节等表现形式外，还有很多其他的表现形式。2023年7月，最高人民检察院发布的第四十七批指导性案例沈某某、郑某某贪污案（检例第187号），系以在期货交易中增设交易环节的方式侵吞国有资产的新型职务犯罪案件。该案中，国家工作人员利用职务便利提前获知国有公司期货交易指令后，先用个人控制账户买入或卖出期货产品，再与国有公司账户进行相互交易的行为，属于在正常期货交易过程中增设相互交易环节，该行为直接造成国有公司交易成本提高，使本应归属国有公司的利益被个人占有，增设交易环节的行为与个人非法获利之间具有《刑法》上的因果关系，具有侵吞公共财产的性质，依法认定为贪污罪。实践中，少数党员领导干部凭借手中的职权及掌握的信息优势，在市场经济活动中，以貌似合法的民事行为掩饰贪污犯罪，侵害本应属于机关、国有企事业单位的利益，有必要通过实质的刑法解释论，将这种行为纳入《刑法》的规制范围，依法履行监督职责，协同推进反腐败斗争，切实维护公共财产的安全。

第四节　贪污罪与非法经营同类营业罪的界分

贪污罪和非法经营同类营业罪在客观方面，都可能表现为国家工作人员利用职务便利为自己或他人谋利。实践中，对于国有公司、企业的董事、监事、经理等国家工作人员利用职务上的便利，获得商业机会、获取购销差价、抢夺市场份额的行为，评价为非法经营同类营业犯罪还是变相侵吞公共财产的贪污犯罪，是实务中的难题。

一、私自注册公司冒充所任职国企经营的认定

【案例】张某某贪污案

2004年8月，A市公路运输管理处出资人民币20万元成立"联网中心"，性质为集体企业，张某某为联网中心副主任。同月，B省交通厅运输管理局与联网中心签订软件开发协议，约定由B省交通厅运输管理局出资60万元，委托联网中心开发"全省客运联网售票系统"软件；要求联网中心于2005年底前完成在全省市一级公路客运站上系统的安装、启动和联网运行工作。根据协议，联网中心承担该软件系统免费服务一年，除此之外的软硬件系统维护等费用可由各客运站与联网中心协商解决。2005年至2006年，在安装全省客运联网售票系统软件的过程中，张某某产生了冒充联网中心，与各客运站开展业务的想法，随后于2006年7月，与王某某、郭某成立了联易科技发展有限公司，联易公司所有开办费用均在联网中心报销，张某某任该公司法定代表人，对外宣称联易公司是"联网中心配套公司"。2007年至2011年下半年，联易公司以"联网中心配套公司"名义先后与14个市、县客运站签订包含有硬件销售、网上订票软件开发、系统维护服务等内容的协议，张某某还利用担任联网中心副主任的职务便利，安排联网中

心工作人员按照上述协议承担具体的软件开发、系统维护等工作，所得收益共计人民币178万余元均被联易公司占有。

为精准评价张某某的行为，有两个关键问题需要厘清。第一个问题是，张某某作为集体企业负责人，是否具有国家工作人员身份？联网中心是A市公路运管处出资20万元成立的集体企业，而A市公路运管处是2003年由交通局成立的事业单位法人。市交通局文件、联网中心管理制度等书证证实，联网中心成立的目的是实现企业管理向行业管理的转变，整合全市、全省客运资源，做到资源共享。从成立的经费来源看，联网中心的注册成立经费、办公场所的租金、办公用品等运营费用均由运管处拨付或者全市售票款中提成；从人员结构看，系运管处抽调下属部门、车站的管理和技术人员成立；从其经营活动看，联网中心强制性给全省客运站安装售票系统并免费服务一年。因此，按照“谁投资、谁拥有产权”的原则，成立联网中心的全部经费来自国有单位，而非集体组织成员出资，故联网中心实质上是国有单位。张某某作为该中心副主任、实际负责人，全面负责联网中心的技术、人事和财务的工作，享有对该中心的全面领导、管理、经营的权力，负有监督、管理国有财产并使之保值增值的职责，故张某某系在国有企业中从事公务的人员，符合贪污罪主体要件。

本案的第二个关键问题是，联易公司冒充联网中心签订合同收取款项的行为，该如何评价？

一种观点认为，张某某作为国有企业的负责人，利用职务上的便利，自己经营与任职企业同类的业务，非法获取利益，应认定为非法经营同类营业罪。另一种观点认为，张某某以非法占有国有企业应得收益为目的，私自注册成立公司冒充国有企业开展经营活动，使用国有企业的资源、技术与人员，谎称联网中心与联易公司是“一家单位、两块牌子”，从而将国有企业的收益变相据为己有，其行为构成贪污罪。

张某某的行为手段极为隐蔽，从表面上看，是国有企业的负责人自己成立公司抢夺国企的市场份额，但通过穿透性审查，不难看出，张某某是通过李代桃僵、以假乱真的方式，在没有付出任何成本的情况下，将国有企业的收益纳入囊中。首先，从联易公司成立目的看，根据张某某的供述，成立联易公司的目的就是想将本属于联网中心的收益占为己有，故张某某特意用全省联网售票系统的名称“联易”二字注册公司，以便冒充联网中心进行活动。从联易公司注册资金来源看，联易公司表面上有三名股东，但实际上，联易公司成立初期的所有费用都以各种名义在联网中心报销，张某某及其他两名挂名股东对联易公司均没有任何资金投入。从联易公司对外开展业务的名义看，联易公司是以联网中心的名义与全省各客运站之间签订合同进行业务往来，在与各客运站缔约、开展业务的过程中，张某某对省内联网售票系统的使用单位宣称，联网中心与联易公司是“一套人马、两块牌子”，联易公司是配套公司，是为了解决联网中心不能开发票问题专门成立的。对方客户来参观时，张某某将客户带到联网中心的机房参观，让他们不对联易公司产生疑虑，签订合同时再把客户带到联易公司办公室，还在联易公司门口还挂了一个“联网售票服务中心”的牌子，以便让客户误以为联网中心与联易公司是一家单位，达到混淆视听之目的。从联易公司的业务内容看，联易公司的所有业务都是与省内客运站签订道路联网售票系统相关合同，从事的均是联网售票系统软件基础上的软件开发、修改、对联网售票系统等软件使用的维护、培训等业务。这些业务的开展，使用的是联网中心全省售票联网系统软件的源代码以及联网中心技术工作人员，而这些技术工作人员均是在联网中心领取工资。换言之，联易公司并没有付出资金、技术、人力等任何经营成本。

综上，张某某以非法占有公共财物的目的，成立联易公司，冒充联网中心与各个客运站之间开展硬件、软件销售、维护等业务，利用联网中心的技术资源和人力资源为联易公司履行合同，所得款项均为其本人实际控制的联易公司占有，本质上是通过隐蔽手段侵吞公共财产，而非仅仅抢夺国有企业的市场份额或商业机会，因此，应以贪污罪而非非法经营同类营业罪评价张某的行为。

二、国企管理人员从公司获取商业机会获利的认定

【案例】

2013 年 4、5 月，孙某某利用担任 A 国有公司副总经理职务的便利，经与周某、张某某共谋，通过召开办公会，同意 A 公司将周某实际控制的易仕达公司作为“战略合作伙伴”，承接垃圾和渣土清运业务。孙某某、周某、张某某等三人自行筹措资金，交由周某以 A 公司名义购买运输车辆。2013 年 7 月至 2017 年 2 月，在 A 公司自身可以购买车辆并已实际开展垃圾和渣土清运业务的情况下，孙某某决定将 A 公司承揽的垃圾和渣土清运业务交予易仕达公司经营。据审计，易仕达公司从 A 公司结算渣土和垃圾清运费共计人民币 2605.7833 万元，获利 660 万元。事后，孙某某分得 230 万元，张某某分得 80 万元，周某分得 230 万元，其他人员分得 120 万元。

这是一起国企领导干部利用“影子公司”，内外勾结侵吞国有资产的腐败窝案。对于如何评价孙某某等人的行为，存在不同认识：一种观点认为，孙某某与外部人员勾结，利用孙某某职务上的便利，侵吞国有企业的财产性利益，符合贪污罪损公肥私的本质特征，应评价为贪污犯罪；另一种观点认为，孙某某等人收受业务单位易仕达公司给予的好处，其行为属于受贿性质；还有观点认为，孙某某等人设立影子公司，自己经营所任职公司同类的营业，构成非法经营同类营业罪。

本案中，易仕达公司实际从事了建筑垃圾和渣土清运业务，投入了人力、财力，是有投资、有经营人员、有经营场所的实实在在的经营行为，即易仕达公司存在着实际经营行为并承担了一定的经营风险。周某给予孙某某等人的回报，系易仕达公司从事业务的盈利，不属于“公款”，故孙某某等人的行为，并非侵吞公共财产的贪污行为。其次，孙某某等人分得的款项，系三人从事违法投资的获利，不符合“权钱交易”的特征，不宜评

价为受贿罪。

孙某某作为国有企业的高级管理人员，利用职务上的便利，“另起炉灶”“靠企吃企”，自己经营与任职公司同类的营业，构成非法经营同类营业罪。非法经营同类营业罪作为1997年《刑法》增设罪名，是公司法上的高管竞业禁止义务在《刑法》中的具体体现。本案中，焦点在于判断周某开展的建筑装潢垃圾清运业务是否与A公司的业务具有“同类性”。按照区政府文件规定，拆迁地块的建筑装潢垃圾清运业务，是A公司的专属经营业务，A公司亦具备资金实力购买车辆承运，在易仕达公司承运期间，A公司实际上也承接着同类的小额业务，故孙某某等人将本属于A公司承接的建筑装潢垃圾清运业务交给易仕达公司承接，导致易仕达公司与A公司构成横向竞争关系，严重损害了国有公司的合法利益，符合非法经营同类营业罪的实质特征。

存在实质经营活动的案件中，国企高级管理人员通过一纸合作协议，从公司获取商业机会获利，这种非法经营同类营业的行为和虚增中间环节截取国有资产的贪污行为，有一定相似之处，可能都表现为行为人所开设的公司获取了商业机会，都损害了国有企业的经济利益。两罪区分的关键在于，行为人是否实际从事经营活动、是否承担交易风险。非法经营同类营业罪，属于典型的违反对公司忠实义务的背信犯罪，该罪的设立目的是防止公司高管为谋取私利而“另起炉灶”，利用职务便利将任职公司、企业的营利性商业机会交由自己或他人经营，从而获取非法利益。但对于非法经营同类营业罪，经营活动是客观存在的，有投入、有管理、有风险，所获利益是通过实际经营行为获得的，而虚增交易环节的贪污，属于“不劳而获”，行为人所开设公司不开展实际经营行为，不承担经营风险，增设的环节完全没有存在的必要，行为人获得的所谓利润不是经营所得，而是变相截留的公共财产。

第五节　贪污罪与盗窃罪的界分

贪污罪的手段行为多种多样，包括侵吞、窃取、骗取等手段，与盗窃罪、诈骗罪等罪名存在行为上的竞合。一般认为，贪污罪与盗窃罪、诈骗罪有竞合关系，前者是特殊法条，后者是一般法条，如果行为人利用职务上的便利，窃取、骗取公共财物的，按照特殊法条优于一般法条的法条竞合原理，应以贪污罪定罪处罚。但是，当行为人不是利用职务上的便利，而是利用工作便利窃取、骗取公共财物的，则并不构成贪污罪。因此，如何区分"职务便利"还是"工作便利"，是罪名界分的关键。

一、司法人员从涉案手机中窃取财物的行为认定

【案例一】

陈某，某派出所民警。2020 年 3 月 8 日，派出所将涉嫌销售伪劣产品的犯罪嫌疑人李某某抓获归案。经调查，李某某使用手机支付宝账户收取销售伪劣产品所得，派出所副所长王某（该案主办民警）遂于 2020 年 3 月 12 日将李某某支付宝账户余额 10 万元，全部转至派出所专款账户并办理了该 10 万元的扣押手续。之后，该手机未按规定交派出所案管室保管，而是放在案件协办民警陈某的抽屉中（无扣押手续），开机密码贴于手机背面。4 月 28 日，陈某因网络赌博欠下赌债，遂产生了使用李某某支付宝资金还债的想法。5 月 1 日，陈某通过李某某生日、身份证号码等信息试出李某某的支付宝支付密码，于 5 月 2 日至 7 日在便利店、超市消费 22 次，共计 2.5 万元，另将李某某支付宝绑定银行账户内的资金 6 万元转至个人账户，用于赌博且全部输完。

【案例二】

田某，A 市公安局某分局民警。2020 年 1 月，田某在办理一起涉嫌开设

赌场的案件中，依法抓获犯罪嫌疑人陈某某、李某某等 3 人。侦查过程中，派出所对上述 3 人的涉案手机进行了扣押，一并扣押与手机支付宝关联的数张银行卡，由田某负责保管上述手机、银行卡。讯问过程中，田某以侦查需要为由获取了陈某某、李某某等三人手机的开机密码、支付宝登录密码、支付密码。2020 年 5 月，田某通过转账方式，从 3 名犯罪嫌疑人的手机余额宝中转账 13 万余元至个人控制的账户并据为己有。

上述两个案例中，民警窃取犯罪嫌疑人支付宝、微信账户资金的行为，究竟是构成贪污罪还是盗窃罪？关键在于两点：一是厘清犯罪嫌疑人支付宝、微信的余额及绑定银行卡内的资金，是否属于公权力机关管理之下的公共财产；二是判断行为人在实施犯罪行为的过程中，利用的是职务之便还是工作便利。根据 1999 年最高人民检察院印发的《关于人民检察院直接受理立案侦查案件立案标准的规定》，贪污罪中的“利用职务上的便利”，是指“利用职务上主管、管理、经手公共财物的权力及方便条件。”最高人民法院指导案例 11 号杨延虎贪污案中，进一步明确了贪污罪中的“利用职务上的便利”，既包括利用本人职务上主管、管理公共财物的职务便利，也包括利用职务上有隶属关系的其他国家工作人员的职务便利。“利用工作上的便利”指的是行为人利用工作上形成的便利条件，如对工作场所、环境、人员的熟悉。

案例一中，陈某窃取的是犯罪嫌疑人李某某手机支付宝绑定银行卡内的资金。该案中，李某某被公安机关抓获并采取强制措施，警方通过侦查，发现李某某支付宝余额 10 万元系违法所得，依法扣押该 10 万元，但警方并未扣押李某某的手机，也未扣押李某某支付宝账户所关联的银行卡。李某某的手机放在陈某的抽屉中，当然是基于陈某查办案件的职权，但保管手机并不意味着保管手机支付宝关联银行账户内的资金，李某某未将支付宝支付密码告知办案人员，故资金在支付宝关联的银行卡内，受密码保护，依然处于李某某的控制之下。陈某利用了保管手机以及掌握手机开机密码这一便利条件，经过反复尝试，破解出了李某某的支付密码；陈某在李某某不知情的情况下，不法使用李某某的手机，从李某某支付宝关联银行账户中秘密窃取 8.5 万元，从而实现了对李某某财物的非法占有，其客观行为更符合盗窃罪的特征。

案例二中，警方在查处开设赌场案的过程中，需要对涉案手机支付宝、微信的交易记录进行甄别、核查，三名犯罪嫌疑人的手机及所关联的银行卡全部被依法扣押。当然，扣押手机与扣押支付宝、微信上的资金并不能直接画等号，但该案中，田某利用负责侦办案件的职务便利，以办案需要为由，获知了三名犯罪嫌疑人手机的开机密码、支付宝登录密码及支付密码，陈某某、李某某等三人基于对办案程序的服从以及办案民警的职务行为的配合，如实告知密码。一来手机被司法机关依法扣押，二来侦查人员利用职权获知了该手机支付宝的登录密码、支付密码，根据常识，依法保管扣押的手机并依职权掌握开机密码、支付宝登录密码及支付密码，便可以无障碍地占有、处分余额宝内的资金。根据《刑法》第九十一条的规定，"……在国家机关、国有公司、企业、集体企业和人民团体管理、使用或者运输中的私人财产，以公共财产论。"因此，涉案手机支付宝余额中的财产，应视为公共财产。无论是保管手机，还是获知密码，都与田某的职务便利密不可分。田某之所以能成功取得财物，完全取决于其具有刑事案件的侦查权。因此，田某利用职务上的便利，窃取 3 名犯罪嫌疑人余额宝内资金的行为，侵犯了公权力的廉洁性，应评价为贪污罪。

二、单位职工窃取工作场所存储设备的行为认定

【案例三】

吕某，某国有医院医学工程科调配中心助理工程师。2023 年 2 月至 5 月，吕某在闲鱼平台上给他人留言称有二手医疗器械转卖，后将医学工程科采购的用于全院租赁、借用的呼吸湿化治疗仪、多道心电监护仪等医疗器械，以及其他科室采购的暂存于医学工程科调配中心、维修室、质控

室内的B超机，心电图机、营养泵等医疗器械，通过闲鱼平台转卖给他人。经鉴定，被转卖的医疗器材价值共计人民币385万元。

本案中，对于吕某的行为构成盗窃罪还是贪污罪，形成不同意见。一种观点认为，吕某作为医学工程科调配中心的助理工程师，负责医疗设备的接收、租赁、调配、登记工作。吕某窃取的设备分别存放于调配中心、维修室、质控室，其中调配中心办公室24小时不关门，维修室、质控室有备用钥匙放于调配中心办公室抽屉的公用钥匙串（抽屉不上锁）。吕某白天在调配中心办公室上班，可以轻松取用该串钥匙，故吕某对上述医疗设备都具有管理职能，吕某利用管理职权监守自盗的行为，应评价为贪污罪。

另一种观点则更为全面地考虑到了“利用职务便利”与“利用工作便利”的不同。表面上看，吕某的行为表现均是从医学工程科窃取医疗设备到闲鱼转卖，但所窃取设备的归属与管理方式不同，窃取设备的时间亦不相同，需要分具体情形判断吕某利用的是职务便利还是工作便利。具体而言，对于吕某直接管理的本科室设备及在白天值班期间负责看管的其他科室设备，吕某利用职务便利予以窃取的，应评价为贪污犯罪，但对于不在吕某管理、看管之下的设备，吕某利用工作便利秘密窃取的，宜以盗窃罪处罚。笔者更认同后一种观点。吕某窃取的设备分为以下三类：第一类是医学工程科自行采购并用于租借给其他科室使用的医疗设备。医学工程科的职责是负责全院医疗设备的租赁、维护，其他科室欲使用这些医疗器材，需到医学工程科调配中心负责人吕某处办理借用手续，吕某予以登记并制作租借台账，故吕某对该部分器材具有主管、管理的职责，吕某将该部分医疗设备窃取并变卖，系利用职务上的便利，窃取公共财物，应构成贪污罪；第二类设备是其他科室采购的医疗器材，因疫情原因暂存于医学工程科调配中心办公室，虽然该类设备的所有权不属于医学工程科，但平时存放于配送中心办公室内，且该办公室白天只有吕某一人值班。按照医院的规章制度，医学工程科有20多个房间，每个房间有对应的负责人，负责对房间内的涉密资料及设备资产的看管，因此，在白天，吕某对其办公室内存放的医疗设备具有看管职责。但在晚上，配送中心并非吕某值班，而是由医学工程科其他工作人员轮流值班并负责设备出借工作。因此，吕某在晚上趁值班人员不注意，利用熟悉作案环境的工作便利，秘密窃取他人看管之下的医疗设备的行为，更适宜评价为盗窃罪。第三类设备是其他科室采购的医疗器材，由医学工程科科长负责接收后，暂存于医学工程科质控室和维修室的设备。质控室和维修室日常是关闭的，离配送中心距离很远且有专门的负责人员，质控室和维修室均有备用钥匙平时存放于调配中心办公室的抽屉里。可见，第三类设备的接收、存放及领用，均由医学工程科科长负责，吕某并没有管理职责；第三类设备存储于质控室和维修室，这两个房间另有专门的管理人，吕某对质控室、维修室亦没有管理、看护职责。但是，需要探讨的是，质控室和维修室各有一把备用钥匙存放于吕某所在办公室的抽屉内，吕某可以轻松取用钥匙，是否意味着吕某对钥匙对应房间内存储的所有设备具有经手、管理的职务便利呢？从钥匙的管理看，公用钥匙串不归属于某一个人，值班人员都可以取用，吕某因长期在调配岗工作，所以接触到钥匙的机会比其他人更多一些，但可以接触到公用钥匙，不等同于对科室所有房间内存储的设备、物品都具有管理职权。结合本案看，医院并未赋予吕某管理该部分医疗设备的职责，也未赋予吕某看管质控室、维修室的职责，吕某以非法占有为目的，利用熟悉环境、可以接触公用钥匙的便利条件，趁人不备，窃取质控室和维修室内存储的医疗设备的行为，更适宜以盗窃罪定罪处罚。综上所述，同样是吕某窃取医疗设备的行为，有的利用的是职务便利，有的利用的是工作便利，故吕某的行为应以贪污罪、盗窃罪两个罪名予以评价。

第六节　贪污罪与私分国有资产罪的界分

一、共同贪污和私分国有资产的区别

私分国有资产罪是从贪污罪中分离出来的一个独立罪名，1997年《刑法》新增私分国有资产罪，将公然进行私分国有资产的行为规定为单位犯罪，并配以有期徒刑七年的最高刑，就是为了实现精准打击，既防止国有财产流失，又体现宽严相济刑事政策。实践中，共同贪污的客观行为表现和私分国有资产有相似之处，故经常在这两个罪名的认定上出现分歧。

贪污罪和私分国有资产罪的区别主要在以下几个方面：（1）从犯罪主体看，私分国有资产罪是单位犯罪，贪污罪则是自然人犯罪；（2）从客观表现看，私分国有资产罪一般表现为本单位领导集体研究决定并由单位统一组织实施，虽逃避了有关部门的监管，但在单位内部是相对公开的，是以单位名义用貌似合法的手段进行的，既能体现单位的意志，又具有一定的公开性、普遍性。贪污罪则是以不为人知的方式实施，除了共同行为人外，其他人并不知情，具有相当的秘密性和隐蔽性。（3）从主观故意看，共同贪污要求每一个成员均有非法占有公共财物的贪污故意，且犯罪动机主要是以权谋私；私分国有资产的主观故意则表现为单位的主管人员，为了达到占有国有资产的目的，抱着法不责众的侥幸心理，以单位名义实施集体私分行为。（4）从侵占财产的主体看，私分国有资产的参与人员具有广泛性，而共同贪污的参与人员一般仅仅包括参与策划和共同实施贪污行为的人。

二、国企改制中隐匿财产归本人持股企业所有的行为认定

【案例】

2004年，周某某在担任某市工贸大厦法定代表人兼总经理期间，安排时任工贸大厦财务处处长的武某某将企业卖废旧纸箱、供应商入场费等

杂项收入单独管理，武某某以虚设债务的形式将上述收入登记入账。截至2009年4月，上述收入累计人民币381.49万元。2009年，工贸大厦改制为A股份有限公司，周某某对改制后企业个人持股35%，武某某等4位副总每人持股5%，工贸大厦工会代表四百多名企业职工持股45%。企业改制过程中，周某某利用工贸大厦法定代表人兼总经理职务上的便利，指使工贸大厦分管财务的副总经理武某某隐匿上述381.49万元，转为二人均持有股份的A股份有限公司所有。

本案的特殊之处在于，改制后的企业，既有周某某、武某某二人持股共计占比40%，又有全体职工通过工会持股45%。根据最高人民法院、最高人民检察院2010年《关于办理国家出资企业中职务犯罪案件具体应用法律若干问题的意见》(法发〔2010〕49号，以下简称《意见》)的第一条规定了关于国家出资企业工作人员在改制过程中隐匿公司、企业财产归个人持股的改制后公司、企业所有的行为的处理。国家工作人员或者受国家机关、国有公司、企业、事业单位、人民团体委托管理、经营国有财产的人员利用职务上的便利，在国家出资企业改制过程中故意通过低估资产、隐瞒债权、虚设债务、虚构产权交易等方式隐匿公司、企业财产，转为本人持有股份的改制后公司、企业所有，应当依法追究刑事责任的，依照《刑法》第三百八十二条、第三百八十三条的规定，以贪污罪定罪处罚。同时，该《意见》第二条规定了关于国有公司、企业在改制过程中隐匿公司、企业财产归职工集体持股的改制后公司、企业所有的行为的处理。国有公司、企业违反国家规定，在改制过程中隐匿公司、企业财产，转为职工集体持股的改制后公司、企业所有的，对其直接负责的主管人员和其他直接责任人员，依照《刑法》第三百九十六条第一款的规定，以私分国有资产罪定罪处罚。

对周某某、武某某的行为如何评价，有两种不同意见。改制后的企业，既有周某某、武某某的股份，又有全体职工持股（工会代表全体职工持股），那么，应当适用《意见》的第一条还是第二条？如果将这种特殊的股权结构理解为“故意通过虚设债务的方式隐匿公司财产，转为本人持有股份的改制后公司所有”，则应当适用《意见》第一条，周某某、武某某构成贪污罪；如果认为本案属于“故意通过虚设债务的方式隐匿公司财产，转为职工集体持股的改制后的公司所有”，则应当适用《意见》第二条，周某某、武某某构成私分国有资产罪。

《〈关于办理国家出资企业中职务犯罪案件具体应用法律若干问题的意见〉的理解与适用》对上述《意见》进行了解释：“……国有公司，企业在改制过程中隐匿公司、企业财物归职工集体持股的改制后公司所有的行为的性质认定，是司法实践中较为棘手的一个问题，对此，《意见》第二条第一款规定，国有公司、企业违反国家规定，在改制过程中隐匿公司、企业财产，转为职工集体持股的改制后公司、企业所有的，对其直接负责的主管人员和其他直接责任人员，依照《刑法》第三百九十六条第一款的规定，以私分国有资产罪定罪处罚。在具体适用本规定时，需注意以下几个问题：第一，关于行为主体。起草过程中有意见指出，职工集体持股必然意味着行为人本人同时持有股份，本规定与第一条规定的区分界限是否清楚、两者是否存在竞合之处存在疑问。经研究，我们认为，两者的界限是清楚的，并不存在竞合。私分国有资产罪与贪污罪的区分关键在于单位行为还是个人行为，而不仅仅是行为人本人是否持有股份。为此，《意见》在行为主体的表述上对‘国有公司、企业’予以了特别强调。第二，关于持股比例。起草过程中有意见提到了持股比例的问题，指出管理人员持大股，职工集体持小股，如总经理占股90%，其他职工总计占股只有10%，以私分国有资产还是贪污定罪，值得进一步推敲。这里确实存在一个具体情况具体分析的问题，通常的做法都是管理层持大股，但是，鉴于实践中的持股情况较为复杂，很难确定一个可行的数量标准在持股比例上划一个硬性的杠杠，来对私分国有资产和贪污进行明确区分，而如果仅用‘大’‘小’这样的模糊用语又起不到区分的作用，故《意见》仅作定性规定，不作量化规定，明确原则性的处理意见。第三，关于职工集体持股。起草过程中有意见提出，职工集体持股不是一个明确的法律用语，需进一步明确。为此，《意见》第二条第二款规定：改制后的公司、企业中只有改制前公司、企业的管理人员或者少数职工持股，改制前公司、企业的多数职工未持股的，依照本意见第一条的规定，以贪污罪定罪处罚。”[①]

被告人及全体职工都持有股份的情况下，更应从法益实质侵害角度区分私分国有资产罪与贪污罪。私分国有资产罪是单位犯罪，体现的是单位意志，但共同贪污是行为人共同实施的损公肥私的行为，因此，区分的关键在于判断单位行为还是个人行为，而不仅仅是行为人本人是否持有股份。企业领导集体研究决定并由单位统一组织实施，在企业内部一定程度公开，企业不同层面的多数人员获得利益的，一般应当认定为私分国有资产罪；少数人共同实施，企业其他人员不知情或者不知实情，分取利益范围以参与决策、具体实施贪污行为以及为贪污行为提供帮助等少数某一层面的人员如企业管理层为限的，一般应当认定为贪污罪。本案中，辩护人认为，从决策过程看，隐匿债权虽是周某某个人的决定，但周某某是单位负责人，长期以来一言堂，其个人决定行为在特定条件下也代表了单位意志。但是，私分行为需要体现单位意志，而周、武二人是私下商量、偷偷决定隐匿该笔营业外收入不申报的，工贸大厦的其他副总、其他管理层无一人参与讨论决定，公司全体职工无人知晓该笔收入在改制期间是否申报、如何申报，甚至直至案发时周某某也没有向公司其他人员说明真实情况。因此，周某某、武某某二人私下商量在改制期间隐匿资产的行为，具有秘密性，不符合私分国有资产罪中行为具有“公开性和普遍性”的特征，不具有单位意志的代表性，不符合私分国有资产罪的特征。

---

① 刘为波：《〈关于办理国家出资企业中职务犯罪案件具体应用法律若干问题的意见〉的理解与适用》，载《刑事审判参考》（总第77辑），法律出版社2011年版。

第七节 贪污罪与受贿罪的界分

贪污罪和受贿罪在理论上的界分是十分明晰的。贪污罪是国家工作人员利用职务上的便利，侵吞、窃取、骗取或者以其他手段非法占有公共财物的行为。受贿罪是国家工作人员利用职务上的便利或职权、地位形成的便利条件，为他人谋取利益，索取或者非法收受他人财物的行为。理论区分虽然明确，但案件事实千变万化。最为典型的实务难题有：对于上级公司的领导利用职务上的便利，要求下属公司报销私人费用的行为，是认定为受贿还是贪污？贪污罪和受贿罪是否存在竞合？

不少大型国有企业在各省、市层层设立公司，形成多层级关系，实践中，不乏上级公司领导找下级公司报销体检费、旅游费等各种私人费用的情况，对于该种行为如何认定，存在较大争议。

【案例】

某国有企业董事长甲让全资子公司总经理乙，为其在子公司报销个人旅游费用 30 万元，乙安排子公司财务人员，以虚列开支方式从子公司套取 30 万元后交给甲。

我们应如何评价甲的行为？一种观点认为，甲的行为构成受贿罪。甲作为上级公司的董事长，在日常经营、人事任免等方面对子公司具有广泛的制约力，甲利用职务上的便利，向下级单位直接索要财物，属于索贿行为。下级公司虽给予了甲 30 万元，但系被勒索给予国家工作人员财物，没有获得不正当利益，根据《刑法》第三百八十九条第三款的规定，不成立行贿罪。

另一种观点则认为，以虚列开支的方式从国有公司套取财物，属于典型的贪污行为，甲通过乙的职务便利非法占有公共财物，造成公共财产的损失，构成贪污罪。

第三种观点认为，此种情形同时符合贪污罪和受贿罪的构成要件，系贪污罪和受贿罪的想象竞合。由于贪污罪和受贿罪的法定刑一致，从尽量挽回被害单位财物损失的角度出发，更适宜评价为贪污罪。

判断甲、乙的行为性质，首先涉及对贪污对象的理解。本案中，甲没有直接利用自己的职务便利侵吞、骗取本单位财物，而是通过乙的职务便利，侵吞了下级公司的财物，该财物是否符合贪污对象？一种观点认为，除共同贪污外，贪污的对象应限于本单位的公共财产[①]。因为“职务便利”实质上是指，拥有接触或掌控本单位管理的公共财物的便利。另一种观点认为，贪污罪的对象并未排除或者限定于本单位的公共财物或者本人经手、管理的公共财物，也包括外单位的公共财物[②]。一般情况下，贪污罪的对象是本单位的公共财物，但行为人有管理权的单位与作为财务独立核算主体的单位，有可能出现不一致的情况。此外，对贪污罪对象的理解，离不开对贪污罪中的“利用职务上的便利”的理解。贪污罪和受贿罪中均有“利用职务上的便利”这一构成要件，但两者的内涵不完全一致。根据2003年《全国法院审理经济犯罪案件工作座谈会纪要》，受贿罪中“利用职务上的便利”既包括本人职务上主管、负责、承办某项公共事务的职权，也包括利用职务上有隶属、制约关系的其他国家工作人员的职权。根据1999年最高检印发的《关于人民检察院直接受理立案侦查案件立案标准的规定》，贪污罪中“利用职务上的便利”是指利用职务上主管、管理、经手公共财物的权力及方便条件，并不包括利用他人的职权。2012年，最高人民法院公布的指导案例11号（杨延虎贪污案）拓展了贪污罪中“利用职务上的便利”的内涵，既包括利用本人职务上主管、管理公共财物的职务便利，也包括利用职务上有隶属关系的其他国家工作人员的职务便利。因此，贪污罪中

---

① 赵建平:《贪污贿赂犯罪界限与定罪量刑研究》，中国方正出版社2001年版，第68页。

② 孟庆华、高秀冬:《贪污罪的定罪量刑》，人民法院出版社2001年版，第109页。

的职务便利，已扩大到包括利用下属的职务便利。行为人作为上级单位的领导，当其职权能够直接延伸到下级单位时，行为人对下级单位的公共财物，也拥有事实上的支配权，故贪污罪中的公共财物，也应坚持实质判断原则，包括下级单位的公共财物。

其次，需要判断的是甲乙二人是否具有共同贪污的故意。本案中，甲明确要求乙在子公司为其报销个人费用，甲直接指使乙动用下级公司的财物，故二人在侵吞子公司公共财物上进行了通谋，具有贪污的共同故意。相反，如果甲仅仅是让乙帮忙解决个人费用，没有明示乙从子公司的公款中解决，乙也始终没有告知甲该费用套取自子公司，则难以论证二人在虚列开支侵吞子公司公款方面，达成了犯意的沟通与联络。如《贪污贿赂、渎职犯罪司法实务疑难问题解析》中所举的被告人 W 受贿一案，该案中，L 某也是用分公司和下属公司的公款为 W 某支付油画款和其个人费用，W 某只关心油画款和费用是否处理，并未明示 L 某从单位分公司的公款中解决，L 某也没有告知 W 某油画款和报销费用的来源，W 某在案发时也不知油画款和报销费用的来源，因此，在虚假出账、侵吞或者骗取方面，两人之间没有进行犯意的沟通，不能认定二人是共同故意犯罪[①]。

综上所述，贪污罪中的“利用职务上的便利”，包括利用职务上有隶属关系的其他国家工作人员的职务便利，上述案例中，甲、乙二人也围绕侵吞子公司的公共财物进行了犯意沟通，似乎出现了贪污罪和受贿罪的竞合。但值得注意的是，杨延虎贪污案的裁判要旨，也仅仅明确贪污罪中“利用职务上的便利”，包括利用有隶属关系的其他国家工作人员的职权，并不包括利用有制约关系的其他国家工作人员的职权。与隶属关系不同，制约关系是行为人的职权能够对其他国家工作人员的行为产生一定的拘束力，但不能直接决定其他国家工作人员的职务行为，也不能通过直接操纵其他国

① 王晓东：《贪污贿赂、渎职犯罪司法实务疑难问题解析》，人民法院出版社 2020 年版，第 77—78 页。

家工作人员的行为，对下级单位的公共财物形成实质上的管理、控制或处分的权力。如上述案例中，甲作为上级国有公司董事长，自然可以制约全资子公司的总经理，但也仅仅停留在制约层面，并不能对下属公司的财物形成主管、管理或经手关系，因此，甲的行为并不符合贪污罪“职务上的便利”的内涵。从实质上看，乙在面对上级领导“报销费用”这一变相索财要求上，是有选择权的，而乙之所以选择通过虚假报销套取公款交给甲，是为了维系与上级公司领导的良好关系，满足甲的索贿要求。故笔者认为，案例二中，以受贿罪评价甲的行为更为适宜。此外，如前所述，对贪污罪中的“非法占有目的”进行一定限缩理解，仅包括国家工作人员本人占有财物，不包括为第三人单独占有财物的情形。子公司总经理乙将套取的30万元全部交给甲，本人没有实际占有任何财物，主观上是滥用职权的心态，不适宜直接评价为贪污共犯。

第八节 “受委托管理、经营国有财产”的认定

【案例】

某国有煤炭运输公司在销售煤炭后有大量货款不能及时收回，便找到社会闲杂人员梁某，并与梁某签订了书面协议，双方约定如梁某为煤炭运输公司索要到货款，梁某可得到账资金的5%。其后，梁某带着煤炭运输公司的介绍信和授权委托书四处索债，当追讨到300万元货款后，梁某悉数占为己有、携款潜逃。

对于此案中梁某的行为是否构成贪污罪，有三种不同观点：第一种观点认为，梁某属于国有企业中从事公务的人员，其利用追讨债务的便利条件，将经手要回的国有公司的300万元货款非法据为己有，符合贪污罪的构成要件。第二种观点认为，由于煤炭运输公司与梁某之间签订了帮助追逃债务的协议，形成了平等主体之间委托与被委托的关系，故梁某属于《刑法》第三百八十二条第二款所说的受国有公司委托管理、经营国有财产的人员，其利用职务上的便利侵吞国有财产，成立贪污罪。第三种观点认为，被告人梁某既不是煤炭运输公司的工作人员，也不能被认为是《刑法》第三百八十二条第二款所说的受国有公司委托管理国有财产的人员，其行为符合侵占罪的构成特征。

其实，本案分歧之关键在于如何理解贪污罪中的“利用职务上的便利”。根据2003年《全国法院审理经济犯罪案件工作座谈会纪要》的相关规定，“《刑法》第三百八十二条第二款规定的‘受委托管理、经营国有财产’，是指因承包、租赁、临时聘用等管理、经营国有财产”，但是，本案中，梁某与国有煤炭运输公司之间并不存在承包、租赁、临时聘用关系。

根据1999年最高检《关于人民检察院直接受理立案侦查案件立案标准的规定》，贪污罪中“利用职务上的便利”，是指职务上主管、管理、经手公共财物的权力及方便条件。从“职务上的便利”的内涵来说，职务、职权应当具有一定的稳定性，如果行为人本来不具有主管、管理、经手公共财物的职权，只是偶然一次受委托经手公共财物，则不宜认定其具有“经手”公共财物的便利条件。本案中，梁某作为煤炭运输公司授权委托追讨公司货款的人员，只是该国有公司临时性地委托从事一项工作，这项工作不具有相对稳定性，不能视为在国有公司中从事公务，也不宜因此种临时性的委托，将其视为国家工作人员。当然，通过委托讨债协议，国有公司和梁某之间建立了一种平等的委托与被委托关系，然而梁某并未从这种委托中获取“管理”国有财产的职权，因此梁某亦不符合第三百八十二条第二款的贪污主体要件。但是，讨债协议的缔结，实际上就将这笔货款的追索权授权给了梁某，梁某在上交追讨到手的货款前，具有代为保管的职责，其将代为保管的财物据为己有，符合侵占罪的特征。

第九节　为实施贪污行为缴纳的税款认定

一、骗取公款产生的税款

在贪污犯罪中，当行为人通过侵吞、窃取、骗取、虚增交易环节等非法手段将单位公款据为己有时，可能需要签订虚假合同、开具虚假发票，在此过程中会产生相应税款，这些税款并未被行为人实际取得，是否应计入贪污犯罪数额呢？实践中有不同认识。

【案例一】

张某在担任某国有企业副总经理期间，为非法占有公款，安排国有企业与A公司签订虚假的咨询服务合同，向A公司支付服务费150万元。A公司收到款项后，留下10万元的税款及开票费用，将剩余款项140万元交给张某，张某用于偿还个人债务。

本案中，张某安排下属与A公司签订虚假合同，编造费用支取单，使用欺骗手段非法占有国有单位财物，是否应将实施贪污过程中产生的10万元税款计入犯罪数额？一种观点认为，贪污罪保护的法益是公共财产的所有权，从客观归属看，10万元税款未被行为人实际占有，而是以税款形式上缴国库，扣除税款后，“公共财产”的实际损失数额应为140万元，应以公共财产实际损失数额认定贪污数额。从退赃角度看，如认定贪污数额为150万元，让行为人承担退出150万元赃款的义务，超过了公共财产的实际损失金额。另一种意见认为，贪污罪，是将本单位财物非法据为己有的行为，虽然10万元最终以税款的形式从A公司上缴国库，仍然进入国家账户，但对于张某所任职的国企而言，支出的费用共计150万元，10万元也是单位公共财产损失的一个部分，张某的行为，实际上侵害了国有企业对150万元公款的所有权。张某主观上明知开具虚假发票需缴纳税款，仍决定采用该方式骗取单位公款，故由此产生的10万元是实施贪污犯罪的成本，应一并计入犯罪数额。

2001年《全国法院审理金融犯罪案件工作座谈会纪要》规定“……对于行为人为实施金融诈骗活动而支付的中介费、手续费、回扣等，或者用于行贿、赠与等费用，均应计入金融诈骗的犯罪数额……”参照该规定，行为人为骗取公款所支付给A公司的所谓开票费用，也应视为犯罪成本，计入贪污数额。值得注意的是，考量到10万元已通过税务机关以税款形式上缴国库，故无须重复追缴。

二、虚增交易环节产生的税款

【案例二】

某国有公司A中标了某光热项目，需对外发包熔盐罐设计、集热器采购等业务。A公司董事长常某安排李某花1万港币在香港注册B公司，向A公司的总公司谎称B公司是欧洲某著名公司在亚洲的子公司，促使A公司、B公司签订相关设计合同、采购合同，标的共计200万欧元，又安排李某实际将上述业务交给C、D公司（均为国外公司）承接，标的共计120万欧元。A公司将合同款200万欧元汇至B公司账户，B公司收款后，将其中120万元欧元付给C、D公司，缴纳税款27万欧元，常某通过该方式个人实际获利53万欧元。

案例二是典型的虚增交易环节的贪污。常某作为A公司的董事长，明知盐罐设计、集热器采购等业务实际由C、D公司承接，为实现个人非法占有的目的，安排他人在境外成立空壳公司，将原本正常的业务流程“A公司—C、D公司”，虚增为“A公司—B公司—C、D公司”，增设不必要的环节，通过个人实际控制的空壳公司介入正常业务流程，截取合同差价款80万欧元。需要讨论的是，B公司从形式上看，产生了账面流水和业务合同，缴纳了27万欧元的税款，常某个人实际获利仅为53万欧元。贪污数额应为80万欧元还是53万欧元?

笔者认为，贪污罪虽以非法占有为目的，但并非一律以个人实际所得认定犯罪数额。上述案例中，行为人通过虚增交易环节的方式实施贪污，势必产生相关税款，从法益保护的角度看，“A公司—B公司”是虚增的交易环节，A公司实际上应直接与C、D公司缔约合同，仅需支付120万欧元的合同费用，故多支出的80万欧元，均是国有单位公共财产的损失，应全部计入犯罪数额。至于27万欧元的税款，是行为人实施贪污行为所必然支出的犯罪成本，无须从贪污数额中扣减。

第二章 受贿罪

◇ 如何认定利用职务上的便利

◇ 如何认定放贷收息型受贿

◇ 如何认定涉原始股受贿

◇ 如何界分赌博型受贿与赌博活动、娱乐活动

◇ 如何界分交易型受贿和以交易为名受贿

……

第一节　“利用职务上的便利”的认定

我国《刑法》中的受贿罪，从利用职权的角度看，可以分为直接受贿和间接受贿（斡旋受贿）两种基本方式。直接受贿是《刑法》第三百八十五条规定的受贿，即国家工作人员利用职务上的便利，索取他人财物，或者非法收受他人财物，为他人谋取利益；斡旋受贿是《刑法》第三百八十八条规定的受贿，是指国家工作人员利用本人职权或地位形成的便利条件，通过其他国家工作人员职务上的行为，为请托人谋取不正当利益，索取请托人财物或者收受请托人财物。“利用职务上的便利”是受贿罪的核心要素，如何理解“利用职务上的便利”，关乎受贿罪罪与非罪的认定以及直接受贿和斡旋受贿的界分。

一、法定职权与实际职权不一致的认定

“利用职务上的便利”是受贿罪客观方面的构成要件之一。何谓利用职务上的便利？1999年最高人民检察院《人民检察院直接受理立案侦查案件立案标准的规定（试行）》规定，“‘利用职务上的便利’，是指利用本人职务范围内的权力，即自己职务上主管、负责或者承办某项公共事务的职权及其所形成的便利条件”。该规定虽然对“利用职务上的便利”下了定义，但未厘清“直接受贿”与“间接受贿”的区别，导致理论界与实务界对“职务上的便利”依然争论不休。2003年最高人民法院发布的《全国法院审理经济犯罪案件工作座谈会纪要》（以下简称《纪要》）对《刑法》第三百八十五条和三百八十八条进行了区分，进一步明确了“利用职务上的便利”的内涵。《纪要》规定，“《刑法》第三百八十五条第一款规定的‘利用职务上的便利’，既包括利用本人职务上主管、负责、承办某项公共事务的职权，也包括利用职务上有隶属、制约关系的其他国家工作人员的职权。

担任单位领导职务的国家工作人员通过不属自己主管的下级部门的国家工作人员的职务为他人谋取利益的，应当认定为‘利用职务上的便利’为他人谋取利益。”

职务，就是公职人员的职责和职权。在具体的社会生活中，文件、规章、制度规定的岗位职责与行为人实际享有、行使的职权往往有或大或小的差异。理论界对职务的界定历来有法定职权说和实际职权说之分。前者认为，“从事公务活动的人员拥有什么权力，负有什么义务，一般由法律、法规和规章加以规定，不具有随意性。”① 后者认为，“法令规定不可能穷尽所有权限，那么，只要根据合理的解释，能认定是属于该公务员权限的职务即可。”② 尤其是我国的政府机构比较庞大，职能调整较为频繁，改革探索仍在推进，岗位职责明确规定的权力与实践中运行的权力可能存在一定的差异。因此，我们对职权的理解不能局限于文件，还要看现实中的权力行使状态，行贿人之所以贿送财物，是因为行为人的职务对请托事项具有事实上的拘束力、制约力，行贿人可以通过国家工作人员行使职权的行为获得利益。因此，受贿罪要件中的“职务上的便利”，不仅体现为相关文件明确赋予国家工作人员的岗位职责，在文件规定的职权和实际享有的职权不一致的情况下，还包括国家工作人员实际享有和行使的职权。

二、通过具有制约关系的非国家工作人员为请托人谋取利益的行为认定

实践中，有的请托事项是国家工作人员通过非国家工作人员的行为来实现的，如国有公司负责人向承接该公司发包工程的私企打招呼，让该企业将部分工程分包给请托人。有观点认为，2003年《纪要》规定，“《刑法》

① 肖扬主编：《贿赂犯罪研究》，法律出版社1994年版，第182页。

② ［日］西田典之：《日本刑法各论》，刘明祥、王昭武译，法律出版社2013年版，第502页。

第三百八十五条第一款规定的‘利用职务上的便利’，既包括利用本人职务上主管、负责、承办某项公共事务的职权，也包括利用职务上有隶属、制约关系的其他国家工作人员的职权……”上述司法文件规定的是“利用职务上有隶属、制约关系的其他国家工作人员的职权”，因此，如果利用的是有隶属、制约关系的非国家工作人员的职权，则不符合受贿罪“利用职务上的便利”之要件。这种观点对“利用职务上的便利”的理解不完全符合立法目的。

《全国法院审理经济犯罪案件工作座谈会纪要的适用解读》对该问题的观点是：“受贿罪中的‘利用职务上的便利’所包含的权力及其所形成的便利条件，实质上体现为行为人本人职务所产生的对于一定的公共事务或者一定的公职人员的管理、制约关系。这里所谓的‘制约’关系，可能表现在单位内部或某一系统内上下级之间、各职能部门之间的制约关系，也可能表现在担任某种职务的国家工作人员在处理公共事务时，直接与有关的单位或当事人之间的制约关系。”① 实践中，国家工作人员在处理公共事务时，有时会与有关单位和个人形成制约关系。这里的“有关单位和个人”，并不局限于国有单位或国家工作人员。如果国家工作人员对非国家工作人员的制约力，是其职务行为带来的现实约束力，是公权力的直接或自然延伸，在此情形下，国家工作人员通过非国家工作人员为请托人谋利，也可以视为“利用职务上的便利。”当然，这种制约应是“处理公共事务”过程中产生的制约，须体现在具体的职权事项中。比如，非国家工作人员所在公司正在申请调整容积率，需行为人审批同意；非国家工作人员涉及行政处罚案件，有待行为人处理等，非国家工作人员若不依从行为人的意志行事，可能对个人利益、公司生产经营产生重大不利影响，故非国家工作人员基于行为人掌握的公权力，即便可能损害个体利益，也只能满足行为人

① 苗有水、宋伟岩：《〈全国法院审理经济犯罪案件工作座谈会纪要〉适用解读（下）》，载姜伟主编：《刑事司法指南》，法律出版社2004年版。

的要求。行为人通过非国家工作人员为请托人谋取利益并收受请托人财物时，“实质上包含了两次利益交换的过程，行为人先利用职权对非国家工作人员施加压力，迫使其提供利益，再以非国家工作人员提供的利益换取请托人财物，比一般的直接权钱交易行为影响更恶劣、危害性更严重，理当纳入《刑法》规制。”①

简言之，国家工作人员通过非国家工作人员的职权办事，可能构成受贿罪。此外，罪与非罪的区分标准在于，国家工作人员是利用同学、亲友关系等个人社交因素产生的影响力办事，还是利用其手中掌管的公权力办事。譬如，某国有投资开发公司董事长向工程总包方打招呼，要求总包方将其中的土石方工程分包给其亲属承接。国有投资开发公司是建设工程合同的甲方，工程总包方是乙方，从表面上看双方仅仅是平等民事主体之间的合同关系，但该董事长作为发包方的负责人，在工程招标、安全生产、工程款拨付、项目竣工验收等方面，对总包方显然具有广泛而实际的权力。甲方负责人对工程转包的意见，乙方也很难有选择的余地。因此，如果单纯以工程合同的主体平等性来否认这种制约力，既不客观，也不利于实现立法目的、预防和打击犯罪。该国有投资开发公司的董事长系国家工作人员，其找工程总包方办事，实际上利用了主管国有公司工程建设这一公权力，工程总包方之所以答应董事长的要求，同意将工程分包给董事长指定的第三方，也是因为董事长主管工程建设的公权力对总包方形成了实际制约力。由此可见，国家工作人员通过非国家工作人员的行为，为他人谋取利益，并收受财物，是否符合受贿罪要件中的“利用职务上的便利”，关键是看国家工作人员是否对非国家工作人员形成了制约关系，这种制约关系是否基于行政管理、承办公共事务等公权力产生，是否足以影响非国家工作人员的利益，使其丧失选择自由。如果符合以上条件，国家工作人员通

① 卢某某受贿案，载中华人民共和国最高人民法院刑事审判第一、二、三、四、五庭编：《刑事审判参考》（总第138辑），人民法院出版社2024年版，第1578号案例。

过非国家工作人员为他人谋利，还是自身职务的延伸，本质上还是利用自己职务上的便利，构成受贿罪。

三、党政主要领导通过辖区内私营企业谋利的认定

实践中，存在党政主要领导向辖区内的私营企业打招呼，通过私营企业相关负责人的行为，为请托人谋取利益的情况。这种行为应该如何评价？是否属于受贿？

【案例一】

县长甲向该县某私营企业主打招呼，让私营企业聘用请托人的子女，请托人送给县长甲 5 万元表示感谢。

【案例二】

区委书记乙向辖区内私营企业主打招呼，让私营企业将某土石方工程发包给请托人，请托人送给区委书记 10 万元表示感谢。

上述两个案例都是地方党政主要领导向辖区内私营企业打招呼，通过私营企业负责人的职权为请托人谋利。此种情形是否构成受贿罪？实践中存在争议。一种观点认为，私营企业是市场经济活动中的独立主体，自主决策、自主经营，没有国有资本成分，与地方政府也没有任何隶属制约关系。县长、区委书记请私营企业主帮忙办事，出卖的不是承办公共事务的具体权力，而是不当运用了其作为党政主要领导的“面子”或“威信”，无法评价为受贿，仅仅是一般违纪行为。另一种观点则认为，私营企业不仅是自主的市场主体，也是政府的监管对象，与市场监管局、税务局等政府职能部门之间存在着千丝万缕的联系。《中华人民共和国地方各级人民代表大会和地方各级人民政府组织法》第八十四条规定，“省、自治区、直辖市、自治州、县、自治县、市、市辖区的人民政府应当协助设立在本行政区域内不属于自己管理的国家机关、企业、事业单位进行工作，并且监督

它们遵守和执行法律和政策。”由此可见，各级人大、政府对本行政区域内的企业具有一定的监督权。从事特定领域经营活动的企业，还受相应职能部门的监督管理。譬如，房地产企业受规划局、建设委的监管；医药企业受食品药品监管局的管理。因此，党政主要领导对辖区内私营企业存在毋庸置疑的制约力。上述案例中，县长、区委书记请私营企业主帮忙办事，运用的是公权力而非亲友关系或其他社会关系，上述两个案例也是变相出卖公权力的行为，属于受贿性质。

第二种观点更为合理。首先，从现实生活看，党政主要领导对辖区内的公共事务、各类事项等具有很强的控制力和影响力。作为私营企业主，企业的设立、生产、经营、安全等，都受到党政主要领导权力的实际影响，这种影响是客观存在的[①]。其次，国家工作人员在处理公共事务时，既会与国有单位或国家工作人员，也会与私人单位或私人形成制约关系。国家工作人员对非国家工作人员的制约力，是其职务行为带来的现实约束力，是公权力的直接或自然延伸。“公权力行使不当，会影响私权利，甚至会侵害私权利。那种认为公权力对私权利没有制约性的观点是片面的。”[②]最后，要注意不能泛化地认定职务身份带来的抽象影响力。甲乙二人作为党政主要领导，在辖区内自然具有一定的威望、身份，但是利用威望、身份办事，还不能直接等同于利用职务上的便利。党政主要领导是国家工作人员，辖区内的私营企业主是非国家工作人员，在判断国家工作人员对非国家工作人员的职权制约关系时，必须抓住权钱交易的本质进行严格认定。第一，利用的必须是公权力而不是基于感情、威望、面子、个人社交关系。第二，国家工作人员的职权在具体事项上，能直接地对非国家工作人员形成强约束力，足以压制其选择自由。譬如，国家工作人员在主管、负责、承办某

---

① 尹伊君：《关于当前职务犯罪检察工作的几个问题》，载《刑事检察工作指导》（第2辑），中国检察出版社2019年版，第83页。

② 尹伊君：《关于当前职务犯罪检察工作的几个问题》，载《刑事检察工作指导》（第2辑），中国检察出版社2019年版，第83页。

项具体公共事务的过程中，对私营企业负责人形成了事实上的制约力，使私营企业负责人在面对国家工作人员“打招呼”时，失去了基本的选择余地，只能按照国家工作人员的要求办事。此时，谋利事项的实现，是国家工作人员职权滥用的结果，即国家工作人员利用了承办公共事务所产生的对私营企业主的现实制约力。当然，是否具有职务上的隶属、制约关系，应当结合国家工作人员任职单位的性质、职能、所任职务以及法律的规定、政策的影响、实践中的惯例等具体认定。

第二节 “利用职权或地位形成的便利条件”的认定

《刑法》第三百八十八条规定，国家工作人员利用本人职权或地位形成的便利条件，通过其他国家工作人员职务上的行为，为请托人谋取不正当利益，索取请托人财物或者收受请托人财物的，以受贿论处，即通常所称的斡旋受贿。根据2003年《全国法院审理经济犯罪案件工作座谈会纪要》（以下简称《纪要》）规定，《刑法》第三百八十八条规定的“利用本人职权或者地位形成的便利条件”，是指行为人与被其利用的国家工作人员之间在职务上虽然没有隶属、制约关系，但是行为人利用了本人职权或者地位产生的影响和一定的工作联系。

一、斡旋受贿与直接受贿的区别

受贿犯罪中，除了直接利用本人的职权为请托人谋利，还可能介入第三人的行为，利用第三人的职务行为为请托人谋利。此种情形下，属于《刑法》第三百八十五条规定的直接受贿还是《刑法》第三百八十八条规定的斡旋受贿？这是实务中的难点和重点。尤其是斡旋受贿还需要同时具备“为他人谋取不正当利益”这一要件才能入罪，所以究竟是“利用职权和地位形成的便利条件”还是“利用职务上有隶属、制约关系的其他国家工作人员的职权”也经常成为法庭论辩的焦点。

《刑法》第三百八十八条规定的斡旋受贿与直接受贿中“利用职务上有隶属、制约关系的其他国家工作人员的职权，为请托人谋取利益”，二者区分的关键在于，国家工作人员与被利用的第三人之间是否存在隶属、制约关系。这一界分对司法实践具有很强的指导性，许多典型问题也迎刃而解了。但是，现实生活面临的情况复杂多样，实践中具体案件的法律适用依然存在不少困惑。下面，我们结合几个案例予以说明。

【案例一】

某市副市长甲（不分管教育）接受行贿人的请托，给教育局局长乙打招呼，帮助请托人解决了子女入学问题，甲收受请托人给予的人民币10万元。

上述案例中，甲利用乙的职权为他人办事，属于直接受贿还是斡旋受贿，主要是看甲的权力是否对国家工作人员乙具有制约作用。实践中，一种有代表性的观点认为，甲既然不分管教育，就说明他不具有办理该项公共事务的权限，利用的就不是本人职权，而是“职权或地位形成的便利条件”，故甲的行为属于斡旋受贿性质。但从实质上看，甲虽然不直接分管教育，但甲是某市副市长，教育局是政府职能部门，副市长对政府职能部门的主要负责人，在年度考核、个人提拔等诸多事项上具有直接的、现实的制约力，因此，甲实质上利用的还是自己的职务便利。根据2003年《纪要》的规定，“……担任单位领导职务的国家工作人员通过不属自己主管的下级部门的国家工作人员的职务为他人谋取利益的，应当认定为‘利用职务上的便利’为他人谋取利益……”综上，担任领导职务的某市副市长甲通过不属于自己主管的下级部门教育局局长乙职务上的行为，为请托人谋取利益的，应当认定为直接受贿。

【案例二】

某省高级人民法院民事审判一庭法官甲，接受行贿人的请托，向某中级人民法院民事审判一庭的庭长乙打招呼，请乙在审理某民事诉讼纠纷中，尽量多照顾原告，乙答应尽量在原则范围内予以照顾。后甲收受请托人给予的感谢费人民币10万元。

上述案例中，定性的关键在于判断上级法院的普通法官对下级法院的庭长是否具有制约关系。对制约关系的判断，不能拘泥于形式，要看实质。上级法院的普通法官甲，行政级别无疑低于其斡旋的乙，上级法院与下级法院之间也不存在领导与被领导的关系，但我们不能据此简单地否定制约关系的存在。虽然甲仅仅是上级法院的一名普通法官，但鉴于其所在单位和部门、其职务对下级法院对口业务部门的庭长亦具有客观上的制约力，应认定甲利用职务上有制约关系的乙的职权为行贿人谋利，属于一般受贿而非斡旋受贿。再比如，某市委书记的秘书甲（副处级）找某区区长（厅级）乙办事，事成后甲收受行贿人的财物。显然，甲乙之间不存在上下级关系，甲的行政级别低于乙，但由于甲会对乙会产生事实上的制约力，故甲乙之间亦存在制约关系。可见，直接受贿中的“隶属和制约”，不限于行政级别、法律关系的隶属或制约，也包括实质上的隶属或制约，不能简单地以行政职务的高低来判断。只要国家工作人员与其打招呼的其他国家工作人员之间存在事实上的制约力，国家工作人员利用了支配关系中的优势地位即可。

综上，行为人向其他国家工作人员打招呼，通过其他国家工作人员的职务行为，为请托人谋取利益的，并非一概认定为斡旋受贿，需要认真厘清行为人与第三人之间的关系。两者之间是否存在领导关系较容易判断，而对于横向或纵向的制约关系，需要立足于权力运行的现实格局和真实状态进行全面、客观的判断。如果行为人与其他国家工作人员之间具有制约关系，就属于“利用职务上的便利”的情形，评价为直接受贿；相反，如果行为人与其他国家工作人员之间的关系属于尚未达到制约程度的影响关系时，行为人通过其他国家工作人员为请托人谋取不正当利益，利用的就是“职权或者地位形成的便利条件”，属于斡旋类型的受贿。

二、利用职权或地位形成的便利条件与工作联系的区别

2003年《纪要》规定，“《刑法》第三百八十八条规定的‘利用本人职权或者地位形成的便利条件’，是指行为人与被其利用的国家工作人员之

间在职务上虽然没有隶属、制约关系，但是行为人利用了本人职权或者地位产生的影响和一定的工作联系……”根据这一规定，国家工作人员与被利用的第三人之间显然是非制约关系，但这种“非制约关系”究竟是一种什么样的关系？则有多种认识。有观点认为，国家工作人员与被利用的非国家工作人员之间应该具有工作上的联系，这是成立斡旋受贿的前提条件。“在性质上，行为人与被其利用的国家工作人员之间存在稳定的、必然的工作联系，如果相互之间的工作联系性质上是偶然的，没有必然性，不能认为他们之间具有成立间接受贿的条件。”① 也有观点认为，“利用本人职权或地位形成的便利条件具有四个特点：职务的非制约性、职务行为的依赖性、第三人意志的不完全性以及权力的可交换性。”② 还有观点认为，“本人职权或者地位形成的便利条件，实际上就是指行为人的职务对第三人的影响力，这种影响力的产生与行为人的职务有关、利用影响力为请托人谋取利益的作用是间接发挥的、影响力形成了对第三人的内在制约。”③

实践中，存在国家工作人员向不具有隶属、制约关系的其他国家工作人员打招呼办事的情况，有的甚至是跨行政区域进行斡旋，国家工作人员与被斡旋的第三人之间完全没有任何工作上的联系。此时能否认定为斡旋受贿呢？2003年《纪要》所规定的“工作上的联系”，是强调国家工作人员利用其职务所产生的权力性影响来斡旋第三人，从而排除亲友、朋友等非权力性影响。换言之，国家工作人员在向第三人进行斡旋时，难免会给第三方国家工作人员造成思想压力，只要这种思想压力是由国家工作人员的职权或者地位所产生的权力性影响导致的，就应当认定为具备了这种便利条件，并不必然要求行为人和第三人在过去曾经存在具体的工作联系或者二人所在单位存在工作联系。司法实践中，“也遇到过没有工作联系的情

---

① 肖中华：《贪污贿赂罪疑难解析》，上海人民出版社2006年版，第158页。
② 朱孝清：《斡旋受贿的几个问题》，载《法学研究》2005年第3期。
③ 孙国祥：《贪污贿赂犯罪研究》（上），中国人民大学出版社2018年版，第648页。

况，如某省副省长本不认识北京某高校校长，直接给人家写信推荐学生，最后该校长还办理了此事项，这些情况，司法机关最后都认定为行为人'利用职权或者地位形成的便利条件'，认定了斡旋受贿。"[①] 可见，没有工作联系的国家工作人员之间实施具有法定要件的行为，也可能构成斡旋受贿。但是，我们不能走向另一个极端，完全不考虑职务影响力的现实射程，简单地认为，只要一名国家工作人员斡旋另一名国家工作人员为请托人谋取不正当利益，就属于斡旋受贿。如，A 省某市税务局局长甲通过其中学同学 B 省某市教育局局长乙，为请托人谋取不正当利益。甲乙之间并无任何工作上的联系，甲的职务也难以跨省对乙产生职务影响力，乙在是否接受斡旋上所面临的思想压力源于二人的同学关系。在此种情形之下，虽然行为人与第三人都是国家工作人员，但不能机械地认定属于斡旋受贿。

① 郭竹梅:《受贿罪司法适用研究》，法律出版社 2018 年版，第 114 页。

第三节 放贷收息型受贿的认定

正当、合法的借款行为应与受贿有本质区别，但实践中，有的腐败分子为了规避法律惩处，采取各类隐蔽的腐败手段，假借民事化、市场化的形式，试图给违法犯罪行为披上合法外衣，以所谓借贷关系进行利益输送就是表现形式之一。具体而言，有的国家工作人员向请托人借用资金，有的国家工作人员则主动向请托人出借资金，甚至还签订了借款协议，仅从形式上很难精准判断行为性质。2003 年《全国法院审理经济犯罪案件工作座谈会纪要》对于国家工作人员向请托人借款，是正常借贷还是“以借为名”的受贿，提出了几点综合判定因素：（1）有无正当、合理的借款事由；（2）款项的去向；（3）双方平时关系如何、有无经济往来；（4）出借方是否要求国家工作人员利用职务上的便利为其谋取利益；（5）借款后是否有归还的意思表示及行为；（6）是否有归还的能力；（7）未归还的原因等。但是，对于国家工作人员向请托人出借资金并收取利息的行为，该如何评价？是正常民事行为、违规经商行为还是受贿犯罪？何种情形下需要《刑法》规制？如构成受贿犯罪，受贿数额该如何计算，实践中有较大争议。

一、正常借贷与放贷收息型受贿的界分

【案例一】

2015 年上半年至 2018 年 9 月，王某利用担任某市某区委书记职务上的便利，为 A 上市公司在土地摘牌、低价购买仓储用房、办理仓库产权证等方面提供帮助。2017 年 4 月至 9 月，为感谢王某的帮助，该公司在资金充足无借款需求的情况下，接受王某以“借款”名义转账 300 万元。2018 年 12 月至 2020 年 4 月，该公司法定代表人方某先后多次以支付“利息”名义，转账 430 万元至王某妻子账户，王某对此知情。

【案例二】

2017 年至 2020 年，李某某利用担任某市某区公安分局局长职务上的便利，为 B 公司在其辖区内经营娱乐场所提供帮助。2018 年至 2021 年，李某某向 B 公司出借资金共计 300 万元，按照年息 20% 的标准获得借款利息，共计获得利息 180 万元。B 公司向李某某保证，借款无风险，随时可取回本金。另查明，李某某主动提出向 B 公司出借资金时，B 公司资金宽裕，每月收益上千万元，并无资金需求。

【案例三】

2018 年至 2020 年，殷某某利用担任某区建设局副局长的职务上的便利，为 C 建筑公司在企业经营方面提供帮助。2018 年底，殷某某见 C 公司资金周转困难，便主动提出出借资金给 C 公司。2018 年底至 2021 年初，殷某某与 C 公司签订借款合同，出借人民币 100 万元给 C 公司，C 公司将上述借款用于支付拖欠的工人工资，按照年息 10% 向殷某某支付利息，共计支付利息 20 万元。C 公司另向其他多名社会人员及企业借款，同期给付的年息在 8% ~ 15% 不等。

国家工作人员作为民事主体，有权利通过资金出借获取正常的利息回报，国家工作人员与其他平等民事主体之间发生的借款及收取利息行为受到法律的保护，但是，借贷关系是建立在真实的借款需求与合理的利率回报基础之上。办理放贷收息型受贿案件，需要关注两个关键问题，一是双方是否具有真实的借款目的，二是约定的利息回报是否明显超过市场合理回报。

实践中，从哪几个方面来判断双方是否具有真实的借款目的呢？可以围绕以下几个方面进行审查判断。

第一，可以结合请托人的借款理由、资金状况、钱款去向、利息来源等因素，综合判断其有无正当、合理的借款事由，有无真实的资金需求，这一点是判断行为性质最为关键的因素。《刑事审判参考》（总第 138 辑）

第 1579 号唐某甲受贿、利用影响力受贿案中，被告人唐某甲向无实际用款需求的请托人董某某主动提出出借 50 万元，50 万元在董某某的公司中无足轻重，董某某是想通过“借款获利”的方式回报唐某甲的帮助，唐某甲构成受贿罪①。案例一中，A 公司是一个上市公司，经营状况非常好，本身并无融资需求。王某出借的 300 万元未按照约定进入公司账户，而是直接汇到公司法定代表人方某的个人账户中，该 300 万元在方某的个人账户中闲置半年后，被方某用于个人理财，而非投入公司经营活动。王某所得的“高额利息”均来自方某自有资金，与 A 公司的经营情况无关。案例二中，B 公司经营酒吧、夜总会等多家娱乐场所，资金实力雄厚，每月收益上千万元，并无借款需求。

第二，查明请托人是否存在向其他民事主体借款的行为。案例三中，C 公司经营状况困难、资金周转不灵，长期对外举债。除了向殷某某借款外，还向七、八家企业和个人频繁借款。殷某某出借的 100 万元，一到账即被 C 公司用于支付拖欠的工人工资。

第三，如存在向其他民事主体借款行为的，应比较给予国家工作人员的利率与给予其他民事主体的利率，是否存在较大悬殊。如案例三中，C 公司按照年利率 10% 支付利息给殷某某，同时按照年利率 8% ~ 15% 向其他民事主体借款，给予国家工作人员的借款年利率与给予其他普通民事主体的借款年利率相比，基本相当。

第四，从有无平等协商、支付利息的时间节点等细节审查，是否符合正常交易习惯。案例一中，案涉的借款数额、借款期限等关键事项均由王某之妻决定，没有真正的平等协商。从给付利息的时间节点看，从未在月底、年底等正常时间节点结算利息，而是王某多次以房屋装修、孩子出国、

① 唐某甲受贿、利用影响力受贿案，载中华人民共和国最高人民法院刑事审判第一、二、三、四、五庭编：《刑事审判参考》（总第 138 辑），人民法院出版社 2024 年版，第 1579 号案例。

买车买房等事由向方某索要利息，有时甚至上个月刚给过巨额利息，下个月又索要所谓利息。

第五，双方约定的利率是否明显超过市场标准。案例一中，综合折算下来，年利率高达 65%，明显高于市场正常利率。案例三中，年息 10% 虽然高于银行同期存款利率，但在民间借贷的合理利率区间。

第六，行为人是否承担借款风险。案例二中，B 公司因疫情影响导致经营状况恶化，2020 年 7 月、8 月未能及时给付月息，李某某便提出要取回全部本金，并组织下属对 B 公司经营的娱乐场所进行查处，B 公司立即向李某某归还本金并结清全部利息。B 公司的实际控制人表示，即便生意亏损，也必须保证李某某出借资金的“利息”。

第七，行为人是否利用职务之便为他人谋取利益。受贿犯罪，本质上是行贿人通过财物贿买国家工作人员，国家工作人员因而为其谋取利益的犯罪。行贿人作为理性经济人，讲求“付出”与“回报”之间的对应关系，通常表现为以“小付出”谋求“大回报”，因此，需要结合行为人是否利用职权为他人谋利、请托事项是否实现、请托人获取回报大小等因素，综合考量分析行为性质。只要行为人没有利用职务便利，与借贷相对方是在自愿、平等、公平、等价有偿的基础上进行民事经济活动，其收取的利息便受法律保护，不是受贿犯罪。

放贷收息型受贿的特点是，行贿受贿双方以民间借贷为幌子，掩饰真实的行贿受贿行为。结合上述几点，我们不难得出，案例一、案例二是放贷收息型受贿，行为人获得的全部利息是出卖权力的“对价”。案例二中，虽然双方约定的利率并非畸高，但李某某在明知 B 公司没有资金需求的情况下，仍以借款为名主动放款给管理对象 B 公司并收取利息，双方事先达成了行贿受贿合意，同样系放贷收息型受贿，应以收取的全部利息认定受贿数额。案例三中，双方具有真实的借款目的，C 公司财务状况不佳且具有强烈的资金需求，C 公司给国家工作人员的利率并不高于给其他民事主体的利率，且符合市场正常利率标准，不宜认定为受贿犯罪。

二、放贷收息型受贿的犯罪数额认定

对于国家工作人员出借资金收取高额利息的行为，对受贿罪的犯罪数额我们应区分具体情形认定：（1）请托人确有实际借款需求，双方意愿真实，利息未超过合理范围，不应认定为犯罪；（2）国家工作人员利用职务上的便利为请托人谋取利益，请托人没有真实的借款需求，仅仅是想以“给付利息”为幌子进行利益输送之实，或者双方事先约定通过“放贷收息”方式掩盖行受贿事实的，高额利息是收买权力的“对价”，符合权钱交易的本质特征，应以受贿论处，认定出借资金所获全部利息为受贿数额；（3）国家工作人员违背请托人意愿，主动要求出借款项给请托人，但利息未超过合理范围的，可以认定为索贿，受贿金额就是利息数额[①]。（4）请托人有实际借款需要，双方意愿真实，但利息明显超过合理利息的，可以认定为受贿，受贿金额为超出合理范围的利息差。

案例二中，行为人按照 20% 的年利率收取利息，约定的利率并不违反当时法律和司法解释对民间借贷利率的有关规定，这一点是否构成充分的出罪理由呢？其实，利率的高低并非判断行为性质的决定因素，是否构成犯罪还是要立足受贿罪构成要件和权钱交易本质予以认定。2024 年 2 月 27 日，人民法院案例库正式上线并向社会开放，首批入库的放贷收息型受贿案例有 6 件，其中的颜某受贿案也确认了这样的裁判要旨。[②] 该案中，颜某夫妇收取的利息未超过年利率 36%，但相关证据表明，颜某向无真实借款目的的管理服务对象放贷资金并收取高额利息，且在放贷前后为借款人谋取利益，属于放贷收息型受贿。其次，请托人有实际借款需要，双方意愿真实，但利息明显超过合理利息的，可以认定为受贿，受贿金额为超出

---

① 孙谦、万春、黎宏主编：《职务犯罪检察业务》，中国检察出版社 2022 年版，第 164 页。

② 参见人民法院案例库入库案例颜某某受贿案（入库编号：2024-03-1-404-020）。

合理范围的利息差。我们应如何判断合理的利率呢？实践中存在不同观点。一种观点认为，应按照借款时一年期贷款市场报价利率的四倍计算，其与实际支付利息的差额为受贿数额；另一种观点则认为，如有借款给其他民事主体行为的，应当结合借款时长、请托人向其他民事主体借款利率、市场利率等综合确定参考利率，受贿数额为实际支付利息数额与按参考利率计算应付利息额之间的差额部分；还有一种观点认为，“国家工作人员明知请托人有借款实际需求而放款给请托人，以利息为名收取钱款的，合理的利率为同类正常民间借款最高利率，以收取的钱款超出请托人支付给同类正常民间借款最高利率的差额部分，认定受贿数额。”[①] 实践中，各地判决可见不同认定思路，可以结合具体案件情形予以认定。

① 参见人民法院案例库入库案例诸葛某某受贿案（入库编号：2024-03-1-404-002）。

第四节　涉原始股受贿相关问题认定

近年来，随着反腐败斗争的不断深入，受贿犯罪模式出现新变化，更加复杂隐蔽，新类型犯罪手段层出不穷，涉原始股受贿犯罪日益增多。实践中，不少受贿犯罪行为人盯上了盈利迅速的原始股，利用职务上的便利，索取、收受或者出资购买原始股，待上市后抛售获利。涉原始股犯罪可分为几种基本类型？如何认定出资购买原始股并获得巨额收益的行为？犯罪数额及孳息该如何计算？当前，理论界对于如何划定涉原始股受贿的《刑法》规制圈，争议较大，亟须加深研究、形成共识。本节拟结合司法案例，就涉原始股型受贿的相关疑难问题展开分析，以期为办案实践提供借鉴和参考。

一、涉原始股受贿的两种主要形式

原始股不是一个严格意义上的法律概念，没有法律层面的明确定义。不过，在国务院及相关部委出台的文件规定中，均提及了原始股，比如，中共中央办公厅、国务院办公厅2001年关于印发《关于党政机关工作人员个人证券投资行为若干规定》中，“对于本规定发布前党政机关工作人员违反当时规定买卖股票的行为，应当继续依照原有的规定予以查处；特别是对利用职权或者职务上的影响购买、收受原始股的，要发现一起，查处一起，绝不姑息。”2006年，国务院办公厅《关于严厉打击非法发行股票和非法经营证券业务有关问题的通知》中提到，“……非法证券活动的主要形式为：一是编造公司即将在境内外上市或股票发行获得政府部门批准等虚假信息，诱骗社会公众购买所谓‘原始股’……”

通常认为，原始股是公司上市之前发行的股票，即在一级市场上购买但还未上市交易、未进入二级市场流通的股票。原始股具有以下几个方面的特征：（1）原始股属于股票的一种，是一种特殊类型的股票。（2）原始股的投资主体通常需要具备一定的资格，一般只有公司董事、监事、高级管理人员、重要员工、股权投资基金、拟上市公司引进的战略投资者等特定主体才有资格购买原始股。（3）投资原始股的收益回报率比普通股票高，一旦公司上市，原始股持有人可能获得数倍、几十倍甚至上百倍的巨额收益。

涉原始股受贿案件，主要可以分为以下两种基本形式：一是无偿收受原始股，二是出资购买原始股以获取巨额预期利益。

（一）无偿收受原始股

第一种表现形式是行为人无偿收受行贿人给予的原始股，即行贿人将自己名下的原始股或者自己出资购买的原始股送给受贿人，或者受贿人直接向行贿人索要原始股。根据2007年最高人民法院、最高人民检察院《关于办理受贿刑事案件适用法律若干问题的意见》（以下简称《意见》）第二条的规定，“干股是指未出资而获得的股份。国家工作人员利用职务上的便利为请托人谋取利益，收受请托人提供的干股的，以受贿论处……”根据《意见》规定，司法实践中，对于该行为构成“干股型”受贿犯罪没有争议，受贿人本质上还是收受了干股，只不过是一种特殊类型的干股而已。

在如何认定犯罪既遂及犯罪数额上却存在分歧。按照《意见》第二条的规定，“……进行了股权转让登记、或者相关证据证明股份发生了实际转让的，受贿数额按转让行为时股份价值计算，所分红利按受贿孳息处理。股份未实际转让，以股份分红名义获取利益的，实际获利数额应当认定为受贿数额。”实践中，如果股份已变更登记至受贿人安排的第三人名下，或受贿人已正常领取分红、行使股东权利的，一般可以认定为“相关证据证明股份发生了实际转让”。但是，实践中更多的情形是，双方仅仅达成转让股权的口头约定、原始股依然登记在行贿人名下，此时能否认定犯罪既遂？又该如何计算犯罪数额？有观点认为，“导致股权变动的根本原因在于当事人之间具有法律约束的意思表示而非登记本身”[①]，因此，“股权从双方口头合意商定之日起就发生了实际转让。”[②]

股权转让的口头约定，仅仅表示双方达成了行贿、受贿的合意，并不能作为证明“股份发生了实际转让”的直接证据。受贿犯罪应以受贿人是否实际收到、控制财物作为既遂的判断标准。在行贿人代持股权、双方仅达成口头约定的情形下，需要结合受贿人能否通过行贿人实现对股权的排他性控制、行贿人是否将代持股权与个人股权作区别处理、行贿人有无按照受贿人的授意处置股权等因素，予以审慎分析判断。

（二）出资购买原始股

涉原始股受贿犯罪的第二种表现形式是行为人利用职务上的便利获得购买原始股的机会，出资购买原始股并抛售获利。出资购买原始股的情况比较复杂，我们可以根据不同的条件进一步细化分类。

从购买的时机看，可以分为上市筹备前购买与上市筹备期间购买。上市筹备期（Pre-IPO，Pre Initial Public Offering），是指从公司着手上市准备工作到股票首次公开发行之间的时段，拟上市公司在这段期间需要律师事务所进行上市辅导、会计师事务所进行专门审计、聘请保荐机构推荐与指导发行人上市。拟上市公司向证监会提出IPO申请后，需经过初审会、发审会审核过会和证监会批复同意，才能公开发行股票。可见，在上市筹备期间出资购买原始股，系典型的“突击入股”，比在上市筹备前购买原始股，面临的市场风险更小。

从购买主体看，可以分为与首次发行相关的主体购买原始股和其他国家工作人员购买原始股。一方面，公司注册成立后、上市筹备前，在日常经营中，难免要与负责项目审批、市场监管、税务征收的政府职能部门打

---

① 刘宪权、谢杰：《贿赂犯罪刑法理论与实务》，上海人民出版社2012年版，第225页。

② 马铁鹏：《涉股票类受贿犯罪疑难问题探析》，载《中国检察官》2020年第24期。

交道，企业为了获得相关职能部门的关照，可能会给予相关国家工作人员购买原始股的机会。另一方面，企业拟上市过程中，为了获得金融证券监管部门、上市中介机构的支持，可能将原始股贿送给上述机构的国家工作人员，以期通过利益捆绑推进公司上市。与其他主体不同的是，与首次发行相关的主体购买原始股后，为了追求上市后的个人利益，可能疏于履行监管职责使不合格的发行人进入市场，影响证券市场的稳定与安全。其次，金融证券监管部门、国有上市中介机构的人员，对公司能否上市具有信息优势、话语权甚至直接决策权，上述特定人员购买原始股，几乎不必承担任何市场风险。

从购买价格看，可以分为以内部价购买、以机构投资者入股价购买、以量身定做的特定价格购买，等等。如前所述，原始股一般只售给特定人员。特别是公司进入上市筹备期后，原始股更是可遇不可求的稀缺资源，除了优化股权结构而引入机构投资者、为激励关键员工而接受部分员工入股外，其他人员很难获得投资入股机会。其间，国家工作人员利用职务便利获得购买原始股的机会后，有的以内部价购买原始股，有的以机构投资者的入股价购买，还有的公司专门为国家工作人员进行增资扩股，使其能以量身定做的特定价格入股。

二、出资购买原始股获益的行为认定

（一）分歧观点

对于国家工作人员利用职务上的便利，从行贿人处获得购买原始股的机会，出资购买原始股并出售获利的行为，该如何评价？是一种风险投资行为、违纪行为还是受贿犯罪行为？目前，理论界和司法实务界对该行为的性质认定存在较大分歧。

一种观点认为，出资购买原始股获益的行为并不构成受贿犯罪，主要理由包括以下几点：首先，根据 2003 年《全国法院审理经济犯罪案件工作座谈会纪要》（以下简称《纪要》）规定，“行为人支付股本金而购买较有可能升值的股票，由于不是无偿收受请托人财物，不以受贿罪论处”。请托人虽鉴于国家工作人员的职权，主动奉上原始股，主观上亦有通过国家工作人员谋利之目的，“但因国家工作人员支付了对价，其后续红利的取得也是基于前期的购买与投资行为产生的收益，财物的取得更多源于请托人给予国家工作人员的优先购买权，不宜认定双方系行受贿关系”[①]。其次，国家工作人员虽通过职务便利获得了购买原始股的机会，但出资购买原始股时，目标公司是否能够上市还不确定，投资股票属于射幸行为，行为人仅仅获得了一个盈利机会，而非确定的财产性利益。从风险承担的角度看，投资股票是有风险的，购买原始股虽然风险小、获利空间大，但也不能完全排除亏损的可能，实践中也有公司无法上市等投资风险存在。因此，“盈利和亏损都具有盖然性，这与收受他人直接财产性利益的情况截然不同，不应纳入贿赂犯罪的范畴”[②]。

另一种观点则认为，国家工作人员利用职务上的便利，出资购买原始股的行为，应该受到刑罚的规制。“受托人接受收益机会，实际上取得了财产性利益的期待权，获得了本不应当也无能力获取的财产性利益。正是这种不义之财的客观表征，决定了接受收益机会应当按照受贿定性。”[③] 从法益侵害角度看，原始股不向社会公开发行，一般只针对公司高管、关键员工及专门引进的战略投资者等特定人群，在不具备投资主体资格的情况下，“以小额资金投入获取非一般人所能获得的巨额利益，严重违背了投资市场的一般规律，其行为严重侵犯了国家工作人员的职务廉洁性和职权行为的不可收买性，不认定犯罪违反一般人认知。”[④] 还有观点认为，对于接受有

---

① 林春艳：《受贿案中“出资证明书”数额认定》，载《检察日报》2007年2月25日，第3版。

② 郭竹梅：《受贿罪新型暨疑难问题研究》，中国检察出版社2009年版，第323页。

③ 薛进展、张铭训：《接受收益机会之性质认定与数额计算》，载《检察日报》2007年7月9日，第3版。

④ 马云飞：《出资购买原始股的行为如何认定》，载《中国检察官》2020年第20期。

收益机会的案件应区别对待，“如果国家工作人员接受有商业运作风险的收益机会，不能认定为受贿；反之，国家工作人员接受没有市场风险的收益机会，应当认定为受贿。”[①]

笔者认为，首先2003年《纪要》颁布时间较早、股本金内涵不清晰，故《纪要》的相关规定应仅适用于正常的股票投资行为，无法准确评价购买原始股的行为。在涉原始股受贿中，行为人根本不具备购买资格，如果不是出卖公权力，即便“支付股本金”也无法购买原始股，根本不具备适用之前提。其次，我国资本市场存在“高发行价”“高市盈率”现象，国家工作人员出资购买原始股，并不是着眼于获得股票本身，而是着眼于在目标公司上市后获取原始股升值所带来的暴利，这已经超越了“投资购买较有可能升值的股票”所能评价的范畴。权钱交易是受贿犯罪的本质，按照一般的社会常识，原始股上市后存在巨大收益，行贿人之所以愿意将如此大的利益让渡给国家工作人员，无非是想利用“原始股”来收买国家工作人员手中的权力，符合受贿犯罪权钱交易的本质特征。国家工作人员也能认识到，对方给予原始股的购买机会，看中的正是自己的职务便利，主观上具有非难可能性。实践中，有的国家工作人员系低价购买原始股，应按照2007年《意见》规定的交易型受贿论处；也有的国家工作人员是在公司Pre-IPO期间突击购买原始股，甚至行贿人还对国家工作人员做出了保底承诺、回购承诺，或者有的国家工作人员本身就负责目标公司上市审批事宜，能直接决定公司能否上市、何时上市，他们购买原始股的市场风险接近于零，属于通过购买原始股来收受确定的、可预期的财产性利益，这种财产性利益是职权行为的对价，上述行为应当纳入《刑法》的规制圈。

---

① 参见朱兴旺、章晓耿:《以理财形式受贿司法认定疑难问题》，载《湖南公安高等专科学校学报》2009年第3期。

（二）出资购买原始股受贿数额的不同司法认定思路

【案例一】

中国证监会稽查局原局长欧阳某某受贿案。2011年，经欧阳某某介绍，陈某某承接了某公司的首次公开发行股票（IPO）业务，2012年上半年，为了让欧阳某某对公司上市提供帮助，该公司董事长文某某和陈某某商量后决定把公司2%股权以5.42元/每元注册资本转让给被告人欧阳某某及陈某某（共计56.8182万元注册资本），购股款共计308万元，并约定由文某某代持。2013年3月，陈某某将公司引进四家战略投资者并与四家风投公司以23.94元/每元注册资本（PE价格）签订合同的情况告诉了欧阳某某，欧阳某某在得知公司有可能上市的情况后，才支付了购股款。经鉴定，以支付入股款时的价格计算，公司市场投资价格为25.62元/每元注册资本，上述股权市场价值为人民币 1455.682284 万元，扣除已支付的购股款，实得人民币1147.682284万元。

法院经审理后认为，欧阳某某在证监会担任相关领导职务，其职责和职权就是监督、查处证监会工作人员违规违纪行为，在明知证监会工作人员不能购买未上市企业股权的情况下，在公司Pre-IPO期间购买某公司未上市的股权属于利益输出型的钱权交易行为①，结合欧阳某某利用职务便利向证监会的相关人员打招呼为请托人谋利的事实，应构成受贿罪。受贿犯罪数额的计算以鉴定确定的受贿人出资购买时原始股价值，与受贿人实际支付的金额之间的差额计算。从数额认定的思路可以看出，法院认为该案属于“交易型受贿”，行为人以明显低于市场的价格购买原始股，受贿数额以交易时原始股市场价格和行为人实际支付价格的差额计算。

【案例二】

深圳市发改委能源处原处长李某受贿案。2005年至2009年，某医疗公

① 参见江苏省常州市中级人民法院刑事判决书，（2017）苏04刑初38号。

司经市发改委申报资助项目，获得政府无偿扶持资金人民币2000余万元，李某利用职务便利为上述项目上报国家发改委提供帮助，并向梁某某提出购买该医疗公司原始股的要求。为了感谢李某的帮助，2009年下半年，梁某某以每股5元的价格让李某认购1万股医疗公司的原始股份，李某出资人民币5万元以其妻子黄某某名义与梁某某签订了委托持股协议。2011年2月，医疗公司股票在深交所挂牌交易（发行价格46元/股）。2014年，股票禁售期过后，梁某某帮李某将股票套现并转入李某指定的银行账户，扣除出资额人民币5万元，李某获利人民币122万元。

法院经审理后认为，该原始股的发行对象均系针对公司高管及专门引进的投资机构等特定人群，并非面向社会对外公开发行。被告人李某作为国家工作人员，利用其与医疗公司之间的管理服务关系获得认购该原始股的交易机会，在明知该公司即将上市且购买原始股利润空间巨大的情况下予以认购获利，其行为构成受贿罪。关于受贿数额，根据被告人在原始股解禁后套现的获利金额，确定受贿金额为122万元。① 法院认为受贿人通过投资机会兑现的所有获利均是行贿人让渡的，均应认定为犯罪数额。

【案例三】

中国证监会发行审核委员会原委员吴某受贿案。2014年底，吴某等人受私募老板邀请参观拟上市公司A公司时，承诺会利用发审委委员的身份，为A公司成功上市保驾护航。2015年，吴某以每股5.2元的价格，收受A公司原始股100万股。2016年上半年，吴某利用担任证监会主板发行审核委员会委员的职务便利，为A公司首次公开发行股票通过发审委审核提供帮助。2016年，A公司成功上市，股票发行价为每股人民币31元，吴某通过他人陆续将上述100万股出售，获利人民币2500余万元。

---

① 参见广东省深圳市南山区人民法院刑事判决书，(2018) 粤0305刑初506。

检察机关审查后认为，该案例与其他涉原始股受贿犯罪不同的是，国家工作人员吴某是证监会发审委委员，其购买原始股时，股票即将上市。按照相关规定，拟上市公司申请首次公开发行股票（IPO），需要通过主板发审委的审核。发审会由7名委员组成，7名委员中需有5名以上委员投赞成票，企业才能顺利过会。原始股是不对外发行的稀缺资源，行贿人为了顺利过会，才将即将发行的100万股原始股拱手相送。吴某作为发审会委员，由于其身份的特殊性，对A公司能否成功上市、100万股原始股能否升值变现具有直接决策权，因此，吴某出卖权力所获取的，是没有风险的、可预期的财产性利益，而非简单的投资收益机会。这种没有风险的、确定的财产性利益，也应纳入受贿对象的范畴。

【案例四】

某教育局原副书记夏某受贿案。2007年至2013年，被告人夏某利用其职务便利，为王某亲属在入学等事项上提供帮助。2007年，被告人夏某出资人民币20万元受让王某给予的某锂业股份有限公司原始股，该原始股对机构投资者有保本承诺。2010年下半年，某锂业股份有限公司上市，按发行价计算，夏某购买的股票市值人民币155.25万元。2011年，夏某将该原始股售出，扣除出资后获利人民币304万余元。

法院经审理后认为，王某转让某锂业公司股份的目的是为了得到夏某的关照，夏某亦利用其职务便利为王某的儿子升学、亲属提职等事项提供帮助，该部分事实本质上符合受贿罪权钱交易行为的性质。本案受贿罪的对象应理解为可以量化价值数额的财产和财产性利益。夏某收受的某锂业公司的原始股，该投资机会具有价值且可以量化，系财产性利益的一种，属于受贿犯罪的对象范畴。夏某的犯罪数额应以某锂业股票的上市发行价与夏某支付的价款差额认定，该数额系由夏某收受的投资机会直接决定，未受市场炒作等其他因素影响，因此，认定夏某的犯罪数额为股票上市发行价与出资额之间的差额 135.25 万元。[①] 该案中，法院亦认为原始股购买机会是一种特殊的、可以计算的财产性利益，应纳入《刑法》的规制范畴。

以上案例可以看出，《刑法》中“财物”的范畴也在不断变化，受贿对象从现金、黄金、房产等传统的有形物，逐步发展为可以用金钱计算数额的各种财产性利益，包括房屋装修、债务免除等。近年来，随着“期权腐败”等各种隐性腐败形式在职务犯罪领域出现，受贿对象除现实的财产性利益，还包括符合一定条件的预期利益。利用职务便利，出资购买原始股，虽然披着合法交易的外衣，但往往属于以极低成本换取极高收益的稳赚不赔的买卖，国家工作人员利用职权为他人谋利的根本动因是获取巨额预期利益，有必要将这种预期利益视为特殊的财产性利益，纳入《刑法》的规制圈。

三、受贿数额认定方式的合理性

涉原始股受贿的犯罪数额认定是实务难点，也往往是控辩双方的争议焦点。犯罪数额认定关乎受贿罪成立与否的定罪问题，所得数额既是构成要件要素又表征既遂[②]。无论是入罪判断，还是情节加重的量刑提档，有一个共同的特征和要求，那就是必须具备基本的受贿数额基础[③]。

（一）无偿收受原始股的犯罪数额认定

收受（索取）行贿人给予的原始股，根据最高人民法院、最高人民检察院 2007 年《关于办理受贿刑事案件适用法律若干问题的意见》规定，参照“干股”犯罪数额的认定，即进行了股权转让登记，或者相关证据证明股份发生了实际转让的，受贿数额按转让行为时股份价值计算。原始股受

---

① 参见江苏省南京市中级人民法院刑事判决书，（2021）苏 01 刑初 1 号。

② 参见雷一鸣：《构成要件知识本土化视角下受贿罪的数额与情节新解》，载《法学评论》2018 年第 6 期。

③ 蔡道通：《论受贿罪加重情节的地位及其解释立场》，载《法律适用》2018 年第 19 期。

贿的犯罪数额，也应遵循该原则，但是原始股因其特殊性，在犯罪数额认定上有一定难度。因原始股不在二级市场流通，有时只在一级市场上的极少数主体之间流通，或者此前没有转让先例，现实中基本依赖鉴定去确定原始股价格，但往往也会出现原始资料不完整、没有其他参照价格而无法准确确定犯罪数额的情况。笔者认为，行贿人贿送原始股给国家工作人员系典型的钱权交易行为，相比一般的犯罪行为手段更隐蔽，办案机关应督促行贿人提供完整财务材料供鉴定机构鉴定，如行贿人不予提供，可以考虑以公司上市前招股说明书确定的发行价确定原始股价值，进而确定受贿犯罪数额。

对于出售原始股的增值部分应如何评价，有不同的观点。一种观点认为，按照干股的认定思路，原始股已经转让的情况下，只应将原始股价值认定为犯罪数额，后期的增值部分应认定为孳息。另一种观点认为，可以认定为两次受贿，一次收受了原始股（干股），另一次收受的是原始股增值部分，原始股的价值以及后期的增值部分一并认定为犯罪数额。笔者认为，行为人并非实施了两次受贿犯罪，而是实施了一次受贿犯罪，但贿送标的为“股权股票的价值＋预期利益”，故计算犯罪数额时，应将两部分数额累加计算。如简单地将该种情形视为干股型受贿，仅以收受行为时的原始股价值为犯罪数额，将后期实际获利视为犯罪孳息，将出现“无偿受让原始股”比“出资购买原始股”主观恶性更大、获利数额更高，但犯罪数额更少、面临的刑罚更轻的悖论。

（二）出资购买原始股的犯罪数额认定

1. 受贿犯罪数额＝购买原始股时的原始股市场价 × 购买股数－购股成本

案例一欧阳某某受贿案即按照该种方法认定。该种方法认定的依据是将涉原始股受贿认定为交易型受贿的一种，与司法解释规定的低价买房、低价买车的认定思路相同。然而，原始股一般均不对外公开销售，交易时的市场价格往往很难评估，因为很难找到合适的参考价格。案例一中，辩护人对鉴定样本和鉴定方法就提出了质疑，认为鉴定时参考机构投资者投资的价格（PE 价）进行评估不合理。

2. 受贿犯罪数额 = 股票发行价 × 购买股数 - 购股成本

案例四夏某受贿案即按照该种方法认定。该种方法的依据是将原始股投资机会认定为一种财产性利益，而原始股发行时的市场价值与出资额之间的差额，由投资机会直接决定，未受市场行情等其他因素影响。行为人收受该投资机会时，对该财产性利益有充分预期，该财产性利益也可以量化。

其主要认定逻辑在于，行为人购买原始股，旨在获得原始股背后所包含的巨额预期利益，而原始股顺利上市，意味着行为人期待的预期利益得以实现，犯罪既遂，故以股票上市发行时的价值扣减购股成本计算犯罪数额。但是实践中购买原始股的时间往往与上市发行时间不一致，在上市筹备（Pre-IPO）期间购买原始股，一般一两年后股票才能上市发行，在上市筹备前购买原始股的，购买时间和上市时间可能相差好几年。如案例四夏某受贿案中，购买原始股的时间与上市时间相差两年多，辩护人提出以该价格认定既不客观也不准确。此外，实践中有概率出现打新股的情况，新股中签率 = 股票发行股数 / 有效申购股数 ×100%，因此如通过打新股的方式获得上述股票，则需要付出巨大成本，比如股票持仓量、大量资金等。

3. 受贿犯罪数额 = 股票禁售期届满时的价格 × 购买股数 - 购股成本

实践中，从保护公司经营角度出发，对原始股基本设定了时间不等的禁售期即锁定期，上市公司的大股东和实际控制人所持有的股份，自公司股票上市之日起通常锁定期为 36 个月，对于一般的原始股东而言，锁定期通常为 12 个月。持股人要出售原始股的，需在禁售期满后。该认定方法也将受贿对象界定为购买原始股这一投资机会，而对投资机会的量化，选择的是股票禁售期届满的价值与出资额之间的差额。采用该种认定思路的主要理由是，禁售期届满时，行为人才可以随时出售股票实现获利，预期利益从股票解禁之日才得以真正实现，故以股票解禁日的价值扣减购股成本计算犯罪数额。

这种认定思路也同样存在特殊情况需考虑。首先，“因为如果限售期满的价格低于发行价（破发），甚至低于出资额，将会出现犯罪数额倒挂，与司法逻辑相悖”[①]，可能因为受贿数额的计算不科学而无法追究受贿人的刑事责任，明显不利于对腐败犯罪的打击。即便不出现“破发”等极端情况，该种认定方法在犯罪既遂点的认定上也很难与行贿犯罪契合，因为行贿人在让渡原始股时行贿犯罪已完成，但犯罪数额需股票上市一段时间后才确定，不符合刑事犯罪的一般认定规则。其次，如果禁售期届满价格低于发行价或购买价，按照该思路认定，将无法追究行为人刑事责任，不利于打击腐败犯罪。最后，如果在禁售期届满前案发，不存在解禁日价格，无法认定受贿数额，可能需要考量发行日与案发日之间的最低股票价格。

4. 受贿犯罪数额 = 出售原始股的价格 × 购买股数 − 出资额

案例二李某受贿案即按照该种方法认定。该种方法将行为人购买原始股的全部获利均认定为犯罪数额。其论证思路是，从根本上看，行为人不具备购买原始股的资格，行为人之所以获得丰厚利益是由于权力的介入，行贿人将本应自己获得的财产性利益让渡给了受贿人。以实际获利标准计算受贿数额，能充分评价行为人非法购买原始股所蕴含的全部期待利益。行为人出资购买原始股，就是意图通过购买原始股获得巨大的预期利益，无论是上市前的分红，还是上市后抛售股票的获利，都是获利的具体表现，均应计入犯罪数额。该认定思路认为购买原始股是犯罪预备，股权行权是犯罪着手，售出获利是犯罪既遂，股票出售获利与出资额之间的差额理应认定为犯罪数额。

该认定方法具有一定的合理性，充分体现出符合一定条件的预期利益也属于受贿对象范畴的价值判断，但该认定方法仍需考虑以下情况。

第一，行为人减持、抛售股票，通常可以获得一笔可观的政府财税奖

① 马云飞：《出资购买原始股的行为如何认定》，载《中国检察官》2020 年第 20 期。

励，这些物质奖励客观上也是行为人的获利，也是期待利益的一部分，是否应一并计入犯罪数额？如果把来自政府的财税奖励计入受贿数额，出现受贿款来自政府，是否存在逻辑悖论？第二，原始股发行前行为人获得的分红收入，也是预期利益的一部分，按照预期利益型受贿的认定逻辑，是否也一并计入犯罪数额？第三，行为人在案发时没有出售原始股的，按照案发时的股票价值扣减购股成本计算犯罪数额，那么，是以案发日的收盘价还是最低价来认定，也有必要明确。第四，当案发时的股票价值与判决生效时的股票价值大相径庭，如股票市值上升，增值部分自然可以作为孳息一并上缴国库，但如股票大幅度下跌，是否还要求行为人按照“案发时股票价值与购股成本之间差额”所认定的受贿数额退赃？第五，如果出现难以通过出售股票来兑现利益的极端情况，是否影响受贿犯罪的成立？比如，行为人以5元每股购买50万原始股，由公司董事长代持，发行价为每股40元，但禁售期内价格跌至10元，后股价一直在10元左右徘徊至案发，证券监管部门规定，在股价回升至发行价前限制创始人出售股票，故以案发时的股票价值计算，行为人已实现获利，但从现实情况判断，行为人顺利出售股票的可能性微乎其微，此种情形能否认定受贿犯罪成立并按照案发时的股票市值为基准计算犯罪数额？

以实际获利认定犯罪数额，这无异于以二级市场的偶然盈亏来定罪量刑，该种认定方式可能导致一些实质上属于权钱交易，应当定罪处罚的受贿行为，无法作为犯罪评价，形成处罚漏洞。如国家工作人员王某在股票解禁后随时可以出售股票获得巨额利益，但其因股市行情较好，持续观望，在长达10年的时间一直不舍得出售股票，后股票大跌，案发时没有任何获利。王某的行为完全符合权钱交易的本质特征，预期利益也全部实现，只不过由于个人的贪婪，选择长期持有股票以等待价格继续攀升，最终因市场行情变化才未能获利，如以实际获利为标准认定犯罪数额，将导致其出罪，不利于惩治腐败犯罪。

以实际获利认定犯罪数额，可能出现“同种行为、不同种评价”的悖论。如两名国家工作人员向同一行贿人购买100万股原始股，一人出售股票后获利300万元，一人却因抛售时机不佳没有获利，如按照该标准认定犯罪数额，将出现两人实施了同样的犯罪行为，一人面临十年以上有期徒刑、一人却无罪的尴尬情形，不符合人民群众的朴素正义观。

5. 小结

笔者认为，第一种认定方法将涉原始股受贿认定为低价买股的交易型受贿，没有考虑原始股的稀缺属性以及背后蕴含的巨大利益，没有对犯罪行为全面评价，不符合目前对于职务犯罪严厉打击的思路，并且市场价值很难评估，在实践中往往难以操作。第二种认定方法将原始股的投资机会量化为股票可以上市交易时的价值与投资额的差额，该种认定方法犯罪数额不受受贿人选择因素的影响，也具备可操作性。第三种认定方法以禁售期届满，行为人可以随时出售股票、兑现预期利益的时间节点来认定犯罪数额，具有一定的合理性。但是如果两个不同的投资主体同时出资购买了一只原始股，会因为不同投资主体的禁售期不同，最终认定的犯罪数额不同。第四种认定方法评价相对更全面，“逻辑上符合行受贿的对象——原始股带来的利益”[①]，但是犯罪数额受市场波动因素以及受贿人行权时间选择的影响。

笔者更倾向于第二种认定方法，具体分析如下：

首先，股票发行价格符合股票的市场价。根据《证券发行与承销管理办法》的有关规定，首次公开发行证券，可以通过向网下投资者询价的方式确定证券发行价格，也可以通过发行人与主承销商自主协商直接定价等其他合法可行的方式确定发行价格。发行人和主承销商应当在招股意向书（或招股说明书，下同）和发行公告中披露本次发行证券的定价。由此可见，主承销商通过“路演”等方式确定的发行价，符合市场规律，如价格

① 马云飞：《出资购买原始股的行为如何认定》，载《中国检察官》2020年第20期。

太高，可能会导致发行失败，如价格太低，则无法满足发行人的需求，外部投资者也均是以该价格认购，能体现股票的市场价值。

其次，股票发行价格与出资额之间的差额，不受市场及受贿人行权时间选择的影响。受贿人出资购买的该原始股，获得了非一般人所能获得的巨额利益，该利益包括两部分，股票发行价格与出资额之间的差额是基于该投资机会获得的财产性利益，理应认定为受贿犯罪数额。而原始股的溢价，更主要是由股票二级市场的行情变化带来的，不是行贿人直接贿送的，宜认定为受贿犯罪的孳息。

最后，以股票发行价格与出资额之间的差额认定受贿数额具有可操作性，并且没有司法认定上的核心障碍。实践中，公司首次上市时的发行价是确定的，无须评估。虽上市发行与出资购买有一定的时间差，但基于原始股流通的相对封闭性，难以通过科学鉴定来判断原始股上市前的合理市场价值，而上市发行价是第一次经过市场检验的价格，以上市发行价认定市场价较为合理。如果受贿人就以上市发行价直接优先购买原始股，只能涉嫌违纪或者违反行业管理规范。

近年来，对利用职权出资购买原始股获利行为的惩处，体现了国家将具有稀缺性、高获益性、高期待性的预期利益纳入了惩治范畴，但在司法实践中，还需结合新情况新问题，不断加强对新型受贿犯罪形态及相关问题的研究。

第五节　收受商业机会行为的认定

关于贿赂犯罪的对象，我国刑法理论存在财物说、利益说、物质利益说、财产性利益说等不同观点。《联合国反腐败公约》《联合国打击跨国有组织犯罪公约》分别将贿赂规定为“不正当好处”和“不应有的好处”按照反腐败公约等相关规定，贿赂物作为权钱交易的媒介，其范畴十分广泛，不仅包括现金、黄金等有体物，还包括各种可以用金钱计算数额的物质利益，甚至也包括性贿赂、荣誉、职务晋升、工作安置等任何不正当的好处。从我国受贿犯罪的立法看，《刑法》规定的受贿对象是“财物”，司法解释使用“简略概括 + 列举”的方式界定了“财物”的具体含义。2016 年最高人民法院、最高人民检察院《关于办理贪污贿赂刑事案件适用法律若干问题的解释》第十二条规定，“贿赂犯罪中的财物，包括货币、物品和财产性利益。财产性利益包括可以折算为货币的物质利益如房屋装修、债务免除等，以及需要支付货币的其他利益如会员服务、旅游等……”上述规定既具有开放性和包容性，也体现出一定程度的模糊性，面对新情况新问题时仍需解释适用。

随着贿赂手段的不断变化，一些国家工作人员利用职务便利，索取或收受商业机会来获得好处。商业机会是否属于我国《刑法》中的贿赂？对该种行为如何进行刑法评价？

一、商业机会与财产性利益的区分

商业机会，即我们通常所说的“商机”，是从事商业活动预期可以得到利润的机会。通常认为，商业机会只是获得利益的机会和可能，虽然商业机会具有一定的经济价值，甚至存在一定的交换价值，但其本身并不是利益。根据 2008 年最高人民法院、最高人民检察院印发的《关于办理商业贿赂刑事案件适用法律若干问题的意见》第七条规定，“商业贿赂中的财物，既包括金钱和实物，也包括可以用金钱计算数额的财产性利益，如提供房屋装修、含有金额的会员卡、代币卡（券）、旅游费用等。具体数额以实际支付的资费为准。”但商业机会不同于财物，也不同于财产性利益。商业机会是一种交易的机会，是一种交易现实性和利益或然性的结合体，没有交易就没有交易利益，有交易也可能不产生期望的交易利益，在交易机会变成具体的商业行为之前，商业机会蕴涵着期待性利益，交易利益只是一种期待利益，具有不确定性。[①]

商业机会和财产性利益相比，则具有以下三点不同：第一，商业机会要转变为财产性利益，需要投入人力、资金及进行经营、管理，而财产性利益则一般体现为“纯粹的好处”。第二，商业机会能否转变为现实利益、转变为多少现实利益，与经营能力、市场环境以及生产要素投入情况等息息相关，商业机会蕴含着期待性利益，但期待性利益本身具有不确定性。因此，在商业机会转变成具体的商业行为的过程中，并不一定产生期望的交易值。换言之，在商业机会转变为现实利益的过程中，存在着亏损的风险，但财产性利益是实实在在的经济利益，不存在亏损问题。第三，财产性利益是可以折算为货币的物质利益，它的数额是明确的，但我们却难以客观准确地衡量商业机会的价值。

二、获取商业机会并实际经营获利的行为认定

实践中，在国家工作人员获得商业机会的情况下，是否构成受贿，需要根据实际情况具体分析，特别是厘清商业机会和财产性利益的区别。下面，结合案例举例说明。

---

① 陈新民:《商业机会可否认定为受贿罪中的财物》，载《中国检察官》2010 年第 14 期。

【案例一】

某市卫健委副主任李某，在某国有医院采购医疗试剂的过程中，向院长推荐了其情妇实际控制的A公司。在院长的关照下，A公司顺利中标并通过该笔业务获利30万元。

案例一属于国家工作人员直接帮助情妇索要商业机会获利的情形。李某利用职务上的便利，帮助情妇实际控制的A公司获得了商业机会，但A公司在试剂的采购、销售等过程中，开展了实质性经营活动，承担了市场风险。医院向该公司采购试剂的价格，亦是正常的、合理的市场价格。A公司之所以能获得30万元经营利润，的确与公权力的不当行使有关，但从实质上看，30万元的经营利润系从事经营活动获得的市场回报，而非直接索取或收受行贿人的财物。因此，这种情形不构成受贿罪，宜评价为一般违纪行为。

对于国家工作人员利用职权为本人或者特定关系人获取商业机会谋利的，近年来，司法实务中逐步采取一种更为严格的立场。最高人民法院刑二庭主编的《职务犯罪审判指导》（第2辑）第25号案例蓝某某受贿案中，法官认为，财政局局长蓝某利用职务之便向行政管理对象索取中标工程项目，自己组织施工并获得251万元的工程利润，因蓝某索要的7个项目均是投资少、回报高、风险低的国家财政资金工程项目，赚取的251万元工程利润可以视为从行政管理对象处收受的财产性利益，其行为构成受贿罪。该案中，蓝某索取的是工程项目，后期需要自己组织施工队进行施工，还要接受项目验收，一般情况下难以直接折算为货币，实际上仅仅是获得利益的机会和可能。从该案的裁判要旨看，法官将符合一定条件的商业机会直接视为财产性利益时，判断标准来自两个方面：第一，获取的利润能否以货币形式折算或者体现；第二，行为人对工程项目是否有投入和是否面临市场风险。如国家工作人员索取的是无投入、风险小、回报高的项目，尤其是优质的财政资金项目，通过一定的经营活动，预期利益便可确定地转化为现实利益的，索取工程项目可以视为索要财产性利益，以受贿犯罪定罪处罚。有的学者甚至认为，即便行为人获取商业机会后有实际投入，也可将获取的收益认定为受贿数额，即“如果国家工作人员获得商业机会时主观上指向的是一种可归属于本人或其亲友的预期财产性利益，且在客观上极有可能实现这种利益，那么该商业机会不过是进一步转化为财物或财产性利益的媒介或载体而已，其行为本质上仍然是一种权钱交易，侵害了职务行为的不可收买性。鉴于商业机会来源的不正当性，原则上不承认付出成本有获得收益的权利，如果实际获益或者收益已经确定并可实现，那么用收益减去成本即为受贿数额。”[①]

笔者认为，对于国家工作人员利用职权获取工程项目并实际从事经营活动获利时，应结合有无实际投入资金、有无从事管理活动、交易价格是否合理、有无承担市场风险以及国家工作人员是为自己直接索要工程，还是打招呼帮助他人承接工程等要素，综合判断是否构成犯罪。商业机会，是获得利益的一种可能，市场瞬息万变，天下难有稳赚不赔的买卖，需要审慎判断商业机会是否会确定性地转化为财物及此过程的风险大小。特别是当国家工作人员帮第三方获取商业机会时，在获取商业机会与实现利润之间既介入了市场因素，又介入了第三方的经营活动时，我们需现实考虑经营活动与最终回报之间的对价性，审查判断国家工作人员主要依托市场还是职权获取经济利益，不能因获取商业机会的过程中有权力因素介入，就一律将全部经营利润视为贿赂。

三、获取商业机会并通过市场直接变现的行为认定

【案例二】

某区住房和城乡建设局局长王某，利用职务上的便利，为辖区内建筑

① 段剑良、郑力凡:《受贿罪的成立及既未遂争议问题探析》，载《人民检察》2024年第16期。

企业承接工程项目提供帮助。王某向该建筑企业谎称，其有朋友是做土石方工程的，需要分包该项目部分土石方工程，企业遂同意将部分土石方工程交王某的朋友承接。随后，王某通过中间人找到刘某，称有土石方工程转手，刘某同意接手工程并承诺按合同标的10%的比例给予“居间介绍费”。中间人遂把刘某介绍给建筑企业，称刘某是王某朋友，之后，刘某的公司顺利分包到土石方工程，通过中间人给予王某20万元“居间介绍费”。

案例二是国家工作人员索要商业机会后，通过市场潜规则予以变现获利的情形。对于该种行为如何评价，实践中争议较大。一种观点认为，王某利用公权力向建筑企业索要商业机会后，既没有投入任何资金，也没有实际从事经营活动，不承担任何市场风险，直接将该土石方工程交给他人承接并收取所谓介绍费，属于典型的“空手套白狼”。王某收取的居间介绍费，是权力的对价，该行为本质上是用手中权力换取财物的权钱交易行为。另一种观点则认为，王某收受的是一个承接土石方工程的机会，而不是一个确定的财产性利益，收受商业机会本身并不构成受贿。建筑企业将土石方工程交给王某介绍的公司承接，双方基于正常的市场价格缔结合同，建筑企业没有财产损失，亦没有向王某贿送财物。从王某和刘某之间的关系来看，王某获得了商业机会后通过中间人找刘某变现，刘某和王某并不认识，刘某也不清楚中间人为何能帮其承接到该土石方工程，只是按照建筑行业的潜规则，同意给予中间人10%的工程介绍费。刘某之所以给付20万元，是按照市场行情办事，刘某并无贿买公权力的行贿故意，难以将刘某评价为行贿人。因此，从结果来看，尽管王某从刘某处获得20万元，属于不当行为，但难以认定国家工作人员构成受贿犯罪。

笔者认为，王某利用职权获取工程承揽机会后，直接转卖给第三方，在此过程中，没有任何投入与付出，也不承担经营风险，本质上是通过市场将索取的商业机会予以变现，王某获得的转卖收益，应属于《刑法》中贿赂的范畴，在转卖时即成立受贿犯罪，转卖获益20万元可认定为犯罪数额。

【案例三】

某区工程建设指挥部指挥长王某，利用职务上的便利，向辖区内的建筑企业索要某剧院建设工程的地砖供货项目，并将地砖供货价格定为远高于市场价的每平方米 90 元。同时，王某利用职务之便找到经营困难的 A 公司，称可以帮该公司以每平方米 70 元的价格承接供货项目，A 公司表示同意。后在王某操作下，A 公司顺利承接到地砖供货项目，王某从中赚取差价 110 万元。

案例三中，国家工作人员王某获得的商业机会，具有数额的可量化性、获益的确定性、实质性经营活动的缺失性三个方面的特征。本案中，建筑企业因畏惧王某的权力，与王某确定了远高于市场价的 90 元每平方米的供货价格，建筑企业可以预见到王某能获得的财产性利益。而王某利用职务之便又找到陷入经营困境的 A 公司，此时 A 公司正需要该笔业务来摆脱企业困境，不会拒绝王某抛出的“橄榄枝”，遂与王某确定了 70 元每平方米的转让价格。如此，王某可以确定地获取每平方米 20 元的利润，商业利益的价值是可量化、可评估的。虽然王某与建筑企业、A 公司谈妥后，A 公司才实际承接工程，但王某从事的是只赚不赔的买卖，无须承担任何的经营风险，获益具有确定性。从项目实施情况看，供货项目由 A 公司负责完成，王某不需要投入资本、技术或劳务成本，也未开展实质性经营活动。综上，王某表面上获取的是一个商业机会，但实质上获取了纯粹的、确定的财产性利益，属于《刑法》意义上的“财物”，属于利用职权变相索取财物，应以受贿论处。

利用商业机会后可以获得一定的经济回报，因此，商业机会在客观上具有财产的基本属性。商业机会，本质上属于一种资格利益、期待利益，根据我国现阶段关于“贿赂”相关规定，显然不能把所有具有盈利可能性的商业机会都纳入贿赂范畴，但当商业机会具备稀缺性、高获益性、高期待性特征，这种符合一定条件的预期利益，可以成为贿赂对象。实践中，可以结合交易环节、市场风险、成本投入等要素，把将商业机会视为媒介完成财产性利益输送的权钱交易行为，纳入受贿犯罪惩治范畴。

第六节 利用职权索取或收受虚拟货币的认定

随着社会经济生活的快速发展，贿赂犯罪的手段不断翻新、更加隐蔽变异，应互联网发展而生的虚拟货币，具有去中心化、匿名性等特点，给贿赂犯罪提供了更为隐蔽的利益输送方式，收受虚拟货币成为一种新型、隐性腐败。一方面，虚拟货币是借助互联网数字技术形成的加密价值符号，具有物理形态虚拟性、价值虚拟性、运行环境的虚拟性等自然属性；另一方面，虚拟货币可通过一定方式兑换为法定货币，在一定条件下也可以用于购买商品，具有一定的财产属性。国家工作人员利用职务上的便利为他人谋利，非法收受虚拟货币的，该如何评价？如构成受贿罪，又应如何计算犯罪数额？

一、虚拟货币的法律属性

就虚拟货币而言，其实在比特币、以太币出现前，就出现了Q币等早期的虚拟货币，但早期的Q币所运用的技术与比特币、以太币等有所不同，当前人们谈到虚拟货币时，往往是指以区块链为底层技术的加密数字货币。目前，关于虚拟货币的法律属性，主要存在以下三种观点：

（一）货币说

货币说认为虚拟货币的法律属性是货币。交易中介、记账单位与价值存储是货币三大核心功能[①]。以比特币为例，2009年首次用比特币支付商品对价之后，比特币集中交易平台便捷兑换法定货币等互联网经济与金融迅猛发展，极大地推动比特币实体经济规模增长。2017年修改的《日本支付

---

① Lars Tvede，The Psychology of Finance：Understanding the Behavioural Dynamics of Markets，John Wiley-Sons，2002，pp.181-191.

法》，将比特币确认为支付工具。美国得克萨斯东区联邦地区法院在判例中指出，比特币显然可以作为货币进行使用[①]。目前，比特币能够用于购买商品、服务以及其他生活性消费，美国、日本、澳大利亚等国家均将其作为合法的货币使用，唯一的限制在于只能在接受其作为货币的地方使用。“比特币不具有全面、完整、彻底、真正的货币属性，但在具体情形中，特定经济行为与行为心理驱动下的比特币能聚合所有货币功能从而构成实质意义上的货币，并且是与法定货币竞争的私货币”[②]。但是，“货币说”反对者则认为，虚拟货币没有锚定任何实物资产，缺乏权威机构的背书，难以建立信用体系，不具有法偿性，并非真正意义上的货币。

（二）虚拟商品说

该观点认为，虚拟货币是一种具有价值性的物，民事主体可通过控制公钥、私钥进行占有和支配，应属于民事权利客体中的物[③]。2017 年 9 月 4 日，中国人民银行等七部门联合发布《关于防范代币发行融资风险的公告》，明确我国任何组织和个人不得从事代币发行融资活动。2021 年，中国互联网金融协会、中国银行业协会、中国支付清算协会等联合发布的《关于防范虚拟货币交易炒作风险的公告》中明确，“虚拟货币是一种特定的虚拟商品”。部分司法机关也持该种观点，如北京市和广东省部分法院在相关判决书中认为，虚拟货币并非一种新型的货币，而是一种新的商品类型，这种商品可以在消费者之间进行自由交易[④]。虚拟商品论的主要理由在于，国家禁止任何组织和个人从事虚拟货币发行融资行为，但法律并未禁止以虚拟货币为标的的市场交易，其在法律禁止性规定之外的交易，与普通商

---

① SEC v.Shavers，2013BL 208180(E . D. Tex.Aug 6，2013).

② 谢杰、张建：《“去中心化”数字支付时代经济刑法的选择》，载《法学》2014 年第 8 期。

③ 何峰、耿欣：《基于区块链的金融基础设施变革与创新》，载《金融理论与实践》2016 年第 10 期。

④ 参见北京市高级人民法院民事判决书，（2020）京民终 747 号。

品的交易并未实质区别。

（三）数据说

该观点认为，数字货币是随着计算机技术进步和互联网通信技术的发展，依托加密算法出现的一种新型数据，其本质属性是一种电磁记录[①]。从法律属性角度看，虚拟货币在本质上应当属于数据，是人工智能时代货币发展的必然产物，持有人对其密钥享有的权利可以被作为一种网络数据进行保护[②]。2021年最高法《关于利用计算机窃取他人游戏币非法销售获利如何定性问题的研究意见》中认为，利用计算机窃取他人游戏币非法销售获利行为目前宜以非法获取计算机信息系统数据罪定罪处罚。该意见开辟了对虚拟财产以计算机信息系统数据保护的司法路径。

对虚拟货币法律属性的认识不同，在刑事司法领域，涉虚拟货币犯罪案件会有不同的认定路径。如，通过盗窃、骗取、抢劫等非法方法获取他人虚拟货币的行为，基于虚拟商品说，可以直接认定为盗窃、诈骗、抢劫犯罪，但基于数据说，则应按照计算机信息系统类犯罪处理，两者在犯罪构成与定罪量刑上都存在很大差异。

财产包括有形物、无形物与财产性利益，价值与交易价值是财产的本质特征。以比特币为例，发行的比特币由完成运算工作量证明（“挖矿”）的“矿工”获取，同样凝聚了无差别的人类劳动，具有价值属性。实践中，不少法院判决认可了虚拟货币的财产属性。如，吴某与上海耀志网络科技有限公司、浙江淘宝网络有限公司网络侵权责任纠纷案[③]，李某、布兰登·斯密特诉闫某等财产损害赔偿纠纷案[④]等民事案件中，法院认为比特

---

① 参见罗勇：《论数字货币的私法性质——以日本Bitcoin. Cafe数字货币交易所破产案为中心》，载《重庆大学学报（社会科学版）》2020年第2期。

② 赵莹：《我国虚拟货币监管制度改革的反思与重构》，载《河南社会科学》2020年第4期。

③ 杭州互联网法院民事判决书，（2019）浙0192民初1626号。

④ 上海市第一中级人民法院民事判决书，（2019）沪01民终13689号。

币通过“挖矿”产生，需要购置、维护相关的专用机器设备，支付耗电能源的对价才能获取，比特币的总量受算法的影响恒定为2100万个，具有稀缺性，比特币的持有者可以对比特币进行占有、使用、收益及处分，因此，比特币客观符合虚拟财产的构成要件。其次，虚拟货币通过“去中心化”的点对点交易来传输，成为世界范围内便捷的结算工具，事实上具有交换价值。虚拟财产应当具有虚拟性、预先设定性、一定程度的复制性等特点，比特币具备上述特点。

二、虚拟货币是否为贿赂犯罪对象

《刑法》将贿赂犯罪的对象规定为“财物”，狭义的财物说认为，财物即金钱和物品[①]。从司法实务和司法解释看，作为受贿对象的“财物”，内涵在不断扩大。

1997年《刑法》修订过程中，关于贿赂的范围是一个颇具争议的问题，当时的争议焦点集中在贿赂是否包括财产性利益？一种观点认为，一些官员通过出卖权力换取财产性利益，但却没有直接收受财物，如果不将财产性利益纳入贿赂范畴，无法对其定罪量刑。但反对观点认为，财产性利益不好计算，《刑法》上作规定不好操作，还是不作规定为宜[②]。修订后的《刑法》没有扩大贿赂范围，还是沿用1988年《关于惩治贪污罪贿赂罪的补充规定》，将贿赂的范围限于财物。

2007年最高人民法院、最高人民检察院《关于办理受贿刑事案件适用法律若干问题的意见》，对于国家工作人员“低买型”“高卖型”等交易型受贿作出具体规定，明确以交易时当地市场价格与实际支付价格的差额计算受贿数额，实际上是将财产性利益纳入了贿赂范畴。2008年最高人民法院、最高人民检察院《关于办理商业贿赂刑事案件适用法律若干问题的意

① 参见高铭暄主编:《中国刑法学》，中国人民大学出版社1989年版，第604页。
② 参见敬大力主编:《刑法修订要论》，法律出版社1997年版，第210页。

见》第七条规定，“商业贿赂中的财物，既包括金钱和实物，也包括可以用金钱计算数额的财产性利益”。通过这一规定，将送官员出国旅游、为官员提供房屋装修等贿送不正当财产利益的行为，都纳入了腐败犯罪治理范畴。2016年最高人民法院、最高人民检察院《关于办理贪污贿赂刑事案件适用法律若干问题的解释》第十二条进一步明确，“贿赂犯罪中的‘财物’，包括货币、物品和财产性利益”。

随着贪腐手段的不断变异，贿赂犯罪对象范围呈现扩大趋势。对于财产性利益，通常认为具有以下两个特征：一是可以用金钱计算数额；二是财产性利益须是现实的、确定的利益。近年来，司法实践中，将行为人收受原始股购买资格这一预期利益也纳入了“贿赂”范畴。从我国的司法实务看，为了满足惩治新型隐性腐败的客观需求，“贿赂”范畴从狭义的财物，扩大到财产性利益，再由现实的财产性利益，扩大到符合条件的预期财产性利益。《联合国反腐败公约》也规定，任何的不正当好处都是贿赂。随着反腐败工作的不断深入，随实践发展扩大贿赂对象范围是一种趋势。

在我国，虚拟货币并非法定货币，不具有法偿性和强制性等货币属性。2013年《关于防范比特币风险的通知》中规定虚拟货币不能在货币市场上流通。2017年《关于防范代币发行融资风险的公告》中明确禁止发行虚拟货币，并强调虚拟货币不具有法定货币的法律地位。2021年，由十部门联合发布的《关于进一步防范和处置虚拟货币交易炒作风险的通知》中提出，“金融机构和非银行支付机构不得为虚拟货币相关业务活动提供服务”，这一系列政策的实施，体现出虚拟货币隐藏着巨大的风险，相关部门对此问题高度重视。但是，我国目前对虚拟货币性质、业务活动的认定和限制并不意味着对其自然的财产属性的否定。虚拟货币的产生需要投入硬件设备、电力能源及大量的时间和人力成本，凝结了人类的抽象劳动，具有内在价值；虚拟货币具有鲜明的财产属性，客观上具有交换价值；虚拟货币往往采取加密技术存储在钱包地址中，仅需掌握地址和私钥就能控制和支配，从而实现不同主体间有效的管理和处分，具有管理可能性。因此，虚拟货币具有《刑法》意义上的财产属性。

“财物”在贿赂犯罪中的外延，应适当宽于财产犯罪。在财产犯罪中，财产具有双重属性，既是侵犯财产犯罪所保护的法益，也是犯罪对象。因此，从法秩序统一性的角度看，《刑法》所保护的对象应当是法秩序所保护的作为整体的具有经济价值的利益，而将违法的利益排除在外。但贿赂犯罪中的“财物”，仅仅是作为犯罪对象，即权钱交易的利益输送媒介而存在，并非被保护的对象，因此，对贿赂物的界定，并不需要额外地将违法利益排除在外。即使虚拟货币相关业务活动被法规所限制或者禁止，也不能否定虚拟货币客观上具有财产属性，国家工作人员收受虚拟货币后，可便捷地将其兑换成法币，与直接收受法定货币并无实质差异。如否认虚拟货币的财产属性并将收受虚拟货币行为出罪处理，不仅违背了一般民众的预期，也不利于打击隐性腐败的犯罪分子。

三、虚拟货币受贿的犯罪数额认定

目前，将利用职权收受比特币等虚拟币行为入罪的最大障碍是，确保传统经济犯罪刑事司法系统得以顺畅运行的商品价格评估机制与虚拟货币并不兼容。贿赂犯罪和财产犯罪一样，以数额 + 情节作为定罪量刑标准，“计赃论罪”是受贿犯罪的常规配置。一旦认可虚拟货币是《刑法》中的“财物”，虚拟货币的价值计算，便是一个不可回避的问题。

在虚拟货币受贿案件中，如何科学认定犯罪数额，是一个棘手的难题，主要有以下四种认定模式：

第一，不认定受贿金额，将收受虚拟货币的事实作为犯罪情节予以考量。《关于办理盗窃刑事案件适用法律若干问题的解释》第一条第四款规定违禁品可以作为犯罪对象，所以可将虚拟货币作为违禁品处理，不计算其价值，根据情节轻重进行量刑。

第二，以销售价认定犯罪数额。国家明确禁止了虚拟货币的交易，认为虚拟货币交易不具有合法性，故不能以国际上虚拟货币成交价予以认定。虚拟货币事实上具有财产属性，如行为人收受虚拟货币后予以转让、销售的，可以按照销售价格认定虚拟货币的价值。

第三，依据虚拟货币的购入价格认定犯罪数额。虚拟货币的购入价格体现了其价值，在可以查明购入价的情形下，可以按该价值认定受贿金额。

第四，依据收受时的国际市场交易价格认定。虚拟货币的交易价格每分钟都在波动，能查明受贿当日的，以收受行为当日的国际市场交易价格认定；能确定收受行为时间跨度的，以该时间跨度内最低交易价格认定。

虚拟货币并非毒品等违禁品，即便以情节轻重量刑，仍然难以否认虚拟货币天然具有数量与价值属性。受贿的对象为虚拟货币，而虚拟货币能够量化，可以以其可量化的金额认定犯罪数额。对虚拟货币如不认定犯罪数额，仅作为犯罪情节考量，可能会造成对收受虚拟货币犯罪行为的社会危害性评价不足。比特币等虚拟货币的单个价值较大，若在量刑时不考虑犯罪数额，无法精准确定量刑格次，可能会轻纵犯罪。

有学者建议，以“虚拟货币的购入价格作为认定犯罪数额的计算依据”[①]，但笔者认为，行贿人购入虚拟货币的时间与贿送虚拟货币的时间，可能相差很久，其间虚拟货币的价格可能发生天差地别的变化，虚拟货币的购入价并不能反映收受行为时贿赂物的真实价值。此外，以行贿人购买贿赂物的价格作为受贿数额的认定依据，并不符合贿赂犯罪的一般司法认定逻辑。比如，行贿人以 5 万元的价格买入金条，五年后贿送给国家工作人员，金条价值增至 8 万元，我们并不能以行贿人的购买价来认定犯罪数额。以销赃价格认定虚拟货币犯罪数额，同样存在问题：第一，在没有变现的情况下，不存在销赃价格，无法使用该方法认定犯罪数额；第二，虚拟货币的价格时时刻刻都在发生波动，不同时间段价格差异巨大，销赃时机的

① 唐显超、朱建华：《探索建立阶梯式犯罪数额判断规则》，载《检察日报》2025 年 2 月 20 日，第 3 版。

不同会导致销赃价格出现巨大差异。行为人收受虚拟货币后是否销售、何时销售都具有随机选择性，以销售、转让价格认定犯罪数额会导致犯罪数额受到案发时间、运气好坏、销赃时机选择等偶然因素的影响，不具有客观性，不符合司法认定逻辑。

【案例】

2016年至2018年，宋某先后担任某市公安局网络安全保卫支队副支队长、经济犯罪侦查支队一大队教导员等职务，主要职责为掌握计算机信息网络违法犯罪动态，侦查网络违法犯罪案件等。宋某利用上述职务便利，获取下属分局“A传销案”中含有比特币信息的涉案电子数据，并擅自将数据发给案外人胡某某。后宋某在明知胡某某已盗窃上述数据中的比特币的情况下，不及时报告或查处，帮助胡某某逃避处罚，后分三次向胡某某索要现金共计人民币450万元，并以对比特币感兴趣为由向胡某某索要200枚比特币并发送至指定的存储地址。

“计赃论罪”是受贿犯罪的“常规配置”，国家工作人员收受财物的价值大小，与定罪量刑息息相关。上述案例中，宋某收受的200枚比特币，在收受行为时价值人民币1200余万元（每个约6万元人民币），案发时价值人民币4800余万元（每个约24万元人民币）。如果按照盗窃违禁品的思路，仅认定行为人收受比特币的犯罪事实，不计算其价值，显然不利于对宋某的定罪量刑，也无法客观、全面地评价其行为的社会危害性。在虚拟货币受贿案件中，虚拟货币是行受贿双方实现利益输送的媒介，宋某在收受比特币时，对比特币感兴趣并通过境外交易平台查询过比特币的价值，因此，以收受行为时的国际交易最低价作为比特币价值认定的参考，符合受贿犯罪普遍认定逻辑，也能体现行为人的故意内容。

综上，以虚拟货币为对象的贿赂犯罪，犯罪数额可参照收受行为时虚拟货币对应的国际交易最低价格认定。比特币的交易价格虽随着市场行情的变化而有所波动，但如同其他实体货币的汇率或者股票交易的价格一样，能够确定某一时间段的具体价格。以虚拟货币为对象的贿赂犯罪案件中，行为人收受虚拟货币即犯罪既遂。实践中，有的法院采用该数额认定思路。如上海市长宁区办理的李某某敲诈勒索案：2018 年 8 月，李某某采用黑客技术非法入侵某集团计算机信息系统，窃取大量用户信息后，以在暗网出售上述信息相要挟，向该集团索要 60 个比特币或 4000 个门罗币，该集团未予支付并报警，法院最终认定被告人构成敲诈勒索罪（未遂），并参照亚洲 Bitfinex、欧洲 bitstamp 和美洲 coinbade 三家交易所的最低交易价格确定 60 个比特币的价值，参照亚洲 OKES、欧洲 HITBTC、美洲 BITTREX 三家交易所的最低交易价格确定门罗币的价值，认定敲诈勒索的“数额特别巨大”[①]。深圳也有类似案例，李某盗窃案[②]中，法院在判决书中明确“本院以被害单位及被告人均认可的平台上的交易价格作为本案以太币价值的依据”。相关国际平台的交易价格，具有客观性，能够反映虚拟货币的价值及行为人的心理预期，也符合按照行为既遂时的财物价值认定受贿犯罪数额的基本司法逻辑，因此，行为人利用职务便利收受虚拟货币的，如有证据证明在特定日期收受，可以收受行为日的虚拟货币交易最低价认定犯罪数额，如在某个时间段收受虚拟货币的，可以该期间虚拟货币交易最低价认定犯罪数额。

---

①《108 号探案：数字货币作为犯罪对象的司法认定》，载微信公众号“南京检察”，2024 年 5 月 6 日。

② 广东省深圳市福田区人民法院刑事判决书，（2020）粤 0304 刑初 2 号。

第七节　赌博型受贿与赌博活动、娱乐活动的界分

司法实践中，以赌博形式实施行受贿犯罪的，并不少见。有的国家工作人员甚至和企业老板、监管对象发展为固定赌友，经常聚集进行赌博活动，通过赌博这种隐蔽的方式进行权钱交易，一方送得掩人耳目，另一方收得心安理得。最高人民法院、最高人民检察院 2005 年《关于办理赌博刑事案件具体应用法律若干问题的解释》第七条明确规定，“通过赌博或者为国家工作人员赌博提供资金的形式实施行贿、受贿行为，构成犯罪的，依照《刑法》关于贿赂犯罪的规定定罪处罚。”最高人民法院、最高人民检察院 2007 年《关于办理受贿刑事案件适用法律若干问题的意见》第五条再次明确，“……国家工作人员利用职务上的便利为请托人谋取利益，通过赌博方式收受请托人财物的，构成受贿……”

利用赌博进行利益输送，具有一定的隐蔽性。一旦案发，行为人往往狡辩，“大家聚在一起就是单纯娱乐，赢钱的原因是手气好、牌技佳，顶多就是个不良嗜好或违纪行为”。如何区分赌博活动、娱乐活动与以赌为名的受贿犯罪，一直是司法实务中的一个难点。最高人民法院、最高人民检察院 2007 年《关于办理受贿刑事案件适用法律若干问题的意见》提出区分标准“……实践中应注意区分贿赂与赌博活动、娱乐活动的界限。具体认定时，主要应当结合以下因素进行判断：（1）赌博的背景、场合、时间、次数；（2）赌资来源；（3）其他赌博参与者有无事先通谋；（4）输赢钱物的具体情况和金额大小。”笔者认为，在司法实务中区分赌博型受贿与赌博活动、娱乐活动需要结合上述规范性文件的规定精神，综合案件具体事实要素，从常情常理出发审慎判断。

第一，赌博输赢情况。赌博是一种射幸行为，输赢具有很大的偶然性，

参赌者的输赢情况在很大程度上取决于运气。因此，正常的赌博活动是有输有赢的。但是，赌博型受贿是把赌博视为敛取钱财的手段，行贿人是抱着故意输钱的心态打牌，意在通过“输”悄然送钱，受贿人与行贿人配合，旨在通过“赢”的表象收取贿赂。因此，赌博型受贿的重要特征是：从单次赌局看，国家工作人员几乎稳赢不输，行贿人则想方设法输钱，甚至要将带的赌资全部输掉。从多次赌局看，国家工作人员在一定时间跨度内多次和行贿人赌博，保持长期赢钱的反常记录。

第二，赌博金额大小。从金额大小看，赌博娱乐活动往往输赢不大，重在娱乐，而赌博型受贿是通过赌局进行巨额的现金输送，动辄数万元、数十万元，通过假赌实现敛取巨额钱财的目的。

第三，参赌人员。赌博娱乐活动一般是节假日为了放松交流，与亲戚、老朋友聚在一起打牌，相互之间讨个彩头。但在赌博型受贿中，赌博目的是完成权钱交易。因此，参赌人员往往是具有利益诉求的双方。譬如，上级和下级、监管者和被监管对象、发包方和承包人、国家工作人员和企业老板……总而言之，请托人和被请托者通过牌局暗箱操作，完成权钱交易。

第四，赌博背景、场合、次数。一般的赌博和娱乐活动往往是临时起意、偶尔为之，但赌博型受贿是行贿人或者受贿人有意策划的“局”，甚至发展为长期的、固定的赌局。从赌博时机看，赌局往往发生在国家工作人员利用职务上的便利为请托人谋利前后；从赌博方式看，一般选择国家工作人员擅长的、来钱快的赌博方式。

第八节　交易型受贿和以交易为名受贿的界分

最高人民法院、最高人民检察院2007年《关于办理受贿刑事案件适用法律若干问题的意见》确立了交易型受贿的认定思路。该《意见》的出台，有力惩治了国家工作人员利用职务便利低价买房、低价买车等交易型受贿行为，明确规定在交易型受贿中，受贿数额按照交易时当地市场价格与行为人实际支付价格之间的差额计算。实践中，不少利益输送都被嵌入房屋销售、商品买卖、咨询服务等虚假的市场交易活动中，两种受贿、行贿模式在数额认定方面存在差异，如何精准认定交易型受贿与以交易为名受贿，实践中依然存在不少争议。

交易型受贿，是指国家工作人员利用职务上的便利，为请托人谋取利益，以明显低于市场的价格向请托人购买商品、服务，以明显高于市场的价格向请托人销售商品、服务，或以其他交易形式非法收受请托人财物，变相收受请托人贿赂的行为。《关于办理受贿刑事案件适用法律若干问题的意见》第一条规定，"国家工作人员利用职务上的便利为请托人谋取利益，以下列交易形式收受请托人财物的，以受贿论处：(1)以明显低于市场的价格向请托人购买房屋、汽车等物品的；(2)以明显高于市场的价格向请托人出售房屋、汽车等物品的；(3)以其他交易形式非法收受请托人财物的。受贿数额按照交易时当地市场价格与实际支付价格的差额计算……"从上述规定来看，交易型受贿主要包括"低买型"和"高卖型"，行为人通过低买或高卖达到权钱交易的目的，交易型受贿以实际交易价格与市场价格的差额计算受贿数额。实践中，通过市场交易进行利益输送的情形非常多，不能一看到有"市场交易"，就一律认定为"交易型受贿"，我们需厘清交易型受贿和以"交易为名受贿"之间的区别。

一、以买卖商品为名受贿

【案例一】

李某系某区政府分管规划工作的副区长，在规划调整事项上为甲企业提供了帮助。甲企业董事长张某提出要对李某表示感谢，李某回复“不用客气，我小舅子陈某做茶叶生意，你要是方便就去买点茶叶，照顾照顾他生意。”李某遂联系小舅子陈某，让其帮忙卖茶叶给张某，购茶款由李某自己垫付，李某告知陈某去某茶叶批发市场进货。后陈某在李某的安排下，以每斤300元的价格批发40斤茶叶，再以每斤5000元的价格卖给张某，陈某将茶叶销售款20万元全部交给李某。张某将茶叶用于企业日常接待及送礼。

本案中，李某并未直接收受财物，而是安排企业老板向小舅子购买茶叶，对于李某行为的评价及犯罪数额的认定，存在以下三种不同意见。

第一种意见认为，李某仅仅是请求张某照顾其小舅子的茶叶生意，并非向张某直接索要财物，后张某从李某小舅子处实际购得茶叶，将茶叶用于企业日常接待及送礼，是正常的市场交易行为，行受贿双方并未达成权钱交易的合意，不宜评价为受贿犯罪。

第二种意见认为，本案属交易型受贿。李某安排小舅子从批发市场以低价购得茶叶，再以远超成本价的高价转卖给张某，主观上想以“低买高卖”的手段收受好处，行贿人也是希望通过这种方式变相向国家工作人员送钱，属于典型的“交易型受贿”。根据《关于办理受贿刑事案件适用法律若干问题的意见》的相关规定，“受贿数额按照交易时当地市场价格与实际支付价格的差额计算”。因此，应扣除购茶成本1.2万元及合理市场利润后计算本案的受贿数额。

第三种意见认为，本案是以交易为名受贿。张某原本没有购买茶叶的需求，李某小舅子陈某实际并不经营茶叶生意，双方并不存在市场交易的真实基础，并非交易型受贿。张某并不关心茶叶的品种、价格、产地、品牌，仅仅是找个由头给领导送钱，李某是以茶叶交易为幌子行收受贿赂之实，故收取的全部价款都是职务行为的对价，都应认定为受贿数额。其中支付的1.2万元购茶款是受贿犯罪的成本，不应扣减。

对于本案如何认定，可以从以下几个方面区分交易型受贿和“以交易为名受贿”。

第一，是否具有双重交易属性。对于交易型受贿，行为人有真实的缔约需求，有购买或出售商品、服务的实际意愿，只不过期待通过低买、高卖等方式实现利益输送，请托人所支付的对价，不仅包含物品本身的价值，还包含贿买国家工作人员手中权力的部分。换言之，交易型受贿存在双重交易性质，“不仅具有权钱交易的受贿犯罪所共有的本质特征，还披上了市场交易的外衣。”[①] 但是，以交易为名受贿中，双方并不具有进行市场交易的想法，不体现市场供需关系，进行市场交易纯粹是为了掩盖权钱交易。

第二，价格背离的程度。在交易型受贿中，受贿人以明显高于市场的价格出售商品或者以明显低于市场的价格购买商品，此时，商品的交易价格与市场合理价格之间存在明显的背离性，如行为人以六折的优惠价购买房屋，通过出卖权力享受了普通市场主体无法享受的优惠，但商品价格与价值之间并不存在数倍的差异，市场交易的基础还是存在的，只不过行为人在进行市场交易时，希望“用公权力来打折”，获得额外的优惠。但是，以交易为名的受贿中，交易仅仅是一个幌子，约定的交易价格往往与市场正常价格之间存在极端背离性。如本案中，李某将每斤300元的茶叶，以每斤5000元的价格出售给行贿人，交易价格和正常价之间存在近16倍的巨大差价。又比如，行为人以100万元的价格向请托人出售字画，但该字画经鉴定仅价值5000元。

第三，是否具备交易的正常外观。在交易型受贿中，由于行为人有购买或出售商品的真实想法，虽然交易具有不对等性，但双方仍会认真考量

① 金劲松、凌霄:《交易型受贿的特征》，载《人民司法》2018年第26期。

商品品牌、产品质量、服务内容、交货时间等具体细节。但以交易为名的受贿中，由于交易仅仅是幌子，双方往往毫不关心商品品牌、产品或服务质量等，甚至一方之前可能从未从事过相关经营活动。如本案中，行贿人张某的公司本身就有专门的茶叶供应商，张某提出送钱感谢李某被拒绝后，双方心照不宣地以所谓茶叶交易为幌子完成利益输送。张某的真实目的并非找李某买茶叶，而是更安全、隐蔽地送钱给李某，因此，张某对李某出售的茶叶品牌、质量均毫不关心，甚至连买的是红茶、绿茶还是白茶都不在意，茶叶送到公司后随手放置于仓库，积攒多了，就作为售楼处的接待用茶或者直接送人。另一方面，无论是李某还是其小舅子，从未做过茶叶生意，一无实体或网络店铺，二无事先购进茶叶，每次张某提出要购买茶叶后，都是李某安排陈某直接从茶叶批发市场进货，茶叶由批发市场店铺直接发给张某公司，李某无须投入任何经营成本，也无须承担任何经营风险。每一笔茶叶销售从批发市场进货到售出，目的只有一个，就是以权力换取利益，并不包含真正的市场行为。

综上，从以上三个方面的区别来看，李某的行为不是交易型受贿，而是以交易为名受贿，其获取的卖茶价款，全部是职务行为的对价，均应计入犯罪数额。换言之，无须以交易时当地市场价格与实际支付价格的差额来计算受贿数额，购茶成本 1.2 万元应作为其从事受贿犯罪活动的成本，无须从受贿金额中扣除。

二、以提供咨询服务为名受贿

在行受贿双方通过缔结服务合同、咨询合同等完成利益输送的场合，由于提供服务的无形性特征，到底是以交易为名进行受贿还是交易型受贿，更加难以区分。

【案例二】

2019 年至 2021 年，李某在担任某省税务局党委委员、总会计师，分管该省大企业税收风险管理工作期间，利用职务上的便利，为A制药集团、B建设集团等24家单位在大企业涉税风险分析管理事项上提供帮助。李某侄子谢某于2018年成立了一家税务师事务所。其间，李某通过带谢某参加饭局等方式，积极向上述企业推荐谢某的税务师事务所，促成上述企业与谢某的税务师事务所签订《企业管理顾问服务协议书》或《企业财税顾问协议书》，上述24家企业每年向谢某的税务师事务所支付30万元至200万元不等的服务费。事务所每月向企业寄送杂志、每年组织一两次税收知识培训。事务所收取服务费后，与李某五五分成。2019年至2021年，税务师事务所共计收取服务费3000万元，分给李某1500万元。

案例二中，涉及对服务费性质及受贿行贿关系的判断。第一种意见认为，李某在各种场合，向管理服务对象大力推荐谢某的税务师事务所，是利用职权帮助亲戚拉生意，事务所与大企业之间是正常业务，事务所收取的服务费是市场活动的正常回报。如果事务所收受费用后，未分给李某任何费用，李某的行为并不构成犯罪。但本案中，李某利用职务上的便利，帮助侄子谢某承接业务并从侄子处收受好处费，系收受谢某的贿赂，犯罪数额为个人所得1500万元。

第二种意见认为，李某、谢某经通谋，通过李某的职权为大企业在税收风险管理事项中谋取利益，共同收受企业给予的贿赂，系共同受贿。事务所提供了一定服务，应按照交易型受贿的思路，受贿金额以收取的服务费与提供服务的正常市场价值之间的差额计算。第三种意见认为，李某、谢某二人经通谋，利用李某的职权为企业谋取利益，通过事务所与企业签订顾问协议的形式，共同收受企业的贿赂，属于共同受贿，顾问协议仅仅是收受贿赂的幌子，受贿金额应按照收取服务费的全额计算，即共同受贿3000万元。

从李某的职权看，李某分管大企业税收风险分析，即负责“千户集团”企业名册管理、数据补充采集、风险分析和风险应对等事项，对于风险应对中确认的税收风险点，有权督促纳税人进行整改，对涉及补缴税款、滞纳金的，有权依法组织入库。可见，在对企业风险分析管理的过程中，李某可谓手握重权，分析小组上报的风险点能否成立？一共具有几个风险点？企业是否需要补缴税款？需要补缴多少税款？上述事项都在李某的决策范围内，而大企业需要补缴的税款动辄上亿元，涉及巨大经济利益，因此，当在企业自查举证阶段，李某带着谢某参加饭局并向企业热情推荐谢某的事务所时，企业与谢某签订服务合同是为求风险分析尽快过关。从起因看，李某之所以想到通过谢某的事务所与企业签订顾问协议方式收钱，是因为A制药集团提出请托后直接送给李某100万元现金，李某不敢直接收下100万元现金，第二天将现金退回，但这件事让李某认识到，企业对税收风险分析过关的需求有多迫切，企业不会拒绝隐蔽地向李某输送利益。可见，李某和谢某经共同商议，由李某利用职务之便为相关企业在税收风险分析管理事项上提供帮助，谢某以签订虚假服务合同为名收受企业给予的贿赂，事后李某和谢某共同分配赃款，故李某和谢某系共同受贿关系。

从服务合同履行看，企业与税务师事务所签订了合法协议，对照《企业管理顾问服务协议书》《企业财税顾问协议书》，合同条款共有16项至20项服务内容，包括综合运用税收、财会、法律、大数据分析等方式进行政策法规咨询、税收优惠政策应用指导、完成企业季度税务风险分析报告等，但从实际履行的情况看，缔约的24家企业中，有的企业从未获得过任何服务，有的企业是每个月获赠几本杂志，有的企业是事务所一年来举办一两次讲座。可见，事务所仅仅是象征性地履行合同，主要合同义务均未履行，双方签订合同的真实目的在于掩饰受贿行为。

我们可以从以下几个方面审查判断上述顾问服务合同的真实性。

首先，从缔约目的看，企业缔约不是为了购买服务，而是为了向李某送钱。24家企业的经办人、财务经理、相关负责人均证实，他们并不需要谢某事务所提供税收风险服务，大多数企业已经和安永、普华永道、金杜等知名事务所签订了服务合同，企业之所以和谢某签约，是为了向李某给予好处，以达到“风险分析尽快过关、花钱消灾”的目的。

其次，从履约能力看，谢某的事务所不具有相应的服务能力。谢某利用名下的四家事务所与相关行贿企业签约，其中有3家事务所是皮包公司，既没有营业场所，也没有任何员工，连注册地址都是虚假的，根本不具备向大企业提供服务的条件和能力。谢某名下唯一有资质的税务师事务所，2018年下半年才成立，连最低的A级资质都不具备，而按照中国注册税务师协会的分类，税务师事务所分为5个等级——A级到5A级，涉案企业都是某省大型企业、龙头企业，甚至是年纳税上亿元的国家千户集团，这些企业通常都只跟4A级以上的税务师事务所签合同，本身也有长期合作的知名事务所，而大企业欣然和谢某的事务所签约，其实意在通过合同这一形式完成利益输送。

从履约情况来看，事务所没有提供相应服务或仅仅象征性地履行了合同。对于大多数企业，谢某的事务所没有提供任何服务，甚至在签约以后就没再去过企业；对于个别企业，谢某的事务所仅仅是每月送几本杂志、微信解答几个问题等象征性履约合同，主要合同义务如每月、每季度提供针对性的税收风险分析报告等均未履行。

最后，从缔约过程看，存在诸多不合常理之处：第一，在合同定价方面，正常服务合同的报价，应该根据服务内容、服务期限等，由事务所与企业磋商议定，但本案中，合同价格是谢某“咨询”李某后确定的，李某通常按照企业涉税风险的大小决定收多少“服务费”，税务部门分析出来的涉税风险越大，企业原本应补缴的税款越多，李某定的价格越高。第二，在价款磋商方面，对于正常的市场交易，市场主体理应争取更优惠的价格购买商品或者服务，而本案中，有的企业明确向事务所表示既不争取打折，也不需要优惠，明显不合常理。第三，在合同付款方面，正常的税务服务是“先干活、再收钱”，而谢某和企业一签合同就能收到全款，有的企业甚至还没签约就付款给事务所。以上诸多不合常理之处也从侧面印证，事务所和企业签订所谓的合同，并非正常的商业活动，而是李某等人共同收受企业财物的幌子，是实现利益输送的手段，符合受贿罪权钱交易的本质特征。

综上，案例二是典型的以服务合同为名收受企业贿赂，李某和谢某系共同受贿，受贿金额应按照收取的“服务费”全额计算。

三、以出租房屋为名受贿

【案例三】

2014 年，杨某某利用担任 A 区税务局副局长的职务便利，为张某将企业税源地从 B 区变更至 A 区提供帮助。税源地变更后，张某的企业每年可获得税收奖励 100 余万元。2015 年至 2019 年，杨某某又利用担任某街道副书记、某经济开发区副书记、某区城建集团董事长等职务上的便利，为张某在企业经营、承接工程方面提供帮助。2013 年至 2015 年，杨某某用拆迁款在某综合体购买了 15 套门面房。2016 年 5 月，杨某某在明知张某不需要租赁房屋的情况下，将张某带至该综合体，提出让张某租赁其中 5 间门面房，年租金 33.33 万元，租期 3 年，共计 100 万元。双方于 2016 年 5 月 6 日签订租赁合同，张某向杨某某支付 100 万元，房屋租赁后长期闲置。2018 年上半年，杨某某见房屋长期闲置，遂提前收回房屋，但未向张某返还租金。

上述案例中，杨某某利用职务上的便利，为行贿人张某谋取利益，再以高价出租门面房的方式，向张某索取好处，实现了利益输送，本质上是权钱交易的受贿行为。但是，在如何计算受贿数额上，存在分歧观点。

第一种观点认为，杨某某的行为属于“市场交易型”受贿，即杨某某以明显高于市场的价格向他人出租房屋，受贿数额应是杨某某实际收受的租金 100 万元与门面房正常的市场租赁价格之间的差额。无论张某是否有承租该 5 间门面房的实际需求，张某都与杨某某缔约了有效的租赁合同，取得了使用门面房的权利，故应当将门面房的正常市场价值从受贿数额中扣减。至于如何科学计算门面房的正常租赁价格，有的认为应由价格认证中心出具意见，有的则认为应以该综合体类似门面房的平均出租价格为基准。

第二种观点认为，张某没有租赁门面房的现实需求，承租房屋后，5间房屋都处于长期闲置状态，而杨某某对这些情况都一清二楚，双方的真实意图是以“门面房出租”为幌子实现利益输送，系典型的“以交易为名受贿”，故计算受贿数额时，无须扣减门面房的正常租赁价格。

笔者赞同第二种观点。首先，张某没有租房需求。杨某某将张某带至某综合体后，以“你公司的税户迁到A区了，可以租下门面房，设立公司的江北分中心”为由，要求张某承接5间门面房。但实际上，张某开办企业的税源地变更至A区后，该企业作为纳税大户，取得了A区的全力支持，A区某街道免费提供了一套房屋给企业办公使用，张某根本无须租赁门面房。此外，该企业的主要业务在主城区，也没有设立江北分中心的打算。对于上述情况，杨某某心知肚明。其次，双方对打着出租房屋的幌子进行利益输送主观明知。2016年5月签订租赁合同后，2017年春节，杨某某询问张某，门面房用得怎么样，张某便告知杨某某，房屋一直空着。杨某某再三强调，要把房子用起来，否则很麻烦。后张某通过司机想把房屋转租出去，但由于该综合体离主城区较远，门面房的市场行情较差，很长一段时间无人问津。2017年下半年，一家餐饮店主愿以15万元一年的价格从张某手中租赁五间门面房，张某很是开心，但杨某某却不准张某转租，认为一大一小的租金差价，可能会暴露利益输送的事实。于是，五间门面房继续闲置。2018年上半年，杨某某见房屋长期闲置，便主动向张某提出要收回房屋给姐姐开饭店，但收回房屋后，杨某某并未把剩余租金退还给张某，张某也从未向杨某某讨要过剩余租金。张某称，其根本不需要租房，但张某仰仗杨某某的职权，获得了巨大的经济利益，杨某某主动提出要把房屋出租给自己，张某非常清楚这是杨某某变相向其讨要好处，只好同意。可见，行受贿双方就通过这一隐蔽的方式完成利益输送。最后，张某和杨某某之间并非正常的租赁关系。合同的缔结、履行和终止，无不存在着反常之处。从合同的缔结过程看，承租人根本没有租房需求，却痛快地答应承租房屋，且一租三年，签订合同后立即一次性付清三年房租，不讨价还价。从合同的履行看，在近两年的时间里，五间门面房均处于闲置状态，承租人曾一度想过通过转租来“减损”，但出租人不同意，承租人只好继续将房屋闲置。从合同的终止看，三年租期还未届满，出租人便要提前收回房屋、提前终止合同，面对出租人的违约行为，承租人既不要求对方返还剩余租金，也不要求对方承担违约责任。承租人的种种行为表现，完全不是出自市场经济活动中一个理性经济人的考量。之所以出现如此多的反常之处，在于杨某某与张某之间并非租赁关系，行受贿双方仅仅将出租房屋作为掩盖受贿事实的幌子。因此，在计算受贿数额时，不应按照交易时当地市场价格与实际支付价格的差额计算，而是将收受的全部租金都计入受贿数额中。

第九节　涉房产型受贿的新形态认定

近年来，随着房地产市场的持续发展，出现了形形色色的“涉房”型受贿，除了直接收受房屋、以明显低于市场的价格购买房屋等传统受贿手段外，还滋生出各种利用房产交易悄然实现利益输送的以房敛财行为：收受房号或房票，口头预定房屋后炒房获利、久拖不付购房尾款等。上述行为该如何评价，是否属于受贿行贿性质，司法解释没有明确规定，值得探讨。

一、收受房号后转售获利

【案例一】

2017年，浙江省杭州市富阳区房产市场异常火爆，出现“一房难求”现象，抢手的房号成为稀缺资源。杭州市富阳区发改局价格与收费管理科工作人员郎某某利用职务便利，为开发商在房产价格备案等方面提供帮助，向开发商索要楼盘房号进行倒卖获利。2017年6月，郎某某收受了杭州一房产公司原销售经理吴某所送的房源，在房产公司工作人员和房产中介的帮助下，郎某某持有的房号卖出了20.74万元的高价，郎某某从中分得6.8万元。富阳区人民法院以受贿罪判处郎某某有期徒刑一年[①]。

前些年，因为个别地区房地产市场的火爆，出现了新房与二手房价格倒挂，某些楼盘一房难求、需要摇号的情况。“房号”通过中介的牵线搭桥，在购房人之间进行违规交易，有的“房号”甚至被炒到了几万元、几十万元，也滋生了权钱交易的温床。一些房地产开发商通过违规操作，将

① 《80后公职人员沉迷网络赌博欠债百万受贿被判刑》，载搜狐网，http：//www.sohu.com/a/283093335_771190。

个别房源内定，不经过公证处“摇号”，直接将“房号”给予国家工作人员。国家工作人员收受房号后，或购房自住，或将“房号”转卖获利。上述郎某某受贿案，就是国家工作人员通过职权索取“房号”并转卖获利的情形。对于上述行为，该如何评价？

一种观点认为，“房号”不是商品，本身没有价格，也无法通过鉴定方式确定其价值，故“房号”不是《刑法》中的财物，收受房号的行为不是受贿犯罪。另一种观点认为，“房号”是购房人购买优质商品房、限价房的机会，具有稀缺性，所以在购房人眼里就产生了交换价值，客观上，国家工作人员可以通过市场随时变现“房号”，即“房号”转手一卖就是钱，收受“房号”与收受财物并没有实质区别，有以受贿犯罪予以打击的必要。笔者认为，受贿罪中的贿赂，是行受贿双方权钱交易的媒介，应立足于现实情况判断其价值和交换价值。开发商提供“房号”后，国家工作人员无需实际经营管理即可直接赚取差价、获取收益，转卖“房号”在短期内获利的可能性极大，即使未卖出，也不存在财产损失风险。应坚持实质判断标准，认可“房号”所蕴含的交换价值和经济利益，将国家工作人员利用职务便利收受房号、房票的行为，视为收受财产性利益的具体表现形式，纳入《刑法》的规制圈。上述案例中，“房号”的提供者是房地产公司，应当认定房地产公司为行贿人，以郎某某转卖获利的金额为受贿数额。

二、口头预定房屋后转让获利

【案例二】

2010 年，A 房地产公司总经理朱某经人介绍，与某市某区建设局局长王某认识。2011 年至 2018 年，王某利用担任建设局局长职务上的便利，在加快审批、项目开发等事项上多次为 A 房地产公司谋利。2016 年 5 月，A 房地产公司开发的阳光城小区开盘销售。朱某告知王某，马上要出台限购政策，房价即将上涨，建议王某在阳光城小区选套房屋。后王某在朱某的推荐下，选定阳光城小区 2 幢 2 单元 903 室（面积 90 平方米，单价 7500 元每平方米），但王某未支付定金或首付款、也未签订任何协议，朱某将该套房屋在销控表与电脑售房系统中按照已售处理。2016 年 9 月，该市出台限购政策，带动房价整体上涨，阳光城一房难求，周边楼盘开始摇号，周边房价涨到 8000 ~ 9000 元每平方米。王某姨妈赵某欲在阳光城小区购房，王某将 2 幢 2 单位 903 室的购房资格以 10 万元的价格转让给姨妈赵某，后赵某夫妇直接与 A 房地产公司签订购房合同并付款，另行将 10 万元的转让费给王某。

案例二中，王某按照房产开发商的对外统一售价预定房屋，再转售购房资格获利，是正常的市场交易行为，还是收受财产性利益的受贿行为？

近年来，各地政府贯彻中央“房住不炒”的精神，采取了一系列调控政策以遏制投机炒房行为，如新开楼盘限购限售、不得超过备案价销售等。案例二即是此种情况，因为政府出台限购政策，导致新房售价与周边二手房售价形成了“倒挂”。对于案例二，一种意见认为，王某虽没有支付购房定金，但王某、朱某达成了预定房屋的合意，该口头约定有效。2016 年 9 月，该小区虽因政府限购令出现一房难求的状态，周边楼盘房价普遍上涨并开始摇号，但阳光城小区的房屋依然还是按照备案价 7500 元出售，房屋售价没有变化，王某转让房屋获利，是正常的市场行为，王某获得的收益来自市场溢价，并非来自房地产公司，故不应以受贿罪追究王某的刑事责任。另一种意见认为，由于政府出台的限购政策，导致房屋的备案销售价与市场价之间形成了差价，房地产公司在明知口头预定无效且房屋售价与市场价之间存在差价的情况下，仍按照王某的要求与赵某签订房屋买卖合同，使王某可以收受赵某支付的差价，房地产公司变相向王某贿送了财产性利益，王某通过加价销售行为，实现了对财产性利益的占有，应以受贿评价。

本案中，口头预定涉案房屋的行为，并非正常的市场交易行为。首先，从定购房屋程序看，根据 A 公司的相关规定，消费者在阳光城小区购买房屋，需在选定房屋后签订认购协议并缴纳 10 万元定金，之后在一个月内缴纳首付款并签订商品房预售合同。消费者支付定金后如未能按时付款签约，房地产公司将按照定金罚则没收定金。而王某仅仅是口头预定房屋，既没有签订认购协议或预售合同，也没有支付分毫定金，朱某之所以同意王某“空口预定”，因为王某是建设局局长且之前利用职权为朱某提供过帮助。口头预定房屋后，王某就一直处于观望状态。如房屋价格下跌，王某将不再购房且不承担任何经济损失；如房屋价格上涨，王某仍可按所谓的预订价购买房屋，显而易见，王某利用职务便利，获得了一个无须支付成本、没有任何风险的纯粹利益，是稳赚不赔的，这明显违背了正常的市场经济规律。其次，限购令出台后，阳光城小区便一房难求，王某的姨妈赵某多次前往阳光城售楼处，均被告知该小区无房可售，经向中介打听，如从他人手中受让购房资格，需加价提房即支付10万元至20万元不等的费用。客观上，阳光城周边楼盘已经开始摇号，周边小区房屋单价上涨至8000～9000元每平方米，阳光城小区的房价与周边房价已经形成明显的价差，该小区的购房资格在市场上可以直接兑现为经济利益，具有交换价值。在限购令出台后，预期利益变为确定性的现实利益。综上，王某利用职务上的便利，在未支付费用、未签订合同的情况下，口头预定房屋，待房价上涨后，赵某夫妇一方面以7500元每平方米的价格与房地产公司直接签订购房合同，另一方面，又向王某另行支付房屋转让费10万元。实际上，口头预定房屋的行为，并没有合同法上的效力，王某也没有获得溢价款的民法依据，但开发商将由自己控制的财产性利益贿送给王某，本质上是一种权钱交易，该财产性利益体现为10万元，可以将该10万元认定为受贿金额。

案例二中，还有一个值得探讨的问题，本案的行贿人是谁？表面上看，该10万元是王某的姨妈赵某给的，房地产公司貌似没有任何财产减损，行贿人到底是赵某还是房地产公司？有观点认为，10万元是赵某给的，但赵某没有行贿故意，房地产公司具有行贿故意，但10万元不是房地产公司送的，而受贿行贿犯罪是对合犯，没有行贿就没有受贿，因此，本案因不具有行贿人而无法认定为受贿犯罪。这种逻辑显然是偏颇的，没有厘清受贿对象到底是什么。王某将房屋转让给亲戚赵某，仅仅是在市场上变现，赵某给予王某的，是购房资格的对价，王某与赵某之间，并不存在权钱交易关系，赵某当然不是行贿人。其实，本案的受贿对象是房地产公司给予的财产性利益，即房地产公司将房产限购、限价政策所产生的财产性利益输送给国家工作人员，房地产公司才是行贿人。《刑事审判参考》第 1593 号褚某某受贿案[①] 中也持相同观点，从形式上看，贿赂款来自购房人支付的房屋差价款，但实质上该款项来源于房产开发商给予的额外让利和突破政策给予特权形成的差价，被告人褚某某及其特定关系人通过市场交易收受请托人输送的财产性利益，是新型的受贿形式。

三、久拖不付购房尾款

【案例三】

2011 年至 2017 年，吴某在担任某区副区长期间，多次为 B 房地产开发公司在土地转让、项目开发等事项上提供帮助。2012 年初，B 房地产公司开发的明月湖小区开盘销售，吴某向 B 房地产公司董事长田某提出，想在该小区购买房屋一套。同年 10 月，B 房地产公司与吴某签订了明月湖小区 2 幢 301 室的购房意向书，约定该房屋售价为 150 万元，吴某当天先支付 5 万元定金，约定在 2012 年底支付尾款并签订商品房预售合同。2012 年底，吴某向田某提出，因女儿要出国留学，资金困难，无法按期支付尾款。田某称没问题，房子给你留着，什么时候有钱再付。2016 年 12 月，吴某因女儿回国没地方住，要装修房屋给女儿住，田某遂将房屋钥匙交给吴某。2018 年 9 月，吴某向 B 房地产公司交付购房尾款 145 万元，后办理房产过户手续。经鉴定，2016 年 12 月，该房屋价值人民币 300 万元。2018 年 9 月，该房屋价值人民币 350 万元。

---

① 褚某某受贿案，载中华人民共和国最高人民法院刑事审判第一、二、三、四、五庭编:《刑事审判参考》(总第 139 辑)，人民法院出版社 2024 年版，第 1593 号案例。

案例三与案例二不同。案例二中，国家工作人员王某口头预定房屋后转卖获利，而案例三中，国家工作人员吴某支付购房定金后，在长达六年的时间里，一直未按照约定支付购房尾款。2018 年 9 月，吴某支付尾款时，房价已经今非昔比、翻了一倍。对于这种久拖不付购房尾款的行为，该如何评价呢？

案例三中，吴某延期支付购房款的行为，是否为房屋买卖中的普通民事违约行为？这个问题涉及对交付定金、签订购房意向书等民事行为效力的判断。

定金，是合同当事人为确保合同的订立、生效或履行等而自愿约定的一种担保形式，购房定金是为订立正式房屋买卖合同而进行的担保。购房者给付定金后，需在一定期限内支付购房款、签订商品房预售合同并在房产管理部门进行登记备案，反之，如消费者在约定的截止日前未能按约付款、缔约，则无权要求返还定金。本案中，吴某与房地产公司签订的是购房意向书，而非商品房预售合同，吴某支付定金后，在约定期限届满时未能按约付款、缔约，这意味着吴某与房地产公司之间未能建立房屋买卖关系，房地产公司可在吴某逾期时没收定金。在吴某支付了 5 万元购房定金后，董事长田某之所以同意吴某延期支付购房尾款 145 万元，是因为吴某系副区长，吴某此前多次利用职务便利为 B 房地产公司提供帮助。也就是说，副区长吴某可以延期六年才支付购房尾款，与其职权密切关联。如果是普通消费者，在 2012 年底未能支付购房尾款时，房地产公司便不会为其保留房屋，更不会在房价已经上涨一倍的情况下，依然按照六年前的价格向吴某出售房屋。可见，该行为不是普通的民事违约行为，而是通过出卖权力换取财产性利益的行为，本质上属于权钱交易。

明确了上述行为的性质后，需要重点讨论的是，案例三中，受贿数额该如何认定，按照实际支付价格与房屋实际价值的差额计算犯罪数额，还是以资金占用成本为标准计算犯罪数额？

一种意见认为，吴某与房地产公司之间并未订立房屋买卖合同，在吴某付清尾款前，该房产仍归房地产公司所有，房地产公司完全可以依法没收定金、收回房产并占有溢价款，因此，应按照低价购房型受贿的思路，以收受房屋时的房屋价值与实际支付价格之间的差额认定为犯罪数额，但具体又有三种不同的计算方式：

计算方式一是以吴某取得房屋钥匙的时间为犯罪既遂节点。吴某在2012年10月交付了5万元购房定金，但未能在约定的2012年底支付首付款和签订正式购房合同，故房地产公司可按照定金罚则没收定金，双方并未成立房屋买卖合同关系。2016年12月，房地产公司将房屋钥匙交给吴某时，吴某实际占有、控制房屋，受贿犯罪既遂，此时房屋市场价为人民币300万元，而吴某依然以四年前的价格150万元购买该房屋，故受贿数额为差额人民币150万元。当然，对于吴某此前支付的5万元定金，是否从150万元中核减，也有两种不同意见。第一种意见认为，5万元此前已支付给开发商，故该5万元应从犯罪数额中核减。第二种意见认为，按照《民法典》第五百八十七条的规定，“给付定金的一方不履行债务或者履行债务不符合约定，致使不能实现合同目的的，无权请求返还定金”。因此，房地产公司按照定金罚则有权没收该5万元，即5万元不予核减。

计算方式二同样认为吴某未能按约支付首付款并签约，双方未建立房屋买卖合同关系，但认为犯罪既遂的时间节点是2018年9月。即以吴某正式与房地产公司签订购房合同、支付全部购房款并办理房屋登记手续的时间作为犯罪既遂时间点，此时房屋价值人民币350万元，但吴某仅支付购房款人民币150万元，属于低价购房型受贿，受贿数额为市场价与实际支付价之间的差额人民币200万元。

计算方式三认为，房屋增值是市场行为，吴某毕竟支付了5万元，5万元也应享受合理的市场增值，故认定受贿数额时，不仅要扣减5万元，还应扣减5万元的增值部分。具体而言，吴某在2018年9月签订购房合同时，房屋价值已从2012年的150万元上涨至350万元，溢价为200万元。吴某在2012年已支付5万元，占当时房屋总价的3.3%，故5万元定金对应的溢价部分为 6.6 万元，因此，在计算受贿金额时应扣减该 6.6 万元。

另一种意见认为，以资金占用成本即以购房尾款的同期银行利息损失作为犯罪数额更为适宜，理由如下：

第一，从房屋买卖合同效力看，吴某与房地产公司于 2012 年缔结购房意向书，该合同具有效力。依照房屋买卖惯例，买受人支付 5 万定金并签订购房意向书，意味着双方达成了买卖房屋的合意，建立起房屋买卖关系。如买受人未能按照约定履行付款义务，房地产公司可在法定期限内解除合同，而根据《民法典》第五百六十四条的规定，“……法律没有规定或者当事人没有约定解除权行使期限，自解除权人知道或者应当知道解除事由之日起一年内不行使，或者经对方催告后在合理期限内不行使的，该权利消灭。”案例三中，房地产公司一直没有行使合同解除权，2007 年底除斥期间届满时已丧失合同解除权，故吴某有权按照生效合同约定的 150 万元履行付款义务，房屋溢价来源于市场，属于吴某购房时正常的预期收益，吴某有权获得房屋溢价。

第二，从行贿人损失的角度看，房屋溢价款是市场行情引起的，房地产公司实质上损失只是资金成本。吴某在家庭资金困难的情况下，完全可以通过申请贷款解决资金问题，但其不愿意支付贷款利息，未向银行申请贷款，房地产公司基于吴某之前的帮助，同意吴某延期支付购房尾款。若房地产商出售房屋给其他普通购房者，则能如期收到尾款，不用承担其间的利息成本。对于房地产商而言，在本案中的损失为利息损失，其本可以要求吴某承担该部分损失，却因吴某的职务关系而选择由自己承担，即房地产公司承担了本应由吴某承担的六年的资金占用成本，在资金成本占用的层面，进行了利益让渡。

第三，从罪责刑相适应的角度看，吴某的主观意图是想拖延支付购房尾款，并非无偿收受房屋，相较于直接收受房屋的行为，主观恶性小一些，面临的处罚也应更轻。结合案例三，如果吴某一开始就想直接收受房屋，其受贿数额是 2012 年的房屋价值即 150 万元，但吴某只是想拖延支付购房尾款，主观恶性比完全不想付购房款要小，对于拖延支付尾款的行为，如按房屋溢价款认定犯罪数额，受贿数额可能大于150万元，面临的刑事处罚更重。因此，以房屋溢价款计算受贿数额，不符合罪责刑相适应原则。

从司法实践看，对于行为人久拖不付购房尾款的，也有根据具体案情、证据不同，而按照第二种意见认定犯罪数额的案例。如浙江省湖州市住房公积金管理中心原一级调研员沈某某受贿案，便涉及延期支付房款获利行为，具体案情如下：2004年，沈某某找其“帮助”过的某房地产公司总经理刘某购买一套别墅并签订合同。在支付首付款60万元后，沈某某提出尾款延期支付的要求，刘某同意。此后，刘某还先后为沈某某减免花园款及地下室建设成本费共计31.5万元。自合同约定应当支付尾款日期2005年2月16日起，沈某某一直未支付，2012年4月，经催收，沈某某支付该别墅尾款101万余元。此时房屋总价为650万元，沈某某拖欠房款对应的利息共计43万余元[①]。在该案的办理过程中，司法机关认为，沈某某与房地产公司签订了真实有效的商品房买卖合同，也按约支付了首付款，房屋买卖的大部分流程已完成。沈某某长达七年时间不支付尾款，获得的是不用银行贷款也不需支付违约金的资金收益，这也是行贿人基于沈某某的职务而让渡给其的利益，故将尾款的同期银行最低基准贷款利息损失认定为受贿数额。

【案例四】

2012年至2014年，某建设局局长张某多次利用职务便利，在项目审批等方面为辖区内A房地产开发公司谋利。2012年，张某看中了该公司开发的江湾小区2幢2单元701房产，该房产市场价为人民币500万元。张某于2012年2月26日与该公司签订《房产认购协议》并于当日支付购房款100万元。2012年5月26日，张某与该公司签订《商品房预售合同》并按约支付剩余首付款200万元，共计支付首付款300万元。《商品房预售合同》约

① 《三堂会审：延期支付房款获利 受贿数额如何计算》，载中央纪委国家监委网，https：//www.ccdi.gov.cn/yaowenn/202203/t20220323_179490.html。

定房产交付时间为2013年12月，但未约定买房人何时需支付剩余200万元购房尾款或办理抵押贷款，后该预售合同在不动产登记中心进行了预告登记。2012年7月，张某因家庭资金紧张，向A房地产开发公司提出迟延支付尾款。2013年12月，房地产公司在未收到剩余200万元购房尾款的情况下，将房屋交付给张某。2014年10月，张某以709万元的价格将该房产出售给他人，并向A房地产开发公司支付尾款200万元，张某从中获利209万元。

久拖不付购房尾款的行为，涉及民刑交织的复杂法律关系，到底是以房屋溢价款还是以资金占用成本认定受贿数额，争议很大。我们不能一刀切，而是需结合案件具体情况，立足以下要素进行综合判断：

第一，行为人的主观意图。有的国家工作人员通过支付少量定金预定房屋，旨在锁定房屋后观望行情，故而久拖不付购房尾款，希望在房屋价格大涨、形成确定性经济利益后，再通过转售房屋攫取高额收益，该种情况下，行为人的故意内容是以房屋买卖为幌子来变相收取贿赂，意图在不承担风险的情况下获取房屋溢价；有的国家工作人员确有真实的买房意愿，支付了大额定金或相当比例的首付款，但因家庭资金紧张无法及时支付购房尾款，于是久拖不付尾款，将资金占用成本转嫁给房地产公司承担，其主观意图是非法获取资金占用成本。

第二，购房合同的目的与效力。按照《物权法》第二十条的规定，“当事人签订买卖房屋或者其他不动产物权的协议，为保障将来实现物权，按照约定可以向登记机构申请预告登记。预告登记后，未经预告登记的权利人同意，处分该不动产的，不发生物权效力……”案例四中，买卖双方签订了房屋买卖合同并在不动产登记中心进行了预告登记，行为人便对房屋享有期待物权，房屋价格涨跌的风险也随之转移至买受方承担。如行为人出于真实的购房意愿，支付相当比例的首付款并与房地产公司签订商品房预售合同，那么，从签订合同之日到房产交付之日所产生的房屋溢价，应归属于买受人，如案例四。相反，如在此期间房屋价格下跌，损失也理应由买受人承担。但是，如果行为人一开始就不具有买房的真实意愿，或者对是否购房持不确定态度，试图通过象征性给付少量款项以锁定房屋，待房屋价格大幅上涨后才通过转让购房资格获利，此时，购买合同仅是收受贿赂的幌子，属于以合法形式掩盖非法目的的合同，自始无效。

第三，让渡的利益内容。受贿犯罪本质上是权钱交易，我们需要精准判断行受贿双方具体让渡了何种利益。案例三中，吴某在支付了 5 万元定金后，未能在约定的期限届满前支付首付款并缔结商品房预售合同。换作是普通消费者，房地产公司不仅不会为其保留房屋，还会按照定金罚则没收 5 万元定金。但正因为吴某是副区长，曾利用职权为开发商谋利，吴某才得以用少量定金“锁定”房屋，开发商才同意以几年前的价格将房屋销售给吴某。换言之，如果是普通购房者，给付定金后不履行债务，购房者与房地产公司之间便未能成立买卖关系，房屋溢价形成的财产性利益理应归属于开发商，因此，案例三中，房地产公司实际上是将自己享有的该部分财产性利益让渡给了吴某。案例四的情况则有所不同，张某按照约定支付了 60% 的首付款，双方签订了商品房预售合同并在房产局进行了备案。在房产登记中心进行预告登记，意味着行为人获取了期待物权，因此，房屋溢价款是张某购房时的预期利益，应归属于张某。商品房预售合同虽然没有约定张某何时应支付 200 万元尾款，但最迟应于房产交付时向开发商付清全部房款，但张某为了节省资金利息，不愿意向银行申请贷款，而是向 A 房地产公司提出迟延支付尾款的要求，房地产公司考虑到建设局局长张某曾为该企业提供过帮助，同意了张某迟延支付的要求，由此，将原本应由张某承担的资金占用成本转归开发商自己承担。从实质上看，行受贿双方让渡的利益内容为 200 万元尾款的资金占用成本，故案例四中，以迟延支付的 200 万元对应的资金利益认定犯罪数额更为适宜。

第十节 “事后知情型受贿”的主观意图认定

一、有关“事后知情型受贿”的争议

司法实践中，存在国家工作人员办事，特定关系人收钱的犯罪模式，法律规定，在国家工作人员和特定关系人事先有通谋的情形下，实施上述行为，构成受贿罪的共犯。2003年《全国法院审理经济犯罪案件工作座谈会纪要》明确规定，“国家工作人员的近亲属向国家工作人员代为转达请托事项，收受请托人财物并告知该国家工作人员，或者国家工作人员明知其近亲属收受了他人财物，仍按照近亲属的要求利用职权为他人谋取利益的，对该国家工作人员应认定为受贿罪，其近亲属以受贿罪共犯论处”。最高人民法院、最高人民检察院2007年《关于办理受贿刑事案件适用法律若干问题的意见》（以下简称《意见》）亦明确，“特定关系人与国家工作人员通谋，共同实施前款行为的，对特定关系人以受贿罪的共犯论处”。但是，如果国家工作人员和特定关系人没有事前通谋，特定关系人利用或通过国家工作人员的职权或职务上的便利为他人谋取利益，单独索取、收受请托人财物，这种情况下能否以受贿罪追究国家工作人员的刑事责任？长期以来，对这一问题存在不少争议。

最高人民法院、最高人民检察院2016年《关于办理贪污贿赂刑事案件适用法律若干问题的解释》第十六条第二款规定，“特定关系人索取、收受他人财物，国家工作人员知道后未退还或者上交的，应当认定国家工作人员具有受贿故意。”该解释出台时，理论界对该条款意见不一。

持质疑态度的观点认为，在事后知情的情况下，“虽然此时国家工作人员按照行为人的要求，利用职务为他人谋取了不正当的利益，但是其对行为人的受贿行为并不知情，因此应对行为人以利用影响力受贿罪论处，国家工作人员的行为不单独构成受贿罪或者利用影响力受贿罪的共犯。”[①] 该观点的逻辑是，特定关系人利用国家工作人员职务上的行为，为请托人谋取不正当利益并收受请托人财物，在特定关系人与国家工作人员事前、事中均无通谋的情况下，特定关系人单独构成利用影响力受贿罪且犯罪既遂。在犯罪既遂后，即便国家工作人员事后得知特定关系人收受财物的行为并默认该结果，但国家工作人员没有实施其他行为，只是对他人业已既遂的犯罪行为及法益损失结果予以默认，故“国家工作人员对‘密切关系人’受贿事实事后知晓并予以认可的，不能作为犯罪处理。”[②] 此种情形下，如将国家工作人员和特定关系人按照受贿共犯论处，等同于将事后的沟通与联络作为共谋，突破了刑法共同犯罪理论。

持肯定态度的观点认为，国家工作人员事后知道特定关系人收受财物未退还或者上交的，应当构成受贿犯罪，但持肯定说的学者也有不同的论证路径。有学者指出，国家工作人员自己收受财物的情况下，通常情况下国家工作人员不会退还或者上交。但国家工作人员事后知道特定关系人收受财物的情况下，法秩序可以期待国家工作人员在知情后退还或者上交，所以国家工作人员事后不予退还或上交的行为，是破坏了法秩序合理期待的故意的不作为[③]。笔者认为，从国家工作人员具有退还义务出发论证犯罪构成，明显缺乏刑法教义学上的说服力。按照我国《刑法》规定，受贿犯罪是作为犯罪，从具有退还义务的角度进行论证，无异于将国家工作人员的不退还财物行为，作为受贿犯罪实行行为予以评价，变相创设了一种不作为的受贿犯罪，有违罪刑法定原则之嫌疑。

---

① 边学文等主编:《职务犯罪案件典型疑难问题精析》，中国检察出版社 2017 年版，第 138 页。

② 梅传强、张永强:《“密切关系人”参与受贿的共犯认定研究》，载赵秉志等主编:《中国刑法改革与适用研究(下卷)》，中国人民公安大学出版社 2016 年版，第 1404 页。

③ 参见张理恒:《受贿罪中特定关系人参与之疑难问题初探——以 2016 年“两高”办理贪污贿赂刑事案件最新司法解释为素材》，载赵秉志等主编:《中国刑法改革与适用研究(下卷)》，中国人民公安大学出版社 2016 年版，第 1478 页。

另有学者指出，“在国家工作人员知道特定关系人收受了财物，不要求退还或者上交，并不是单纯的默认，而是国家工作人员从特定关系人手中‘收受’了请托人给予的财物。由于国家工作人员与特定关系人本来就是利益共同体，这种利益共同关系决定了特定关系人索取或者收受财物，客观上就可以直接认定为国家工作人员也被动收受了财物……一旦知情，表明国家工作人员对特定关系人“代收”财物的认同，正是这种认同，客观上形成了与特定关系人事实上或者法律上对收受财物的共同占有。”① 该种论证逻辑，认为“不退还”不是默认，而是对特定关系人“代收”的追认，即国家工作人员“接受”转交的财物，依然是在受贿犯罪的传统构成模式中进行论证，该解释更具有可接受度。

二、国家工作人员事后知情的表现及主观意图判断

【案例】

1998年至2012年间，被告人朱某某利用担任区委书记等职务的便利，在企业经营、工程承揽、职务晋升、工作安排等方面为他人谋取利益，单独或者通过其妻子金某等人先后非法收受吴某某、刘某等人和单位给予的财物，共计折合人民币2000余万元。其中：（1）被告人朱某某利用担任区委书记的职务便利，接受上海某房地产有限公司总经理吴某某的请托，为吴某某收购上海某酒店式公寓项目提供帮助，收受吴某某所送的价值人民币1400余万元的住房一套及其他财物。（2）被告人朱某某利用担任区委书记的职务便利，接受无锡某建设有限公司法定代表人刘某的请托，为该公司承接建设工程提供帮助，后通过其妻金某收受刘某所送价值人民币12.5万余元的500克金条一根。（其他受贿犯罪事实略）

结合本案看，被告人朱某某在收受刘某所送500克金条的事实中，其本

① 参见孙国祥：《事后知情型受贿的证成和认定》，载《中国刑事法杂志》2018年第1期。

人与刘某并不相识，妻子金某和刘某在业务交往中相识，刘某在得知金某系被告人朱某某的妻子后，欲让金某通过朱某某向相关人员打招呼，以帮助自己承接土石方工程。被告人朱某某应妻子金某要求，为刘某承接土石方工程向相关人员打招呼，后妻子金某收受刘某所送的500克金条，金某将上述金条带回家后告知被告人朱某某，被告人朱某某因担心刘某不可靠，遂让金某退还该金条，但金某并未退还，此后朱某某发现金某未退还金条，未再继续要求金某退还。

本案办理时，对上述行为能否评价为受贿罪，存在两种不同意见：一种意见认为，收受金条系朱某某妻子金某的个人行为，朱某某在得知金某收受金条后立刻让金某退还，这一行为表明朱某某主观上并没有受贿的故意，而妻子金某并未退还，在此种情形下，朱某某在该起事实中不构成受贿罪；另一种意见认为，被告人朱某某虽在得知妻子金某收受刘某所送金条后有过退还的意思表达，但其在发现妻子并未退还后，未继续坚持要求妻子退还，表明其主观上仍然具有了受贿的故意，应当认定构成受贿罪。

笔者认为，国家工作人员和特定关系人没有事前通谋，国家工作人员利用职务上的便利为请托人谋取利益，特定关系人索取或收受请托人财物的，判定国家工作人员是否具有受贿的故意，关键看其对收钱一事是否知情以及知情后的态度。具体可以分为以下几种情形具体分析：

第一种情形，特定关系人索取、收受请托人财物后一直未告知国家工作人员，直至案发国家工作人员才知道其收钱一事。在这种情况下，由于国家工作人员主观上对收受财物没有认知，无受贿之故意，显然不能以受贿罪追究其刑事责任。但是，根据《中国共产党纪律处分条例》第九十四条第二款的规定，“利用职权或者职务上的影响为他人谋取利益，本人的配偶、子女及其配偶等亲属和其他特定关系人收受对方财物，情节较重的，给予警告或者严重警告处分；情节严重的，给予撤销党内职务、留党察看或者开除党籍处分”。虽然国家工作人员对收钱一事确不知情，但由于没有管住身边人，仍面临党纪处分。

为了弥补可罚性漏洞，《中华人民共和国刑法修正案（七）》新增利用影响力受贿罪。在上述情形中，对于收受财物的特定关系人，若其为请托人谋取的系不正当利益，可能构成《刑法》第三百八十八条之一规定的“利用影响力受贿罪”。本案中，金某在朱某某要求其将金条还给刘某后，不仅没有退还金条，后又再次收受刘某所送500克金条，但其因为害怕朱某某说她而未再告诉朱某某。对再次收受刘某所送金条的事实，因被告人朱某某并不知晓，不能认定其具有受贿的故意，故检察机关未列入其受贿事实中加以指控。而此时，金某收受第二根金条的行为有可能构成利用影响力受贿罪。

第二种情形，特定关系人索取、收受他人财物，国家工作人员知道后及时退还或者上交。国家工作人员在知晓特定关系人收受财物后，及时退还或者上交的，表明国家工作人员对收受请托人财物持反对、否定的态度，主观上没有受贿的故意，不能以受贿罪追究其刑事责任。最高人民法院、最高人民检察院2007年《意见》第九条规定：“国家工作人员收受请托人财物后及时退还或者上交的，不是受贿……”根据上述司法解释，既然国家工作人员本人收受财物后及时退还或者上交的不是受贿，那么，国家工作人员知道特定关系人收受财物后及时退还或者上交的，也应坚持同一标准，不应评价为受贿。需要注意的是，这种情况下特定关系人仍有可能构成利用影响力受贿罪，“及时退还或上交”仅仅作为利用影响力受贿罪的一个酌定量刑情节予以考虑。

第三种情形，国家工作人员知道特定关系人索取、收受请托人财物后，虽有退还的意思表示，但发现特定关系人未退还后予以默认的。此种情形也就是朱某某一案中存在的情况，应当认定国家工作人员主观上具有受贿的故意。结合本案看，具体有以下几点理由：

首先，被告人朱某某应妻子金某的要求为请托人刘某承接工程提供帮助，事后得知妻子收受刘某所送金条。从主观上看，朱某某对所收受财物的性质有明确的认识，知道该金条是其先前利用职权为刘某谋利行为的回报。

其次，被告人朱某某得知妻子收受金条后，的确有要求妻子退还的意思表示，但不能简单地根据这种言语表达来否定朱某某主观上具有受贿的意思。朱某某要求妻子退还金条的动机，是朱某某和刘某不熟悉，担心刘某不可靠，害怕随便收“生人”的钱容易出事。要求妻子退还金条，反映了朱某某对收受财物一开始是持担忧、疑虑和否定态度的。但最终，朱某某发现妻子并未按其要求退还金条后，未再坚持让妻子退还，亦未将金条上交，说明朱某某经一番权衡考虑之后，还是心存侥幸，对收受请托人财物持默许、认可和接受的态度。对受贿故意的考察判断，不能孤立地看待国家工作人员得知特定关系人收受他人财物这一时间节点的个别言语和行为，而要综合考察国家工作人员知情后是否明确、一贯地要求特定关系人退还财物，最终对收受他人财物是否持认可、默许的态度。国家工作人员和特定关系人处于同一利益共同体，共同体中的任何一方收受他人财物的行为，客观上应视为“利益共同体”的整体行为。当国家工作人员发现特定关系人未按要求退还财物仍然默许的，表明其对共同体另一方收受财物的行为总体上持认可态度，当然应对这种客观上未退还的不法后果担责。本案中，检察机关对该笔事实以受贿罪追究朱某某的刑事责任（对其妻子金某另案处理），也得到了法院裁判的认可。

第四种情形，国家工作人员知道特定关系人索取、收受请托人财物后，要求特定关系人退还，特定关系人欺骗国家工作人员财物已经退还。这种情形下，客观上财物未退还或者上交，能否依据司法解释，认定符合“国家工作人员知道后未退还或者上交的”的规定，直接判定国家工作人员具有受贿的故意？笔者认为，还是应当从案件实际情况出发谨慎判断受贿故意的有无。其中，若国家工作人员知道特定关系人收受财物后强烈反对，坚决要求特定关系人及时退还财物并多次提醒、督促，特定关系人欺骗国家工作人员财物已经退还，根据案件的具体情况，确有合理理由相信国家工作人员被蒙蔽，确信财物已经退还的，不宜认定其主观上具有受贿的故意。

第五种情形，国家工作人员知道特定关系人索取、收受请托人财物后，仅口头要求特定关系人退还财物，事后不再过问此事，特定关系人实际未退还财物的。司法实践中，国家工作人员可能提出类似辩解，“开始我不知道她收了钱，她告诉我后，我让她赶紧还掉，谁知道居然没有还”。这种情形比较复杂，应基于具体案情，包括国家工作人员有无积极监督、督促特定关系人退还财物，国家工作人员事后有无接触并问询请托人，有无亲自向请托人退还财物的条件，有无上交财物的条件等，综合判断国家工作人员要求特定关系人退还财物的意思表示。国家工作人员对退还财物实际上持“还不还根本无所谓”的心态，事后也不再过问财物是否退还，甚至在得知特定关系人又再次索要、收受请托人财物后仍默许和收受的，应当认定其主观上具有受贿的故意。

第六种情形，国家工作人员知道特定关系人索取、收受请托人财物后，坚决要求特定关系人退还，而特定关系人始终不肯退还并和国家工作人员就此发生矛盾、冲突，最终财物未退还或者上交。在此种情形中，国家工作人员要求退还财物的态度是明确的，表明收受财物实质上违背了国家工作人员的意愿，但由于在利益共同体内部，国家工作人员和特定关系人就是否退还财物发生了激烈的对抗冲突，此时能否将特定关系人收受财物的结果归责于国家工作人员？此种情形下认定国家工作人员是否具有受贿故意，容易产生较大分歧。《意见》出台后，有观点认为，国家工作人员对收受财物知情而客观上未退还或上交的，应直接适用解释，判定国家工作人员具有受贿的故意，而不问国家工作人员和特定关系人在归还财物一事上是否有分歧、矛盾和冲突。笔者认为，由于国家工作人员和特定关系人利益的一致性和关系的亲密性，法律对国家工作人员提出了“退还或者上交财物”的严格要求，只要客观上财物未退还或者上交的，我们在考察国家工作人员是否具有受贿意图时通常会做出不利于国家工作人员的推断，但这种情形也不能一概而论。我们应从案件的基本情况出发，客观、公正地认定国家工作人员是否具有受贿的故意，谨慎地判断是否以受贿罪追究国家工作人员的刑事责任。

第十一节　特定关系人涉贿赂犯罪的认定

近年来，特定关系人参与官员贪腐犯罪时有发生，一些国家工作人员的配偶、子女、情人，或是参与转达请托事项，或是积极帮助收受财物，或是转移、隐匿犯罪所得，对国家工作人员的受贿犯罪起着推波助澜作用。在不同的案例中，特定关系人的参与程度有深有浅、行为方式各不相同、主观明知也有差异，如何精准评价特定关系人的行为，一直是司法实践中的难点和重点。

一、受贿共犯的认定比一般共犯更为严格

特定关系人和国家工作人员构成受贿共犯，需要具有共同的受贿故意和受贿行为。2003 年《全国法院审理经济犯罪案件工作座谈会纪要》规定了告知型、明知型两种受贿共犯类型，以上两种类型均强调近亲属“收受财物”并“转达请托事项”。2007 年《关于办理受贿刑事案件适用法律若干问题的意见》(以下简称《意见》)将“近亲属”扩大至“特定关系人”这一概念，同时明确特定关系人与国家工作人员构成受贿共犯需要两者的“通谋”。最高人民法院法官在对该《意见》的解读中指出，“通谋是指共同谋划，之所以在这里规定比一般共同犯罪更严格的主观条件，主要考虑到受贿行为具有一定的复合性，受贿行为由两部分构成：一是为他人谋利；二是收受他人财物，如第三人未参与为请托人谋利行为，或者对国家工作人员为请托人谋利不知情，仅仅是奉命收受财物的，因不具有在为他人谋利方面的意思联络，故不宜将第三人作为共犯处理。”[①] 由此可见，特定关系人构成受贿共犯，要与国家工作人员就“谋利”和“收受财物”两个方

① 刘为波:《〈最高人民法院、最高人民检察院关于办理受贿刑事案件适用法律若干问题的意见〉的理解和适用》，载《人民司法》2007 年第 15 期。

面的内容进行通谋。对于在谋利方面没有通谋，仅仅就收受财物进行商议、沟通的，并不构成共犯，这无疑提高了受贿共犯的门槛。司法解释采取了比一般共同犯罪更为严格的认定条件，很大程度上是因为特定关系人与国家工作人员是密切联系的共同体，“他们相互间的帮助是非常容易发生的，而且有些是出于维护家庭关系的必要，只要不是积极参与受贿活动、相互勾结的情节非常严重，就没有必要在惩处国家工作人员时连同其近亲属一并处罚，否则会不适当地扩大刑事责任的范围，造成打击面过大。”[①]

二、特定关系人保管贿赂

【案例一】

2008年至2011年，王某多次利用担任某市副市长的职务便利，为商人李某谋取利益。钱某系王某妻子，与李某也相识。在日常聊天中，王某曾经向钱某透露，其给过李某很多支持，帮助李某把企业做大做强。某天，王某在办公室收受李某给予的现金人民币20万元。王某回家后，让钱某将该20万元现金藏好。在钱某的追问下，王某告诉了钱某该20万元的真实来源。后该20万元被王某、钱某用于共同生活消费、投资基金等。

上述案例中，国家工作人员王某的行为显然构成受贿罪，但妻子钱某既没有转达具体的请托事项，也不知道具体的谋利事项，而是按照国家工作人员的指示，保管20万元现金。我们应如何评价钱某的行为？首先，保管贿赂款的行为，并不是受贿罪的实行行为。王某在办公室收受李某20万元时，受贿犯罪已既遂，钱某在犯罪实行终了之后参与进来，显然无法评价为受贿共犯。其次，钱某知道钱款的贿赂性质并予以窝藏，其行为涉嫌掩饰、隐瞒犯罪所得罪。但是，由于钱某系与国家工作人员共同生活的家庭成员，“亲亲相隐”乃人之常情，对配偶、子女等特定关系人的处理，需

① 姜伟、侯亚辉:《共同受贿犯罪若干问题探析》，载《中国刑事法杂志》2002年第2期。

要兼顾国法、天理和人情。因此，如果特定关系人只是明知并共享贿赂，没有实施转移、窝藏等积极行为，不足以动用刑罚对其进行处罚。对于仅仅事后保管、窝藏受贿犯罪所得的特定关系人，情节轻微、数额较小且积极退赃、认罪悔罪、配合调查的，也可以不作为犯罪评价。

三、特定关系人收受财物后告知国家工作人员

【案例二】

王某是某国有建筑集团的总经理，其妻刘某接受A公司老板高某的请托，答应帮助高某承接工程项目。刘某请王某在工程发包过程中多关照高某，后在王某的关心下，A公司顺利承接到一个标段的工程。事后，高某送给刘某人民币10万元表示感谢，刘某收受10万元后告知丈夫王某。

【案例三】

梁某是某建设局副局长张某的妻子。某日，建筑商叶某找到梁某，请托梁某帮忙承接建设局某招标项目，梁某未告诉张某此事，而是找到了建设局分管招标事务的另一位副局长杜某，请杜某违规帮助叶某中标。项目中标后，梁某收受了叶某给予的好处费10万元，随后梁某将事情经过告知张某。

特定关系人与国家工作人员构成受贿共犯有两种典型情形：一是国家工作人员与特定关系人事前通谋，由国家工作人员利用职务便利为请托人谋利，特定关系人出面收受财物，二人分工明确、共同敛财；二是国家工作人员利用职权为请托人谋利，特定关系人收受财物后告知国家工作人员，国家工作人员知情后予以认可，后者也就是我们常说的“事后知情型受贿”。案例二、案例三都是特定关系人收受他人财物，国家工作人员知道后未退还或者上交的情形，但两个案例亦有差异。案例二中，妻子直接向丈夫王某转达请托事项，通过王某的职务便利为他人谋利，但在案例三中，妻子绕开丈夫直接对张某的同事施加影响力，通过丈夫同事的职务行为为

请托人谋利，这一差异是否影响对二人行为性质的判断呢？

案例二中，王某直接实施了“用权”的行为，且王某和妻子在“为他人谋利”方面达成了沟通和联络。尽管王某在利用职权为他人谋利时，并不知道妻子打算收受好处，但获知自己的职务行为被出卖、该10万元是自己职务行为的对价后，仍予以默认，相当于与妻子梁某在实施犯罪过程中形成了共同收受财物的故意。根据最高人民法院、最高人民检察院2016年《关于办理贪污贿赂刑事案件适用法律若干问题的解释》第十六条第二款规定，“特定关系人索取、收受他人财物，国家工作人员知道后未退还或者上交的，应当认定国家工作人员具有受贿故意”。据此，我们可以认定王某主观上具有受贿的故意，应以受贿共犯评价王某及其妻子的行为。从法益侵害的角度看，妻子刘某事后告知的行为，也升高了法益侵害的程度，若只是将刘某的行为评价为利用影响力受贿罪，存在明显的评价不足。

案例三中，梁某作为国家工作人员张某的近亲属，利用张某职权和地位形成的便利条件，通过杜某职务上的行为，为叶某谋取了不正当利益并收受叶某贿赂，其行为构成利用影响力受贿罪。但我们应如何评价张某的行为？二人是否存在共犯关系？有观点指出，“国家工作人员事先不知道其特定关系人利用自己的职权或地位形成的便利条件，通过其他国家工作人员职务上的行为为请托人谋取不正当利益，事后知道并予以认可的，仍应以受贿论处，对特定关系人以利用影响力受贿罪论处。”[①] 张某和梁某是夫妻关系，属于一个利益共同体，梁某收受了财物并告知了张某，可以视为国家工作人员张某也获得了财物。但是，笔者认为，难以受贿共犯或利用影响力受贿共犯来评价二人的行为。理由如下：

第一，国家工作人员张某并没有实施“用权”的行为。张某既没有利

---

① 赵秉志、彭新林：《我国当前惩治高官腐败犯罪的法理思考》，载《东方法学》2012年第2期。

用自己职务上的便利为叶某谋利，也未给杜某打招呼，指使、要求或暗示杜某为叶某办事。叶某之所以能顺利承接该项目，是梁某绕开丈夫张某直接对张某同事施加影响力的结果，因而张某并未参与“为他人谋利”的环节和过程，即张某没有实施任何“用权”行为，其不属于“利用职务便利为他人谋取利益”的情形。

第二，梁某没有实施向张某转达请托事项、提出谋利要求等行为，张某对请托事项完全不知情，张、梁二人在“为他人谋利”方面事前无预谋、事中无共谋，张某在事后才知道妻子通过其同事帮人办事并收受好处。有观点认为，张某知道妻子梁某收受10万元后未退还和上交，根据最高人民法院、最高人民检察院2016年《关于办理贪污贿赂刑事案件适用法律若干问题的解释》第十六条第二款规定，“特定关系人索取、收受他人财物，国家工作人员知道后未退还或者上交的，应当认定国家工作人员具有受贿故意。”据此，可认定张某主观上具有受贿的故意。但根据对该司法解释的解读，“此情形以国家工作人员接受特定关系人转请托为前提，特定关系人未将转请托事项告知国家工作人员的，不适用本规定。”[①] 案例三中，梁某未将转请托事项告知张某，张某知晓此事时，妻子梁某的全部犯罪行为已经实施完毕，故也不具备适用该规定的前提。可见，张某和梁某之间不存在“为他人谋利”的共同故意。

综上，通过分析客观方面，张某的行为表现为，事后知晓妻子通过其同事办事并收受请托人的财物，没有退还或者上交财物。张某在谋利环节没有实施任何“用权”的行为，张某的行为可以概括为“事后知情＋未退还上交”，如果将该行为评价为与妻子的共同犯罪行为，无异于间接创设了受贿罪的一种新罪状，违背了罪刑法定原则和主客观相一致的基本原则。当然，张某作为国家工作人员，具有端正家风的义务，张某知情后仍不退

---

① 裴显鼎、苗有水、刘为波、王珅：《〈关于办理贪污贿赂刑事案件适用法律若干问题的解释〉的理解和适用》，载《人民司法》2016年第19期。

还或者上交财物，可依法依规追究其违纪方面的责任，但不宜直接认定为犯罪。

四、特定关系人代收财物

【案例四】

王某系某市改革和发展委员会原党组成员、副主任。2011 年至 2013 年间，王某多次利用职务便利，为房地产开发商吕某谋取利益。2015 年，吕某提出，为感谢王某多年来的帮助，打算送给王某人民币 30 万元，需要王某提供一个银行账户用于收款。王某遂让情妇蒋某某开设一个银行账户，并将账号提供给行贿人吕某，后吕某向该账户打款 30 万元。蒋某某将上述款项提出并用于二人共同生活开销。蒋某某与吕某没见过面，但蒋某某通过与王某的日常交谈，得知吕某是房地产商人，也清楚 30 万元是吕某所送。

在案例四中，情妇蒋某某实施了开设账户等协助国家工作人员收受财物的行为，蒋某某的行为是否构成受贿共犯？从客观行为看，受贿行为具有复合性，包括谋利和收财两个方面的实行行为，蒋某某帮助国家工作人员收受财物，实施了部分实行行为。产生争议的关键在于，蒋某某没有向王某转达过请托事项，没有与王某相互配合实施利用王某职权为吕某谋取利益的行为，即蒋某某在“谋利”环节没有参与，这一点是否影响对蒋某某行为的认定？

第一种观点认为，从主观要素看，蒋某某虽不清楚王某是否利用职权为吕某谋取过利益，但王某是某市发改委副主任，吕某是房地产商人，王某也告诉了蒋某某该 30 万元是吕某所送，按照一般的生活逻辑，蒋某某应当清楚该 30 万元很有可能是权钱交易的对价。按照一般共同犯罪理论，蒋某某在犯罪实行终了之前参与进来，帮助国家工作人员收受财物，构成受贿共犯。《刑事审判参考》第1143号案例罗某某受贿案[①]中，也并不强调特定关系人在谋利方面有“参与度”。罗某某及其辩护人认为，罗某某与张某某之间不存在利用张某某职务便利为杨某某谋利的通谋，对于张某某为杨某某提供帮助的事项，罗某某既不知晓也未参与其中，但法院裁判认为，虽在案证据不足以认定罗某某有代杨某某转达请托事项的行为，但“转达请托事项”不是认定特定关系人成立受贿共犯的排他性标准，罗某某对于杨某某和张某某之间具有请托关系知情，仍收受杨某某给予的财物并事先征得张某某同意或事后告知，形成了通谋，构成共犯。第二种观点则认为，蒋某某既未转达过任何请托事项，也不清楚国家工作人员是否为行贿人谋取过利益、谋取的具体利益是什么，即特定关系人与国家工作人员就谋利事项没有任何交流互动，在“谋利”方面缺乏通谋，仅仅是奉命收受财物，不宜作为受贿共犯论处。

笔者更倾向于第二种观点，虽然罗某某案明确了“转达请托事项”不是认定特定关系人成立受贿共犯的排他性标准，但笔者认为，受贿犯罪包括谋利和收财两个方面，如果特定关系人完全未参与为请托人谋利行为，在“谋利”方面缺乏通谋，甚至不清楚国家工作人员有无利用职权为请托人谋利、具体谋利事项是什么，仅是在推测钱款性质可能不正当的情况下，按照国家工作人员的安排帮助接受财物，就认定二人构成受贿共犯，可能打击面过大。案例四中，蒋某某是在王某与吕某二人已就谋利、收财以及收财的具体方式都达成了合意的前提下，按照王某安排，开设银行账户并提供给王某使用，蒋某某与王某缺乏在“谋利事项”方面的通谋，即在国家工作人员利用职务便利为请托人谋利方面没有任何意思联络，蒋某某这种按国家工作人员安排收财并共享贿赂的行为，不宜认定为受贿共犯。

---

① 罗某某受贿案，载中华人民共和国最高人民法院刑事审判第一、二、三、四、五庭编:《刑事审判参考》(总第139辑)，人民法院出版社2024年版，第1143号案例。

需要注意的是，蒋某某明知该30万元的性质是贿赂款，仍然提供资金账户帮助接受，其是否构成洗钱罪？此时，需要我们正确界分上游犯罪和洗钱犯罪的界限。对于上游犯罪既遂之前，行为人为实现上游犯罪目的而实施的接收财产的行为，不宜以洗钱罪进行评价。对于上游犯罪既遂之后，行为人实施的转移、转换财产等掩饰、隐瞒行为，侵害了金融管理秩序和司法机关追缴、查证上游犯罪活动之秩序，应作为洗钱犯罪进行评价。本案中，蒋某某提供资金账号帮助收钱的行为，发生在受贿犯罪既遂之前，是为了实现受贿目的而实施的行为，不宜评价为洗钱犯罪。

第十二节 利用欺骗手段索取、收受财物的行为认定

一、四种分歧观点

现实生活中不乏“行贿遇到骗子”的报道，国家工作人员利用职务上的便利，或者利用职权、地位形成的便利条件，使用欺骗手段索取、收受财物的，该如何评价，应认定为受贿还是诈骗？

总体上看，有以下几种不同的认定思路。

第一种观点认为，应当认定为受贿罪。理由是国家工作人员虽实施了欺骗行为，但索取、收受财物利用的还是其职权，行贿人主观上是想贿买公权力，具有可责性，并不同于普通诈骗犯罪中的被害人，此种行为更符合受贿罪的权钱交易特征，应评价为受贿罪。

第二种观点认为，应当认定为诈骗罪。理由是国家工作人员主观上没有利用职权为他人办事的意图，而想通过欺骗手段非法占有他人财物，不具备受贿罪权钱交易的基本特征。行为人以为对方谋取利益为诱饵而索取或非法收受他人财物，侵犯了他人的财产所有权，数额较大的应认定为诈骗罪。诈骗罪中，被害人可能也有严重过错和可责性，但并不影响诈骗罪的成立。

第三种观点则认为，应当根据是否利用职务上的便利分别定罪。如果行为人利用了职务上的便利，即便存在欺骗行为，也构成受贿罪；反之，如果行为人客观上并无职务上的便利，则构成诈骗罪[①]。

第四种观点认为，应按照想象竞合犯处理。《刑法》第二百六十六条规

① 参见孙国祥：《贪污贿赂犯罪研究》，中国人民大学出版社2018年版，第719—721页。

定，“诈骗公私财物，数额较大的，处三年以下有期徒刑、拘役或者管制，并处或者单处罚金；数额巨大或者有其他严重情节的，处三年以上十年以下有期徒刑，并处罚金；数额特别巨大或者有其他特别严重情节的，处十年以上有期徒刑或者无期徒刑，并处罚金或者没收财产……”根据相关司法解释，诈骗罪的起刑点一般在3000元至10000元，各省市可根据当地经济发展状况确定，而受贿罪的起刑点为30000元。从立案标准看，受贿罪的入刑起点更高，诈骗罪的门槛更低。从法定最高刑看，受贿罪最高可判处死刑，诈骗罪最高刑是无期徒刑，受贿罪的法定最高刑更高。但从具体量刑标准看，诈骗50万元以上即为数额特别巨大，量刑在十年以上，受贿罪数额特别巨大的标准则是300万元，是诈骗罪标准的六倍，诈骗罪显然处罚更重。因此，如按照想象竞合犯从一重的处断原则，利用欺骗手段索取、收受财物的，一般情况下，诈骗罪的处罚更重，应以诈骗罪定罪处罚。

国家工作人员利用职务上的便利，或者利用职权、地位形成的便利条件，使用欺骗手段索取、收受财物的，认定为受贿还是诈骗，确实将导致定罪量刑的巨大差异。下面，我们分具体情形探讨。

二、直接受贿中的虚假承诺

国家工作人员利用职务便利，索取或收受他人财物，口头上答应帮忙，本人也具有相应职权，但一开始就从未打算为他人办事，也就是俗话说的“光收钱、不办事”，该如何评价？

对于这种情形，一种观点认为，为他人谋取利益，是受贿罪构成的必备要件，在虚假承诺的情形下，由于行为人根本不打算利用职务便利为他人谋取利益，行受贿双方没有达成合意，就欠缺受贿罪的客观要件，不能以受贿罪定罪。正如王作富在《刑法分则实务研究》中所分析的，“如果行为人的主观目的是想利用职务之便为他人谋取利益，只是由于意志以外的原因而未达到这一目的，属于受贿；如果行为人的目的是骗取财物，并无为他人谋取利益的意图，其答应为他人谋取利益也只是虚假的谎言，则属于诈骗。如果行为人索取或收受他人财物而答应他人提出的自己根本不可能也不打算实现的要求，也属于诈骗。”[①] 另一种观点则认为，承诺为他人谋取利益作为一种出卖职权的行为，可以是真实承诺，也可以是虚假承诺。

很长一段时间，围绕着“为他人谋利”是客观要件还是主观要件，理论界展开了激烈争议。旧客观要件说认为，为他人谋取利益是指客观上有为他人谋取的行为，而不要求所谋取利益的实现。主观要件说认为，为他人谋取利益只是受贿人的一种心理态度。2003年《全国法院审理经济犯罪案件工作座谈会纪要》规定，“为他人谋取利益包括承诺、实施和实现三个阶段的行为。只要具有其中一个阶段的行为，如国家工作人员收受他人财物时，根据他人提出的具体请托事项，承诺为他人谋取利益的，就具备了为他人谋取利益的要件。”2016年最高人民法院、最高人民检察院《关于办理贪污贿赂刑事案件适用法律若干问题的解释》第十三条规定，“具有下列情形之一的，应当认定为‘为他人谋取利益’，构成犯罪的，应当依照《刑法》关于受贿犯罪的规定定罪处罚：(一)实际或者承诺为他人谋取利益的……”可见，司法解释采纳了新客观要件说，明确了受贿罪中的“为他人谋利”，并不要求行为人内心具有为他人办事的真实想法，只要口头承诺为他人谋利，即具备了为他人谋利这一客观要件。

其实，从法益侵害的角度看，虚假承诺也会侵害职务行为的不可收买性，若要求行为人主观上一定要有谋利的意图才成立犯罪，则会不当缩小受贿罪的成立范围。从司法实践看，在直接受贿中，行为人做出虚假承诺，同样认为具备“为他人谋利益”要件。如在曹某某受贿一案[②]中，法院判决认为，“本院查明的第一、二、四、五、六起受贿事实中，被告人均是利用自身职务便利，为请托人谋取利益。表现形式，要么是承诺，要么是实

① 王作富:《刑法分则实务研究》，中国方正出版社2007年版，第1822页。
② 江苏省泰州市姜堰区人民法院刑事判决书，(2016)苏1204刑初192号。

施，至于是真承诺，还是虚假承诺，是为他人谋取正当利益，还是不正当利益，不影响受贿罪的构成。”

通说认为，在一般受贿中，通常看行为人是否具有职务上的便利，通俗地讲，就是看行为人对请托事项有无职权。如果有职权，即便内心没有为他人谋利的打算，一旦做出虚假承诺，民众对国家工作人员职务行为廉洁性的期待便落空，会产生这种认识：公务人员的职务行为是可以被收买的。因此，在一般受贿中，在行为人对所请托事项具有职务便利的情况下，无论是虚假承诺还是真实承诺，都损害了职务行为的廉洁性或不可交易性[①]，“承诺”本身就是为他人谋利的表现，行为人利用职务便利，索取或收受他人财物，做出虚假承诺的，应按照受贿罪而非诈骗罪定罪量刑。

三、斡旋受贿中的虚假承诺

国家工作人员利用职权或地位形成的便利条件，索取或收受请托人的财物，虽口头上答应帮忙，但内心并无斡旋第三人为请托人谋取不正当利益的意图。此种情形下的虚假承诺该如何评价，也相应地存在认定为诈骗罪、受贿罪、区别认定等不同观点，争议较大。

实践中，根据具体案情的不同，对斡旋受贿中的虚假承诺认定为诈骗罪或者受贿罪的案例都有。有的法院认为，行为人主观上具有非法占有之目的，从未打算斡旋第三人提供帮助，应评价为诈骗罪。如张某慧受贿、诈骗、行政枉法裁判案[②]，2001 年 6 月，被告人张某慧的邻居田某清因其子范某明被海口市中院一审判处死刑，遂请托曾在海南法院系统任职的张某慧夫妇帮忙疏通法院关系，以减轻范某明的刑罚。张某慧夫妇答应帮忙，并谎称疏通法院关系需要送给法院 80 万元。田某清信以为真，但提出经济困难，没有能力支付该款。双方遂商定，田某清将福海花园 14 号别墅作价

---

① 参见王晓东:《贪污贿赂、渎职犯罪司法实务疑难问题解析》，人民法院出版社 2020 年版，第 131—132 页。

② 海南省第一中级人民法院刑事判决书，(2020) 琼 96 刑初 34 号。

80 万元给张某慧夫妇，再由张某慧夫妇出资 80 万元去疏通法院关系。2001 年 7 月初，张某慧看中了田某清家的一座花果山雕刻工艺品，便假意向田某清提出以 10 万元购买该工艺品。田某清信以为真，在收到张某慧支付的 10 万元后将工艺品交给张某慧。几天后，张某慧又谎称范某明案仍需给法官送钱，将支付给田某清的 10 万元要回。范某明案件审理过程中，张某慧夫妇并未请托承办法官及相关人员对范某明减轻处罚，也未向相关人员支付任何费用。在该案中，法院认定被告人张某慧和刘某生主观上具有非法占有为目的，客观上实施了虚构事实的行为，致使被害人田某清陷入错误认识，而以买卖方式将福海花园 14 号别墅过户给张某慧，将一座花果山雕刻工艺品交付给张某慧，被告人张某慧的行为符合诈骗罪的构成要件，依法应当以诈骗罪追究其刑事责任。最后，法院就张某慧收取的田某清两笔款项，以诈骗罪判处其有期徒刑十年，并处罚金人民币 50 万元。

对于"承诺斡旋但实际没打招呼"的行为，也有法院以受贿罪定罪处罚。比如王某受贿案[①]， 2020 年 4 月，中级人民法院 A 庭审判长王某接受当事人李某的请托，承诺向 B 庭案件承办法官打招呼对案子予以关照，并收受李某现金 50 万元。后王某持续对该案进展予以关注，并认为李某本就能够胜诉并无打招呼的必要，遂没有向承办法官打招呼。2020 年 6 月，该人民法院作出判决支持李某的诉讼请求，李某胜诉。该案中，王某隐瞒了实际未向 B 庭案件承办法官打招呼的事实，客观上存在欺诈；但王某答应以违法违规的方式替请托人的案件说情打招呼，且当时并无虚假承诺的故意，已满足为他人谋取不正当利益的要件，后续因没有必要而未打招呼并不影响王某构成受贿，故法院最终以受贿罪对王某定罪量刑。

有些判决中法院认为，还应从行为人的职权影响力、请托事项难易程度等出发，判断行为人是否具备通过其他国家工作人员职务上的行为，为

---

① 参见崔立鹏、徐鹏：《承诺斡旋并收受财物是否构成受贿罪》，载中央纪委国家监委网，http：//www.xzjjw.gov.cn/ywtt/96768.jhtml。

他人谋取不正当利益的能力，以此认定行为性质是诈骗还是受贿。如王某诈骗案[①]。王某系某某市某某区公安分局交巡警支队第十二大队民警，2010年12月22日，重庆市渝北区法院受理了李某某、刘某某组织卖淫一案。2011年1月1日，李某某、刘某某的亲属汪某某，通过某保安公司押运员周某某找到王某，请托其帮李某某、刘某某得到法院从轻处罚。王某表示可以帮忙，但需要6万元打点费，后汪某某通过周某某给予王某5.8万元。同年3月，王某利用公安机关配发的数字证书和密码，登录公安局信息资源库及综合查询系统，将查询到的李某某、刘某某案相关信息告知周某某。2011年1月11日，王某在明知李某某、刘某某所犯罪行严重，可能判处的刑期与亲属的期望值相去甚远的情况下，仍谎称可以帮忙，并以所托事项难度大、前期支付的费用不够为由，再次向汪某某索要6万元。法院裁判认为，王某身为公安分局的交警，其拥有的职务之便既不能改变该案的侦查结论，也无法改变检察机关的起诉决定，更不能左右审判机关的裁判结果，因此，王某的职务便利无法实现汪某某等人希望谋取的不正当利益，双方缺乏权钱交易的基础。王某以可以让涉嫌犯罪的被告人获得轻判但需用钱打点为由，骗取他人的财物，符合诈骗罪的构成要件，最终法院以诈骗罪判决王某有期徒刑四年六个月，并处罚金1万元。

在讨论斡旋受贿中的虚假承诺问题前，我们需要先厘清，《刑法》第三百八十八条规定的斡旋受贿中的“为请托人谋取不正当利益”，是否同样包括承诺、实施和实现三个阶段的行为。换言之，国家工作人员仅承诺实施斡旋行为，但实际上没有斡旋其他国家工作人员，或者其他国家工作人员拒绝帮忙办事，是否影响受贿罪的成立？过去很长一段时间，对于这个问题主要有以下三种不同意见：

第一种观点是斡旋受贿中的“为请托人谋取不正当利益”，仅需国家工

---

① 参见刘沛谞、范登虎：《公职人员利用工作之便索取他人财物构成诈骗罪》，载《人民司法》2012年第10期。

作人员承诺实施斡旋行为即可。持该种观点的学者认为，在斡旋受贿和利用影响力受贿中，对“为请托人谋取不正当利益”要件的认定，应参照一般受贿中“为他人谋取利益”要件的认定，即“为请托人谋取不正当利益”也应包括承诺、实施和实现三个阶段的行为，只要实施其一即可[①]。斡旋受贿也是受贿，谋取利益同样包含承诺、实施、实现三个阶段，并不以行为人实施斡旋行为为必备条件。换言之，行为人索取请托人财物或者收受请托人财物后，未实际为请托人谋取不正当利益的，不影响斡旋受贿和利用影响力受贿的成立且犯罪形态为既遂。

第二种观点是斡旋受贿中的“为请托人谋取不正当利益”，以实施斡旋行为为犯罪成立要件。斡旋受贿中的贿赂，是指斡旋行为的对价，因此，行为人承诺斡旋其他国家工作人员后，还需向其他国家工作人员提出为请托人谋取不正当利益的请求、约定，至于其他国家工作人员是否允诺、答应行为人的请求，是否为请托人实际谋取了不正当利益，则不影响斡旋受贿的成立[②]。

第三种观点是斡旋受贿中的为请托人谋取不正当利益，需以第三人的承诺为犯罪成立起点。如果行为人索取或收受财物后仅承诺为请托人谋取不正当利益，而不实施斡旋行为，其与请托人权钱交易的约定仅初步达成但未真正达成；其职务行为的不可收买性受到了一定的侵害，但行为未实际产生危害性。斡旋受贿的“为请托人谋取不正当利益”，应当包括行为人对“谋取不正当利益”的承诺行为、斡旋行为以及第三人对谋取不正当利益的承诺、实施、实现行为，其中第三人的承诺，是认定具备“为请托人谋取不正当利益”要件的起点行为[③]。持这种观点的学者认为，从法益侵害的角度看，斡旋受贿与普通受贿所保护的法益存在差别，普通受贿所保护的法益，仅仅是国家工作人员职务行为的不可收买性，但斡旋受贿所保护

① 罗开卷：《贪污贿赂罪实务精解》，法律出版社 2019 年版，第 185 页。

② 参见张明楷：《刑法学》（第五版），法律出版社 2016 年版，第 1213 页。

③ 参见朱孝清：《斡旋受贿的几个问题》，载《法学研究》2005 年第 3 期。

的法益，还包括其他国家工作人员职务行为的公正性。也就是说，在行为人承诺实施斡旋行为但没有请托第三人、第三人也没有做出承诺的情况下，其他国家工作人员职务行为的公正性并未受到侵害，此时，此行为不成立犯罪或仅仅成立犯罪中止、未遂。

从近年来的司法实践来看，第一种观点获得更多认同，即斡旋受贿与一般受贿相比，在谋利程度上没有不同，斡旋受贿中的“为请托人谋取不正当利益”，仅需国家工作人员承诺实施斡旋行为即可。最高人民法院刑二庭的《职务犯罪审判指导》（第1辑）收录的004号案例中，霍某某作为某中院民事审判庭庭长，承诺利用其职权、地位形成的便利条件，通过其他国家工作人员为商标系列案件谋取诉讼优势。该案中，霍某某的行为仅处在承诺阶段，不能完全排除霍某某的承诺是虚假的，作者在探讨“斡旋受贿的成立是否要求国家工作人员向其他国家工作人员转达请托事项”时进行了延伸，探讨了斡旋受贿中的虚假承诺问题，即行为人承诺实施斡旋行为，但实际上行为人自始至终不打算为请托人实施斡旋行为的，一般也应认定为受贿罪，例外情形如请托事项是正当时，可以认定为诈骗罪[①]。

对于斡旋受贿中虚假承诺的处理，笔者亦认同上述观点，更倾向于评价为受贿罪，主要理由是：

第一，从刑法解释角度看，不论是普通受贿，还是斡旋受贿，“为请托人谋取利益”不应有差别，均应包括承诺、实施、实现三个阶段的行为。职务行为的不可收买性，不仅包括自身职权的不可收买性，同样包括本人职权、地位形成的便利条件对其他国家工作人员所产生的权力性影响具有不可收买性。请托人之所以愿意贿送财物，也正是看中了行为人职权、地位对斡旋对象可能产生的影响，故行为人一旦作出虚假承诺，同样侵犯了职务行为的不可收买性。

---

① 参见最高人民法院刑二庭编：《职务犯罪审判指导》（第1辑），法律出版社2022年版，第22—23页。

第二，请托人主观上具有通过行贿手段实现不正当利益的非法目的，属于不法原因给付，送出的贿赂应不予返还，但如将其评价为诈骗罪中的被害人，则需要向被害人返还财物，这与刑法不保护非法利益的精神是不相符的。在请托人为谋取不正当利益而主动贿送财物的情况下，完全符合行贿犯罪的构成要件，如仅因为国家工作人员的承诺虚假，就把贿送财物的行贿人作为被害人，将导致行贿既无经济成本、也无违法成本，不利于受贿、行贿犯罪的惩治与预防。

第三，是否作出虚假承诺，在于对行为人的内心真意进行判断。有的行为人作出承诺不久即被抓获，还来不及实施斡旋行为；有的行为人可能一开始想帮忙，遇阻后改变主意；有的行为人可能在是否斡旋第三人上反复纠结，司法人员在判断内心真意时，不得不仰赖其个人供述，很难做到客观、真实。当然，由于实践中请托和收钱的情形纷繁复杂，还需要结合案件情况进行具体分析，特别要考量行为人是否具有利用职权或地位形成的便利条件为他人谋利的能力，即承诺斡旋的对象是否超出行为人职权、地位可以斡旋的射程范围。比如，A区公安局刑警甲，承诺斡旋A区检察院的检察官乙，甲、乙之间具有工作上的联系，乙是甲的职权、地位所能影响的对象，即便甲作出的是虚假承诺，也不影响受贿罪的构成。相反，如A市某区水利局工作人员丙，谎称是省委组织部副部长丁的小舅子，可以通过丁帮助请托人谋取不正当利益，此时，丁不是丙的职权、地位所能影响的，斡旋对象完全超出了丙的权力性影响范围，此时真正使行贿人陷入错误认识的，不是丙是否愿意利用职权、地位形成的便利条件实施斡旋行为，而是丙、丁存在特殊关系这一事实，更适宜评价为诈骗犯罪。

前述王某诈骗案中，在判断被告人是否具有职权、地位形成的便利条件时，法院持相对严苛的标准，认为王某任职的区与审判人员任职的区是互不隶属的平级主城区，王某作为交警，对于审判人员，既不存在隶属、制约关系，也不存在横向或纵向的工作联系，故王某的“职务之便”不能涵摄该请托事项。笔者认为，这种观点值得商榷。A区民警与B区法官，虽不在一个辖区，但同属本市政法系统，无论是从请托事项所涉领域看，还是从斡旋对象与行为人的行政级别来看，都具有实施斡旋的现实可能性。因此，A 区一名司法人员，向 B 区另一名司法人员打招呼，希望相关刑事案件被告人能够获得从轻处罚，并不明显超出其职权的影响力范畴。汪某某基于王某真实的职权、地位形成的便利条件，以行贿目的提出“斡旋”请托，王某承诺内容虽假，但依然可以被评价为受贿犯罪。

四、虚构收财对象的身份

【案例一】

2010 年下半年，在吴某某担任某国有独资基建公司总经理期间，徐某多次找到吴某某，要求承接该公司某项目所需钢绞线全部供应业务，吴某某原计划安排情妇赵某承接该业务，便以“让领导的朋友”退出为由，要徐某给予“领导的朋友”好处费 30 万元，徐某表示同意。之后，吴某某利用职权，决定以徐某的名义承接总额 700 余万元的钢绞线业务。2010 年 9 月底，徐某按照约定联系吴某某交付 30 万元好处费。吴某某带着徐某与情妇赵某见面，谎称赵某系领导朋友，徐某将 30 万元交给赵某。

该案是《刑事审判参考》第 1147 号案例吴某某受贿案[①]。该案中，吴某某并非单纯利用职务便利为他人谋利，而是采用虚构事实、隐瞒真相的方法，向行贿人索要财产。有观点认为，行贿人徐某自始至终并不知道该 30 万元是送给吴某某的，以为是送给“领导的朋友”，一直处于被蒙蔽的状态，产生了认识错误，主观上没有向国家工作人员行贿的故意，不应评价为行贿罪。该案的裁判要旨认为，单纯看该笔事实，吴某某采用虚构事实、隐瞒真相的方法促使徐某交付财物，形式上看似乎也符合诈骗罪的特征，但吴某某实施上述行为时充分利用了职务上的便利，徐某也是基于对吴某某职权的信

① 吴某某受贿案，载中华人民共和国最高人民法院刑事审判第一、二、三、四、五庭编:《刑事审判参考》(总第 106 辑)，法律出版社 2017 年版，第 1147 号案例。

任才交付财物，后在吴某某的帮助下承接了业务。徐某虽然误以为财物送给了领导的朋友，但其对送出财物以满足吴某某的要求，进而借助吴某某的职权谋取利益具有清晰的认识，其关注的重点不在于谁最终收受贿赂，而在于能否以贿赂换取利益，事实上徐某也的确通过贿赂换取了巨额利益，因此，该案应评价为受贿罪，且属于情节更为恶劣的索贿行为。

五、虚构利益的不正当性

【案例二】

2018 年，A 企业在某区税务局办理纳税手续的过程中，税务工作人员王某谎称 A 企业不具备申请税收优惠的条件，无法享受税收减免政策，A 企业经理张某信以为真，请王某予以照顾和通融，并承诺将减免税收款的 5% 给予王某作为回报。后王某为 A 企业办理了免征税款 100 万元的手续，A 企业给予王某 5 万元予以感谢。

该案与吴某某案相同的是，请托事项是国家工作人员王某直接承办事项，王某利用了自己的职务之便，且王某在利用职务便利收受财物的过程中，使用了欺诈手段。但是，与吴某某案不同的是，吴某某编造了莫须有的“领导”，虚构了收受财物的对象，而王某则是利用行政相对人不精通政策法规的弱点，虚构了利益的不正当性。诈骗罪的基本构造为：行为人实施欺骗行为—对方（受骗者）产生错误认识—对方基于错误认识处分财产—行为人或第三者取得财产—被害人遭受财产损害[①]。结合本案看，王某谎称企业不符合税收优惠，让原本符合税收优惠政策的企业，误以为自己不具备免税条件，基于该错误认识，主动提出给予王某好处费来获得免税待遇，王某最终取得 5 万元，似乎也完全符合诈骗罪的逻辑构造。究竟是以诈骗罪还是受贿罪评价王某的行为呢？

---

① 张明楷:《刑法学》（第五版），法律出版社 2016 年版，第 1000 页。

一种观点认为，王某虽实施了欺诈行为，但王某之所以获得5万元，最重要的原因是王某具有办理税收优惠事项的职权。如王某不负责该项工作，即便实施欺诈手段，企业也不可能交付5万元，故权钱交易才是本案的本质特征，应以受贿罪评价王某的行为，且属于主动索贿。其次，虽企业在判断自身是否符合税收优惠政策上出现了错误认识，误以为在谋取不正当利益，但毕竟产生了通过贿买国家工作人员实现违法利益的想法，依然具有可谴责性，5万元属不法原因给付，不宜返还。另一种观点则认为，企业本身具备享受税收优惠的条件，原本不需要支付任何费用便可申请减免税款，企业因王某实施的诈骗行为遭受了财产损失，系被骗单位，5万元也应返还给企业，故本案宜以诈骗罪定罪处罚。

笔者认为，行贿罪中的"为谋取不正当利益"，虽然是一个主观要素，但并非单纯是主观想法，还要求行为人所谋取的利益在客观上具有不正当性。"如果客观上属于正当利益（即按照法律、法规、政策等判断属于正当利益），而行为人误以为是不正当利益的，不能认定为行贿罪。"① 笔者认为，由于税务工作人员王某虚构事实、隐瞒真相，A企业经理张某误以为利益不正当，但客观上利益正当，张某的行为不符合行贿罪的主观要素，不成立行贿，5万元应返还给企业。在虚构利益正当性的情况下，如何认定国家工作人员的行为性质，的确存在较大争议。税务工作人员王某在收受财物的过程中的确使用了欺诈手段，但其职权是取得财物的决定性因素，且该行为严重损害了国家工作人员职务行为的廉洁性，本质上还是权钱交易，宜评价为受贿犯罪。

① 张明楷:《刑法学》（第五版），法律出版社2016年版，第1229页。

第十三节 斡旋受贿中转送部分财物的行为认定

在斡旋型受贿中，国家工作人员系通过其他国家工作人员职务上的行为，为请托人谋取不正当利益。实践中，为了更顺利地斡旋第三人，实现请托目的，有的行为人在向其他国家工作人员转达请托事项时，会从本人所收受的钱款中拿出一部分，转送给其他国家工作人员。我们该如何评价国家工作人员收受财物后将部分财物转交给他人的行为，是以受贿罪一罪还是受贿罪、行贿罪数罪并罚？犯罪数额又如何认定？实践中存在较大争议。

【案例】

2019年上半年，王某为帮助其子获得在A重点高中借读的资格，通过朋友联系B中学副校长周某，送给周某30万元，周某答应帮忙运作。周某收受30万元后，自己留下15万元，将剩余15万元送给A重点高中校长邓某，后在邓某的帮助下，王某之子顺利入学A重点高中。2020年上半年，周某同事葛某的女儿亦想在A重点高中借读，葛某知道周某有门路，遂送给周某20万元，请求周某帮忙。周某收下20万元后，鉴于葛某与自己关系较好，仅留下5万元，将剩余15万元送给邓某，请邓某帮忙。后在邓某的帮助下，葛某的女儿也顺利在A重点高中借读。

上述案例中，B中学副校长周某利用职权或地位形成的便利条件，通过A重点高中校长邓某职务上的行为，为请托人的子女在A重点高中借读提供帮助，周某收受学生家长给予的钱款后，将其中一部分留下，另一部分转送给A高中校长，该如何评价周某的行为性质？周某的行为构成受贿罪一罪，还是受贿罪、行贿罪两罪？犯罪数额又该如何认定？存在以下不同的意见。

第一种观点认为，周某的行为构成受贿罪，受贿数额为50万元。周某利用担任B中学副校长这一职权、地位形成的便利条件，通过A重点高中校长邓某职务上的行为，为请托人谋取了不正当利益，系斡旋受贿。周某的行为触犯了《刑法》第三百八十八条的规定，应以受贿罪评价。根据最高人民法院、最高人民检察院2016年《关于办理贪污贿赂刑事案件适用法律若干问题的解释》，"实际或承诺为他人谋取利益"，均属于"为他人谋取利益"，因此，当周某从学生家长手中收受钱款并承诺为其提供帮助时，受贿犯罪即宣告既遂。周某为请托人向邓某提出谋取不正当利益的请求，即便邓某未作承诺，或没有为实现请托事项实施职务上的行为，都不影响周某受贿罪的成立。犯罪既遂以后，周某将其中部分钱款转送给邓某的行为，属于不可罚的事后行为。即使周某将部分钱款转送给邓某的行为，可另行评价为行贿罪，但周某给予邓某钱款，系为了帮请托人实现在A重点高中借读的目的，故周某实施的收钱、送钱两个行为，是基于同一概括故意下实施的数个行为，具有目的与手段或者结果与原因的牵连关系，按照牵连犯"从一重"的处断原则，应以受贿罪一罪评价。

第二种观点认为，应以受贿罪、行贿罪进行数罪并罚，受贿数额为50万元、行贿数额为30万元。刑法中的牵连犯，是指犯罪的手段行为或者结果行为，与目的行为或原因行为分别触犯不同罪名的情况，"根据刑法的规定和司法实践，将牵连犯的手段与目的、原因和结果的关系类型化，只有具有类型化的手段与目的、原因与结果的关系时，才存在牵连关系。"① 即只有当某种手段通常用于实施某种犯罪，或某种原因行为通常导致某种结果行为时，才宜认定为牵连犯。结合本案看，周某收钱、送钱是两个独立的行为，我们无法得出受贿通常用于行贿的结论，两者不具有类型化的牵连关系，不宜评价为牵连犯，从而按照"从一重"的原则科处一罪。从法益侵害的角度看，周某将部分款项送给邓某的行为，系实施了新的行为、

---

① 张明楷:《刑法学》(第五版)，法律出版社2016年版，第490页。

侵犯了新的法益，已经超出了受贿罪的评价范畴，其行为应构成受贿罪、行贿罪，数罪并罚。在具体犯罪数额的认定上，周某利用职权或地位形成的便利条件，承诺为请托人谋取不正当利益并收受请托人给予的财物时，受贿犯罪便宣告既遂，故受贿数额应以周某实际收受的50万元认定，行贿数额则是周某贿送给邓某的30万元。

第三种观点同样认为，应以受贿罪、行贿罪两罪评价周某的行为，但受贿金额应是周某实际取得的20万元、行贿数额是30万元。该意见的主要理由是，受贿犯罪是典型的占有型犯罪，应以行为人实际占有数额认定犯罪数额，周某给予邓某的30万元所谓打点费，应从受贿总额中予以核减，否则存在重复评价的嫌疑。

笔者更赞同第三种观点。持一罪观点的主要理由是，《刑法》第三百八十八条规定的斡旋受贿，是通过其他国家工作人员职务上的行为，为请托人谋取不正当利益。实践中，行为人往往需要向其他国家工作人员打招呼并转达请托事项，“转达请托事项”的行为并未超出斡旋受贿的评价范畴，那么，转达请托事项的同时，向第三人贿送金钱，是否同样没有超过斡旋受贿的评价范畴呢？笔者认为，在斡旋受贿中，行为人的斡旋之所以成功，或者说其他国家工作人员之所以愿意提供“帮助”，是基于行为人职权或地位所形成的权力性影响，即我们通常所说的基于职务身份产生的所谓“面子”，而不是基于行为人对第三人存在亲属、特定关系人等非职务性密切关系产生的影响力，亦不是基于其他国家工作人员被行为人所贿买。从行为人的故意内容看，周某一开始便清楚，解决请托人孩子在重点中学的借读问题，难度较大，不送出真金白银，光靠“刷”个人的面子，很可能就办不成。因此，周某一开始在收受钱款时，便有将其中部分钱款用于“打点”的安排，周某主观上既有受贿的故意，也有行贿的故意。从法益侵害的角度看，斡旋受贿与普通受贿所保护的法益存在着差异，普通受贿所保护的法益，仅仅是国家工作人员职务行为的不可收买性，但斡旋受贿所保护的法益，还包括其他国家工作人员职务行为的公正性。行为人将收受的部分财物给予其他国家工作人员，以此帮助请托人实现请托事项，是旨在通过贿买的方式实施斡旋事项，这一行为不仅损害了其他国家工作人员职务行为的公正性，还损害了其他国家工作人员职务行为的不可收买性，该行为损害了新的法益，有独立评价为行贿罪的必要性。

在犯罪数额的认定上，需要坚持主客观相一致的原则。从客观行为看，周某收下了家长给予的50万元并承诺帮忙运作、打点，且按照周某的供述，其内心十分清楚，重点高中借读事宜，需要打点关系且支付相关费用，故周某一开始并没有将家长给予的全部款项据为己有的故意，最初的打算便是部分款项个人占有、部分款项贿送他人。同时，在考虑个人实际占有多少钱款方面，周某也有自己的考量。周某收受请托人王某30万元，自己留下15万元、送给邓某15万元，“留一半、送一半”，但鉴于请托人葛某是同事且二人平日关系较好，故“不好意思多收葛某的钱”，周某只留下了5万元，其余15万元送给了邓某。客观上看，周某的确收下了50万元，但其一开始仅对其中部分钱款具有受贿故意，而对转送给邓某的30万元，周某自始缺乏受贿故意，故应以周某实际占有的数额认定为受贿数额更为适宜，更符合主客观相一致的原则。综上，在第一笔事实中，周某受贿15万元，行贿15万元；在第二笔事实中，周某受贿5万元，行贿15万元。

如果按照第二种意见处理，将周某收受的全部钱款50万元均认定为受贿数额，将会出现以下情况：周某收下50万元后，个人实际占有的数额越少，贿送给邓某的钱款越多，则犯罪数额越大，面临的处罚越重。特别是当周某分文未留，将收受的全部钱款都给予邓某时，周某依然受贿50万元、行贿50万元，该结论显然不具有合理性。从退赃的角度看，按照第二种意见处理，周某分文未得，却需要退赃50万元，缺乏合理性。

第十四节　利用影响力受贿相关问题探析

一、“关系密切人”的概念及范畴

根据《刑法》第三百八十八条之一的规定，利用影响力受贿罪是指国家工作人员的近亲属或者其他与该国家工作人员关系密切的人，通过该国家工作人员职务上的行为，或者利用该国家工作人员职权或者地位形成的便利条件，为请托人谋取不正当利益，索取请托人财物或者收受请托人财物数额较大或有其他较重情节的行为，以及离职的国家工作人员或者其近亲属以及其他与其关系密切的人，利用该离职的国家工作人员原职权或者地位形成的便利条件，通过其他国家工作人员职务上的行为，为请托人谋取不正当利益，索取请托人财物或者收受请托人财物，数额较大或者有其他较重情节的行为。本罪是2009年2月28日《刑法修正案（七）》新增的罪名，立法背景主要是基于在领导干部受贿犯罪中，不乏领导干部的配偶、子女、情妇等身边人，在国家工作人员不知情的情况下，利用其与国家工作人员的特殊关系收受财物的情形。另外，一些离职的国家工作人员，利用原有职务形成的影响力收受贿赂的现象也时有发生。这些行为有以刑法规制的必要，故在2009年增设了利用影响力受贿罪，以弥补立法的不足。

我国刑法规定的、利用影响力受贿罪的主体包括：一是国家工作人员的近亲属；二是与该国家工作人员关系密切的人；三是离职的国家工作人员；四是离职的国家工作人员的近亲属；五是与离职的国家工作人员关系密切的人。

利用影响力受贿罪的增设，第一次在《刑法》中引入了“关系密切的人”的概念。如何把握“关系密切的人”的范畴，“关系密切的人”和“特定关系人”之间是什么关系？值得我们深入探讨。有观点从联络纽带出发对“关系密切的人”下定义，“所谓关系密切的人，是指非国家工作人员以亲情、友谊、利益等因素为纽带，与国家工作人员之间形成的较为亲近的特殊关系人。”[①] 也有观点着眼于共同利益角度下定义，“一般来说，有密切关系的人，是指与国家工作人员或者离职的国家工作人员具有共同利益关系的人，其中的共同利益不仅包括物质利益，而且包括其他方面的利益。例如情人关系、恋人关系、前妻前夫关系、密切的上下级关系、密切的姻亲或血亲关系等。”[②]“关系密切的人”这一概念，包括但并不限于特定关系人，根据专家的解读，“与国家工作人员（以及离职的国家工作人员）关系密切的非国家工作人员，之所以将这两种人利用影响力交易行为规定为犯罪，主要是考虑到他们与国家工作人员或有血缘、亲属关系，或虽不存在亲属关系，但属情夫、情妇，或者彼此是同学、战友、老部下、老上级或者老朋友，交往甚密，有些关系密切到甚至可相互称兄道弟，这些人对国家工作人员的影响力自然不一般。”[③] 从司法实践来看，国家工作人员的恋人、司机、秘书、贴身警卫人员、关系密切的亲属等，都曾被认定为“关系密切的人”。

对于特定关系人的认定，司法解释以“身份列举加概括”的方式予以规定。最高人民法院、最高人民检察院 2007 年《关于办理受贿刑事案件适用法律若干问题的意见》第十一条规定，“本意见所称‘特定关系人’，是指与国家工作人员有近亲属、情妇（夫）以及其他共同利益关系的人。”这种定义方式对于司法操作的便利在于，对于列举到的近亲属、情妇（夫），可以直接纳入特定关系人范畴，指控方无须就共同利益关系进行专门举证。但是，“关系密切的人”这一概念却难以通过身份列举的方式下定义。关系密切，是对人际关系的程度判断，也是一个事实判断。现实生活中，有形同陌路的前夫前妻，也有“假离婚”的前夫前妻；有交往甚密的同学战友，

① 孙建民:《如何理解刑法修正案（七）中“关系密切的人”》，载《检察日报》2009 年 5 月 5 日，第 3 版。

② 张明楷:《刑法学》（第五版），法律出版社 2016 年版，第 1227 页。

③ 黄太云:《〈刑法修正案（七）〉解读》，载《人民检察》2009 年第 6 期。

也有往来不多的同学战友，无法从身份角度判断关系密切的程度。因此，关系密切的人并不需要司法机关通过列举的方式明确界定，而是由行为主体和国家工作人员的真实关系决定。笔者认为，司法人员需要结合全案证据，从交往时间长短、关系亲疏远近、有无共同利益等多角度出发，综合判断行为人与国家工作人员或离职的国家工作人员之间是否属于关系密切。

二、“离职的国家工作人员”是否包括调离人员

国家工作人员的职务经过重大调整后，仍具有国家工作人员身份，其利用原有职权和地位的便利条件为他人谋取利益，该如何评价其行为？譬如，某国家工作人员甲原是A市教育局局长，因违纪被处理，降职为A市B区水利局普通工作人员，甲接受王某请托，向A市教育局现任局长乙（原副局长）打招呼，为王某谋取不正当利益并收受了巨额财物。

上述案例中，评价甲的行为，关键在于如何判断甲向乙打招呼时是利用了本人职权或地位形成的便利条件，通过其他国家工作人员职务上的行为，为他人谋取不正当利益，还是利用了原来担任局长产生的影响力或者与前同事的密切关系来办事？有观点认为，甲虽然经过重大职务调整，但仍具有国家工作人员身份，一名国家工作人员斡旋另一名国家工作人员，为他人谋取不正当利益，符合斡旋受贿的特征。上述观点有一定道理，但从实质上看，甲在接受王某请托时，系B区水利局普通工作人员，与A市教育局局长之间不存在工作联系。同时，甲作为水利局的普通工作人员，也难以对教育局局长产生职权上的影响，故认定甲利用区水利局工作人员这一现有职权或地位形成的便利条件斡旋市教育局局长，会存在一定的障碍。根据乙的证言，其之所以帮助甲办事，因为甲是乙十几年的老领导，有提携之恩，甲提出请托事项后，乙实在抹不开面子，只好答应。可见，甲实际上利用的还是自己曾经担任教育局局长的职务，与现任教育局局长存在老同事、老领导的关系。那么，甲的行为是否属于“离职的国家工作人员，利用原职权或地位形成的便利条件，为请托人谋取不正当利益”呢？

回答这一问题，涉及对“离职”的理解。通常认为，离职是指曾经是国家工作人员，但因故离开了原岗位、不再具有国家工作人员身份的人。具体包括：一是退休或者离休的人员；二是辞职或者被辞退的人员；三是被给予开除处分的人员[①]。根据《公务员法》第九十一条、第一百零七条的规定，公务员辞职、被辞退、辞去公职或退休都属于离职。按照上述法规对于“离职”的严格界定，对于那些调离原岗位、不再担任原有领导职务，但仍属于在职公务员的人，并不属于《刑法》第三百八十八条之一中的“离职的国家工作人员”。因此，上述案例中，甲虽然调离了教育局，但仍属于国家工作人员，因此不属于“离职的国家工作人员”。但是，这并不意味着甲可以出罪。我们还必须结合案情考量，甲是否符合《刑法》第三百八十八条之一第一款中的“其他与该国家工作人员关系密切的人，通过该国家工作人员职务上的行为，为请托人谋取不正当利益”，即审查判断甲是否为乙的“关系密切的人”。上述案例中，由于甲曾经长期担任乙的直接上级领导，对乙有多次提携之恩，甲、乙在生活中交往密切，故甲基于原工作关系、上下级关系对乙产生的情感影响，进而利用乙的职权行为，为请托人提供帮助，并收受请托人财物，侵害了国家工作人员职务行为的廉洁性，可以将甲界定为乙的关系密切人，以利用影响力受贿罪评价甲的行为。

三、在职国家工作人员能否成为利用影响力受贿罪的主体

根据《刑法》第三百八十八条之一的规定，利用影响力受贿罪的犯罪主体有两类：一类是国家工作人员的近亲属或者其他关系密切人，另一类是离职的国家工作人员或者其近亲属以及其他关系密切人。那么，在职国家工作人员是否可以成为利用影响力受贿罪的犯罪主体？有观点认为，利

---

① 参见韩耀元、王文利：《如何理解利用影响力受贿罪》，载《中国监察》2009年第23期。

用影响力受贿罪的犯罪主体只能是非国家工作人员，受贿罪与利用影响力受贿罪的界限完全靠犯罪主体的不同来划定，“国家工作人员利用影响力受贿，则应当以受贿罪处理”[①]。

笔者认为，在职国家工作人员也可以构成利用影响力受贿罪的犯罪主体。法律条文并没有明确将国家工作人员排除在利用影响力受贿罪的主体范围之外。当国家工作人员（或离职的国家工作人员）的近亲属、关系密切人亦具有国家工作人员身份时，只要行为人利用的不是自己的职权，而是利用基于亲属、子女、朋友等私人关系产生的对其他国家工作人员（或离职国家工作人员）的影响力办事时，其“公职”身份便没有发挥任何作用，与普通人并无不同，在此种情形下，在职国家工作人员当然可以成为该罪主体。比如，国家工作人员甲与国家工作人员乙没有工作上的联系，是关系密切的亲友，甲对乙施以非权力性影响，通过乙职务上的行为，为请托人谋取不正当利益，收受请托人财物且数额较大，由于甲对乙施加的不是权力性影响，甲并未利用职权或地位形成的便利条件，故不属于斡旋受贿，如果否认国家工作人员可以成为利用影响力受贿罪的主体，就难以用刑法规制甲的行为，形成处罚漏洞。

四、利用影响力受贿和斡旋受贿的界分

《刑法》第三百八十八条规定了斡旋型受贿，即国家工作人员利用本人职权或者地位形成的便利条件，通过其他国家工作人员职务上的行为，为请托人谋取不正当利益，索取请托人财物或者收受请托人财物的行为。斡旋型受贿与利用影响力受贿均是通过其他人的职务行为为请托人谋取不正当利益，都属于间接性受贿。它们的主要区分在于，前者利用的是本人职权或者地位形成的便利条件，而后者利用的是亲属、好友等关系产生的影

---

① 周道鸾、张军主编:《刑法罪名精释（下）》（第4版），人民法院出版社2013年版，第1057页。

响力。根据2003年《全国法院审理经济犯罪案件工作座谈会纪要》的相关规定，“《刑法》第三百八十八条规定的‘利用本人职权或者地位形成的便利条件’，是指行为人与被其利用的国家工作人员之间在职务上虽然没有隶属、制约关系，但是行为人利用了本人职权或者地位产生的影响和一定的工作联系……”可见，斡旋型受贿也存在“影响”。那这种“影响”与利用影响力受贿中的“影响”有何区别呢？笔者认为，前者是权力性、职务性的影响，强调要有工作上的交往和联系，或者虽未发生实际的工作联系但必须基于特定职权，“行为人与第三人在客观上具有权力交换的可能性”①；后者则侧重于非权力性、非职务性的影响，如基于亲属、同学、同乡、战友、恋爱等单纯私人交往关系产生的影响。

实践中可能会遇到一种类似“竞合”的特殊情形，即接受请托的国家工作人员既利用了本人职权或地位形成的便利条件，又利用了作为关系密切人的影响力为他人谋取不正当利益，该如何处理呢？如《刑事审判参考》第754号案例陆某受贿案中，2009年底至2010年5月，被告人陆某利用其担任某市某区新城管委会办公室主任及某市某区发展改革局副局长这一职权、地位形成的便利条件，通过担任某市某区人民政府副区长、中共某区新城工委书记的刘某职务上的行为，为多家公司招投标提供帮助，谋取不正当利益，并收受上述公司的法定代表人、董事长给予的现金合计86万元。后查明，被告人陆某不仅是刘某的下属，与刘某存在工作上的联系，还与刘某有不正当的男女关系。该案裁判要旨认为，不能将利用影响力受贿罪的犯罪主体限缩为非国家工作人员，否则会造成部分人逃避刑法的处罚，与《刑法》修订严密法网的初衷不符。如果国家工作人员同时具备利用本人的职权或者地位形成的便利条件和利用本人与其他国家工作人员的密切关系，原则上应当依照《刑法》第三百八十八条的规定，以受贿罪论处。但确有证据证实国家工作人员仅利用了其与被其利用的其他国家工作人员

① 朱孝清：《斡旋受贿的几个问题》，载《法学研究》2005年第3期。

的密切关系的，应当以利用影响力受贿罪论处[①]。

当行为人自身具备国家工作人员身份，但同时又与其他国家工作人员具有密切关系时，通过其他国家工作人员职务上的行为，为请托人谋取不正当利益的，应结合具体案情判断其对其他国家工作人员施加的是何种影响以认定行为性质。如施加的是权力性影响，即是利用职权或者地位形成的便利条件，属于斡旋受贿；如施加的是纯粹的非权力性影响，则属于利用影响力受贿；如行为人对其他国家工作人员施加的既有权力性影响，又有基于亲密关系产生的非权力性影响，则应按照竞合情况下“从一重”的处断原则，优先考虑其利用的是国家工作人员职权或地位形成的权力性影响，认定其行为属于斡旋受贿。人民法院案例库的入库案例邓某某利用影响力受贿案（入库案例号 2023–03–1–406–001），也体现了该裁判要旨。

第三章

行贿罪

◎ 如何认定行贿犯罪不正当利益

◎ 如何界分单位行贿和个人行贿

◎ 行贿犯罪不正当财产性利益的范畴与依法追缴

……

第一节 行贿犯罪“不正当利益”认定

一、“不正当利益”的内涵

除了行贿罪、单位行贿罪、对非国家工作人员行贿罪、对有影响力的人行贿罪等行贿犯罪外，《刑法》第三百八十八条规定的受贿罪（斡旋受贿）和第三百八十八条之一规定的利用影响力受贿罪，要求具备“谋取不正当利益”要件。在《刑法》第十二次修订过程中，“有人建议，删去行贿罪‘为谋取不正当利益’的构成要件”①，故该次修正案中没有采纳上述建议。如何精准界定“不正当利益”，是办理行贿案件的重点难点。

对于“不正当利益”的理解，刑法理论历来争议颇大。学者提出过“非法利益说”“手段不正当说”“不应当得到的利益说”“违背职务说”等不同理论。为解决争议，最高人民法院、最高人民检察院先后三次出台司法解释界定“不正当利益”。根据最高人民法院、最高人民检察院1999年《关于在办理受贿犯罪大要案的同时要严肃查处严重行贿犯罪分子的通知》，“谋取不正当利益”是指谋取违反法律、法规、国家政策和国务院各部门规章规定的利益，以及要求国家工作人员或者有关单位提供违反法律、法规、国家政策和国务院各部门规章规定的帮助或者方便条件。根据最高人民法院、最高人民检察院2008年《关于办理商业贿赂刑事案件适用法律若干问题的意见》第九条的规定，“谋取不正当利益”是指行贿人谋取违反法律、法规、规章或者政策规定的利益，或者要求对方违反法律、法规、规章、政策、行业规范的规定提供帮助或者方便条件。在招标投标、政府采购等商业活动中，违背公平原则，给予相关人员财物以谋取竞争优势的，属于

---

① 黎宏：《论行贿罪的若干问题——以刑法修正案（十二）的相关规定为中心》，载《法律适用》2024年第3期。

“谋取不正当利益”。最高人民法院、最高人民检察院2012年《关于办理行贿刑事案件具体应用法律若干问题的解释》第十二条规定，行贿犯罪中的“谋取不正当利益”，是指行贿人谋取的利益违反法律、法规、规章、政策规定，或者要求国家工作人员违反法律、法规、规章、政策、行业规范的规定，为自己提供帮助或者方便条件。违背公平、公正原则，在经济、组织人事管理等活动中，谋取竞争优势的，应当认定为“谋取不正当利益”。不难看出，“谋取不正当利益”的范畴逐渐完备，司法实务中对“不正当利益”的认定标准也随之逐渐放宽。但是，现实生活总是纷繁复杂，如何精准界定“不正当利益”，依然存在着困惑。

二、为结算工程款、货款而行贿是否属于“谋取不正当利益”

工程建设领域容易发生贿赂犯罪。实务中，对于相关单位和个人为结算工程款、货款而行贿的，是否属于“谋取不正当利益”，存在一定的争议，实践中也存在截然相反的判决。

【案例一】

某园林公司多次催要工程款，但相关部门给付力度不大，为了顺利结算工程款，某园林公司派谈某乙向时任F县委书记刘某请求帮助解决，先后给予刘某人民币65万元，直至案发，某园林公司承接的工程已全部完工，但工程款尚有10%未支付[①]。

法院认为，某园林公司为顺利结算工程款向县委书记给付65万元的行为，并未谋取不正当利益，也不属于以违反公平公正原则谋取竞争优势，其所谋取的工程款系依照民事法律和合同约定应得的合法利益，某园林公司、谈某乙的行为不构成犯罪。

为结算工程款、货款而行贿的，是否属于行贿犯罪中的“谋取不正当

① 甘肃省成县人民法院刑事判决书，(2017)甘1221刑初142号。

利益”，主要存在以下几种分歧意见：

一是结算货款、工程款属于合法利益，但使用行贿手段获取合法利益，同样属于“谋取不正当利益”。该观点认为，不正当利益，既包括实体不正当，也包括程序不正当。行为人通过行贿手段实现相关利益，因实现利益的程序违法，即便利益本身合法，也具备程序违法要件，属于不正当利益。根据我国《反不正当竞争法》第七条的规定，即经营者不得采用财物或者其他手段贿赂交易相对方的工作人员，因此，即便为了顺利结算货款、工程款而向交易相对方行贿，同样违反了《反不正当竞争法》的规定，属于不正当利益。

二是结算货款、工程款属于正当的、合法的需求，行为人没有谋取不正当利益。承包人按照合同约定做完了工程，销售方按照合同约定交付了货物，就有权利要求合同相对方及时支付款项，这是民法典、合同法赋予行为人的民事权利，是天经地义、不言而喻的。相反，发包人无故拖欠工程款的行为，不仅有违契约精神，还破坏了诚信公平的市场经济秩序，具有可谴责性和社会危害性。因此，行为人为结算工程款、货款而不得不给予他人财物的，不属于“谋取不正当利益”。

三是结合甲方的资金状况，从竞争视角判断是否属于谋取不正当利益。竞争，言下之意是资源不足而需求者众多，存在竞争则意味着行为人谋取的利益具有不确定性。结算工程款虽然是合法行为，但不是一种确定的可得利益。如果甲方资金周转不灵或面临破产风险，短期内不足以清偿所有债务，则甲方的所有债务人之间存在潜在竞争。某一债务人为顺利结算工程款而行贿，从表面上看是实现债权的合法行为，但实际上通过行贿获取了比其他债务人更优越的受偿条件，避免了无法实现债权的风险，在数个债务人之间谋取了竞争优势，可以评价为谋取不正当利益。

四是结合获取工程的手段，从获取工程项目是否违法的角度判断是否谋取不正当利益。该观点认为，如果行为人通过串通投标获取工程，或者在不具备承接工程资格的条件下，通过挂靠有资质公司承接工程项目，则其手段行为违反了《刑法》《建筑法》的规定，系以违法或犯罪手段获取工程项目，属于“在源头上违法”，行为人获取该工程项目本身就不被法律所保护，故为结算该工程项目的款项而行贿，属于为实现违法利益而贿送财物。

上述第一种观点实际上虚置了“谋取不正当利益”要件，认为“如果行为人采取了行贿的手段获取不确定的利益，他们获取的利益就应当被视为是一种不正当利益”[①]，这无异于从根本上否认了可以通过行贿手段获取正当利益，等于取消了行贿罪所要求的“为谋取不正当利益”要件，有违反罪刑法定原则之嫌疑。

为结算工程款、货款而行贿的，需要分情形具体讨论：第一种情形，在不具备合同约定的款项支付条件时，通过行贿谋取合同约定之外的利益，属于谋取不正当利益。如合同约定工程竣工验收合格才支付尾款，而工程尚未通过验收，行为人想突破合同约定提前获取工程款，意图谋取合同约定之外的利益的，可认定为谋取不正当利益。第二种情形，如行为人已经履行了全部合同义务，按照约定施工完毕或者保质保量交付了货物，符合款项结算条件。但合同相对方故意拖延支付、拒绝支付，经多次催告仍不履行付款义务，甚至通过明示或暗示方式索要财物，行为人为了维护自身合法权益而无奈行贿的，不宜评价为“谋取不正当利益”，理由如下：

第一，贿赂犯罪的本质是权钱交易，行贿和受贿作为贿赂犯罪的两种基本形态，其中“权”的内涵是不尽相同的。受贿犯罪中，国家工作人员的职务行为，既包括不正当履职行为，也包括正当履职行为。只要财物是职务行为的不正当回报，均应评价为受贿罪。行贿罪则不同，由于要求具备“为谋取不正当利益”要件，只有行为人收买国家工作人员的不正当履职行为时，才构成行贿罪。如果行为人通过给予财物来催促、换取国家工作人员的正当履职，客观上没有影响公权力的正常运行及国家正常的管理职能，则缺乏入罪的基础。按照合同约定支付工程款、货物，是甲方理应

---

① 刘光显:《贪污贿赂罪的认定与处理》，人民法院出版社 1996 年版，第 381 页。

履行的合同义务，在此并没有出现国家工作人员的不正当履职行为，缺乏评价为行贿罪的基础。

第二，法律不能苛责行为人。若甲方违约在先，经多次催告仍拒绝履行合同义务的情况下，行为人给予国家工作人员财物以换取工程款、货款的正常结算，实属无奈之举。在市场经济活动中，市场主体都是理性经济人，如果不用支付额外对价，合法利益就能得到充分保障，没有人愿意冒着违法犯罪风险、支付原本无须承担的费用。在无法顺利结算工程款时，行为人虽可通过提起诉讼等合法方式维权，但可能时间较长。在行为人本应获得的利益无法正常获得，最终不得已用行贿手段获得利益时，如将此种情形评价为行贿犯罪，不符合社会公众朴素的法情感。

第三，从竞争的角度看，民事主体缔结的所有合同均应认真履行，承担的全部债务均应予以清偿，从逻辑上我们并不能得出，按约支付工程款、货款，就必然损害其他债务人权利的结论。因此，以行为人在所有要求结算款项的平等主体中谋取了竞争优势为由入罪的，需特别慎重。除非有确切证据证实，甲方已进入破产清算程序或者已经资不抵债，无资金能力结算所欠的全部款项，行为人的债务存在着不能实现的现实风险。而且行为人通过实施行贿行为，在同样要求结算的债务人之间取得了明显优势地位。

通常情况下，通过招投标等合法方式承接工程项目后，为保证按照合同约定顺利结算工程款而给予他人财物的，不宜认定为“为谋取不正当利益”。但如果通过串通投标、借用资质等违法手段获取工程项目，施工完毕后涉及行贿谋求工程款的结算问题。上述第四种观点认为，如行为人通过借用资质方式承揽工程，根据我国《建筑法》第二十六条的规定，“……禁止建筑施工企业以任何形式允许其他单位或者个人使用本企业的资质证书、营业执照，以本企业的名义承揽工程。”也就是说，通过挂靠方式承揽工程，违反了法律规定，将面临行政处罚，此时，行为人系通过法律禁止的方式承揽工程，属于源头违法、手段违法，通过违法手段获取的合同利益不值得被法律保护，故请求结算该工程款项，也应评价为“为谋取不正当利益”。该观点同样值得商榷。最高人民法院2020年《关于审理建设工程施工合同纠纷案件适用法律问题的解释（一）》规定，没有资质的实际施工人借用有资质的建筑施工企业名义签订的施工合同，应依法认定为无效。此外，建设工程经竣工验收合格，承包方请求按约支付工程款的，司法实践应予以支持。工程建设方在合同履行过程中，付出了人工费用、建筑材料、机器设备等成本，虽借用资质违反了行政法规，但工程经竣工验收合格，也并不影响业主方办理产权证及正常使用，故承包方主张工程款具有一定的合理性，即便合同无效，施工方也有权索要付出的成本。因此，以源头违法的角度出发，认为全部工程价款属于不合法利益，依据并不充分。

综上所述，在行为人通过行贿以谋求甲方认真履行合同时，需谨慎判断行为是否谋取竞争优势，谋取利益是否属于不正当利益。比如，某物流公司长年向航空公司相关科室负责人小额行贿，希望工人在搬运包裹、快递时，注意轻拿轻放，避免出现物品毁损，尽量堆放整齐，确保有效利用空间、容纳更多包裹，上述事项本身就是航空公司应当履行的合同义务，物流公司并未谋取合同之外的非法利益，只是应对“野蛮装卸”的无奈之举，因此，即便行贿导致航空公司在搬运该物流公司的快递时更加认真、细致，也不宜轻率入罪，应从进一步规范市场秩序、提升服务质量的角度，从根本上解决问题。

三、为加快事项办理而行贿是否属于“谋取不正当利益”

【案例二】

2020年，周某在向工商局申请办理公司注册手续的过程中，为加快办证速度，向工商局工作人员王某行贿6万元。

上述案例中，周某为加快行政许可事项的办理速度而给予国家工作人员以财物，即支付所谓的“加速费”“通融费”，是否属于“为谋取不正当利益”？加速费这一概念，来自美国《反海外腐败法》，特指企业为了尽快获取合法收益而支付小额款项。《反海外腐败法》把对外国公务员的支付分为两类：一类是所谓“腐败性支付”（corrupt payment），其目的是诱导该公务员滥用或者偏离其职权，从而获得某些合同、特权等；另一类是所谓“加速或润滑性支付”（facilitating or expediting payment），如为了加快货物的通关速度而向海关官员支付的费用，或者为了足够的警力保护而向有关机关支付的费用，其目的仅仅在于使外国政府官员加快其工作速度。

《刑法》第三百八十九条第二款规定的，“在经济往来中，违反国家规定，给予国家工作人员以财物，数额较大，或者违反国家规定，给予国家工作人员以各种名义的回扣、手续费的，以行贿论处”。有观点认为，从文字表述看，《刑法》第三百八十九条第二款并不以“为谋取不正当利益”为要件，“加速费”属于上述条款规定的“手续费”，因此，无论行为人是否通过支付加速费谋取了不正当利益，均应认定为行贿犯罪。笔者认为，按照刑法体系解释原则，并不能得出《刑法》第三百八十九条第二款不以“为谋取不正当利益”为行贿构成要件的结论。同时，该条款规定的是“在经济往来中”，上述案例三发生在行政许可领域，亦不具备适用第三百八十九条第二款的前提。

在行政审批、审核、备案等活动过程中，行为人通过支付“加速费”加快特定事项办理进度的，是否属于谋取不正当利益？一种观点认为，任何通过贿赂手段获得的利益均属于不正当利益，且行为人通过支付加速费，在同样申请办理相关事项的人员之中谋取了竞争优势，实现了“插队办理”的效果，违背了公平公正原则，可以评价为谋取了不正当利益。按照这种逻辑，只要花钱办事，就一定谋取了不正当利益，实质上消解了“谋取不正当利益”构成要件。

笔者认为，支付加速费的情形比较复杂，需立足以下方面探讨：一是所申请加速事项的性质。如果申请加快事项是公司注册、护照办理、户籍迁移等，上述事项不具有自由裁量空间，只要申请人本身符合条件且手续材料齐备，行政机关就应当予以办理，只不过行政机关规定了一定的办理周期。如申请办理护照,《护照法》规定公安机关出入境管理机构应当自收到申请材料之日起15日内签发普通护照，因此，无论是第6日签发，还是第15日签发，均符合规定。行为人基于特定考量，通过支付加速费在第6日获得护照，未起到收买国家工作人员不正当履职的作用，不宜评价为“谋取不正当利益”。实践中，有的公安机关出入境管理部门办理护照时，可以通过缴纳加急费加快办理进度，该项收费并不违规。反之，如果申请加速事项具有行政审批性质，如申请调整容积率、申请获取政府补贴、申请办理金融机构牌照等，名义上支付的是加速费，但实际请托内容暗含有帮助通过审批之意，明修栈道暗渡陈仓，应评价为“为谋取不正当利益”。

二是申请加速是否导致程序违规。如行为人申请加快，是在法定办理周期内加速，并未简化、省略应有的正当程序，则不宜评价为谋取不正当利益。反之，如加速办理导致跳过必要程序等，则属程序违法，需评价为不正当利益。如行为人进口新鲜水果，为能尽快通关，向海关工作人员支付加速费，海关工作人员未经查验手续直接予以放行，显然属于程序不正当。在加速费、通融费的性质问题上，我们需持审慎的态度，坚持法益实质判断标准，即判断有无收买国家工作人员的不正当履职行为。特别是当国家工作人员慢作为、懒作为，行为人不得不通过贿送财物来换取高效行政、节约等待时间时，不宜草率入罪。“一定意义上，给了加速费才能办理，公职人员实际上带有主动索贿的性质，只有没有直接表达而已。”[①]当然，给予国家工作人员财物的行为也是权钱交易，也有助长腐败文化蔓延的副作用，但在合理周期内、不具有裁量权事项的加速，为此支付的财物价值不会太高，可不以犯罪论处。从域外法律看，美国《反海外腐败法》也认为“腐败性支付”是非法的，但“加速或润滑性支付”是合法的。《德国刑法典》虽没有规定行贿罪要求“谋取不正当利益”，但对未谋

① 孙国祥:《“加速费”、“通融费”与行贿罪的认定》，载《政治与法律》2017年第3期。

取不正当利益的，处罚很轻。根据《德国刑法典》的规定，行为人针对公职人员正常的职务行为给予财物的，构成第三百三十三条给予利益罪，处罚相对较轻；针对公职人员违背职务的行为，行为人给予财物的，构成第三百三十四条违背公职的行贿罪，处罚相对较重[①]。综上，对于以加速之名实质谋求通过审批审核，或者导致程序违法时，可评价为谋取不正当利益，对于通过支付加速费换取行政效率提高且未损害他人利益、未出现程序违法时，不宜认定为行贿罪。

① 《德国刑法典》，徐久生译，北京大学出版社2019年版，第239页。

第二节　单位行贿和个人行贿的界分

根据《刑法》第三百九十三条的规定，单位行贿罪是指单位为谋取不正当利益而行贿，或者违反国家规定，给予国家工作人员以回扣、手续费，情节严重的行为。《刑法》第三百八十九条第一款规定，为谋取不正当利益，给予国家工作人员以财物的，是行贿罪。对于给予国家工作人员贿赂的行为，根据犯罪主体的不同，《刑法》分别规定了第三百九十三条单位行贿罪、第三百八十九条行贿罪，并规定了不同的定罪量刑标准。但是，无论是单位还是个人，为谋取不正当利益，给予非国家工作人员财物的，均触犯了《刑法》第一百六十四条的规定，以对非国家工作人员行贿罪论处。

单位行贿罪和行贿罪的定罪量刑标准差异较大。根据最高人民法院、最高人民检察院2016年《关于办理贪污贿赂刑事案件适用法律若干问题的解释》，个人行贿的入罪数额标准是3万元（行贿数额在1万元以上不满3万元有法定情节的，也可以追究刑事责任）。单位行贿的入罪数额标准则是20万元。根据1997年《刑法》的规定，单位行贿罪只有一个量刑档次，即对单位判处罚金，对直接负责的主管人员和其他直接责任人员，处五年以下有期徒刑或者拘役。1997年《刑法》对行贿罪则规定了三个量刑档次，法定最高刑为无期徒刑，即“对犯行贿罪的，处五年以下有期徒刑或者拘役；因行贿谋取不正当利益，情节严重的，或者使国家利益遭受重大损失的，处五年以上十年以下有期徒刑；情节特别严重的，处十年以上有期徒刑或者无期徒刑，并处没收财产。”实践中，一些行贿人以单位名义行贿，规避处罚，导致案件处理不平衡，惩处力度不足。基于此，2023年通过的《刑法修正案（十二）》修订了单位行贿罪的量刑档次，将单位行贿罪刑罚由最高判处五年有期徒刑的一档刑罚，修改为“三年以下有期徒刑或者拘役、并处罚金”和“三年以上十年以下有期徒徒刑、并处罚金”两档刑罚。

修订后，单位行贿罪与行贿罪的处罚标准依然存在差异，故案件定性是单位行贿还是个人行贿，是实务中的难点。

一、单位行贿和个人行贿的区分

区分单位行贿与个人行贿，大体上从是否体现单位意志、是否使用单位名义、利益是否归属于单位、行贿资金是否来源于单位等方面进行考量。

最高人民法院、最高人民检察院、海关总署2002年《关于办理走私刑事案件适用法律若干问题的意见》第十八条的规定，“具备下列特征的，可以认定为单位走私犯罪：（1）以单位的名义实施走私犯罪，即由单位集体研究决定，或者由单位的负责人或者被授权的其他人员决定、同意；（2）为单位谋取不正当利益或者违法所得大部分归单位所有……”2017年发布的最高人民检察院《关于办理涉互联网金融犯罪案件有关问题座谈会纪要》第二十一条规定，“涉互联网金融犯罪所涉罪名中，刑法规定应当追究单位刑事责任的，对同时具备以下情形且具有独立法人资格的单位，可以以单位犯罪追究：（1）犯罪活动经单位决策实施；（2）单位的员工主要按照单位的决策实施具体犯罪活动；（3）违法所得归单位所有，经单位决策使用，收益亦归单位所有……”从上述规定可以看出，实践中，通常从是否以单位名义实施犯罪、是否经单位决策实施犯罪、违法所得是否全部或大部分归单位所有等方面认定单位犯罪。

具体到单位行贿和个人行贿的区分，有观点认为，应从三个方面综合考量，“认定单位行贿的标准，主要集中于对行贿意志、行贿目的及利益归属的判断上，即支配行贿行为的意志是单位意志还是个人意识，行贿目的是为单位还是为个人谋取不正当利益，因行贿而获取的利益是否归属于单位”[①]。在最高检和国家监委共同发布的行贿典型案例郭某某行贿案的典型

① 最高人民检察院职务犯罪检察厅编：《职务犯罪检察专题研究与办案指引》，中国检察出版社2023年版，第214页。

意义中，提出两个方面考量认定，即“准确把握单位行贿罪与行贿罪的区分，从意志体现和利益归属两方面依法予以认定。”实践中，对于单位集体研究决定，为单位谋取不正当利益而给予国家工作人员以财物，行贿资金又全部来自单位的，属于典型的单位行贿犯罪，没有争议。但是，当“单位意志、利益归属、行贿目的、资金来源”等要素出现不完全一致的情形时，是否从中区分出核心判断标准及辅助判断标准，哪些标准应是核心判断标准，理论上存在不同看法。有学者认为，行贿所得利益归属于单位是单位行贿罪的核心要件，理由是根据《刑法》第三百九十三条的规定，“……因行贿取得的违法所得归个人所有的，依照本法第三百八十九条、第三百九十条的规定定罪处罚。”因而，“《刑法》是根据行贿取得的利益归属区分单位行贿罪和行贿罪的。”[①] 但有学者认为，“单位要承担犯罪的责任，前提必须是单位实施了犯罪行为，或者说犯罪行为代表了单位的意志。单位行贿犯罪的核心判断标准是行贿行为必须体现单位的意志，辅助判断标准是行贿所得利益的归属情况。”[②] 下面，笔者从单位意志、利益归属、单位名义等要件予以逐一分析。

二、单位意志的辨识

根据刑法理论，单位犯罪是单位本身的犯罪，应体现单位意志，而行贿罪则体现自然人的个人意志。单位的人格是法律拟制的，通常而言，单位意志由单位成员按照内部决策程序集体研究形成，如公司的股东会、董事会经集体研究形成决议。但由于行贿毕竟是一种违法犯罪行为，难以通过正规程序共同研究，且不少小微企业、家族企业的法人内部治理结构不健全，故行贿行为经常由单位的主要负责人、公司的实际控制人直接决定

① 张明楷:《刑法学》(第五版)，法律出版社2016年版，第1234页。

② 李诗江:《贪污贿赂犯罪法律适用与实务研究》，中国方正出版社2025年版，第761页。

或者单位核心领导层私下商议决定。所以，有学者指出，实务中常见的单位贿赂行为主要有：（1）经单位研究决定的由有关人员实施的受贿、行贿行为；（2）经单位主管人员批准，由有关人员实施的受贿、行贿行为；（3）单位主管人员以法定代表人的身份实施的受贿、行贿行为。[①] 结合司法实践，我们在辨识是否体现单位意志时，应注意以下情形：

（一）单位主要负责人的决定不必然代表单位意志

实践中有观点认为，公司的董事长、实际控制人、法定代表人等单位的主要负责人，作为“一把手”，代表单位且掌握最终决策权，因此，凡是单位主要负责人做出的决定，便是单位意志的体现。这种观点的出发点，类似于英国在法人犯罪归责时运用的视同原则（Identification Doctrine），英国上议院 Denning 法官曾对该原则的根据作过经典说明，“一个公司可以在很多方面比作一个人，它既有控制行为的大脑和神经中枢，也有拿着工具按照神经中枢的指令行为的双手。在公司里，一些人只是仆人和代理人，他们仅仅是干活的手而不代表公司的思想和意志。另一些人则是董事和经理，他们代表公司的思想和意志，并控制公司的行为。”[②] 因此，“视同原则”将法人最高管理层官员的意志，直接等同于单位意志。其实，单位主要负责人的决定，本身仅体现个人意志，但由于主要负责人对单位事务有很大程度的决策权，一般情况下的确能体现单位意志，不过，两者不能直接画等号。司法实践中，我们仍需要结合单位的目的与宗旨，对主要负责人的决定是否体现单位意志进行实质判断。例如，单位主要负责人决定向某国家机关工作人员行贿，但行贿目的是个人晋升，而非为单位谋取不正当利益，则该行贿行为并不能体现单位意志，只能评价为个人行贿。再比如，单位董事长通过虚假咨询合同套取单位资金，用于向某国家工作人员

---

① 高铭暄主编：《刑法专论》，高等教育出版社 2002 年版，第 233 页。

② David Ormerod, Smith and Hogan Criminal Law(twelfth edition), Oxford University Press, 2008, pp.248–249.

行贿，旨在解决本人孩子上学问题，与单位业务毫无关联，其行为甚至损害了单位利益，该单位主要负责人的决定，当然也不能代表单位意志。

（二）单位授权或追认的普通成员为了单位利益实施行贿行为

单位普通成员的行为，得到单位授权或追认的，也能代表单位意志。比如，医药公司的部门经理，为该公司能承接医院的试剂采购业务，决定向医院院长行贿。部门经理在通过虚假票据报销手段从单位套取钱款的过程中，因票据存在问题被单位负责人问询，故部门经理向单位负责人告知钱款真实用途，得到单位负责人认可。该种情形下，部门经理为了单位利益，一开始自作主张实施行贿行为，但事后得到了单位负责人的追认，个人意志转化为了单位意志，应认定为单位行为。

（三）单位不知情的普通成员行贿不必然推定为单位意志

单位普通成员为了单位利益实施行贿行为，单位不知情的，是否该追究单位的刑事责任？持肯定观点的认为，“对单位普通职工擅自代表单位行贿的，应推定为单位行为。”① “单位作为其下级从业人员的监督者和利益归属主体，对于其下级从业人员在业务活动过程中的违法行为负有监督责任。当单位没有履行这种监督责任而引起严重的违法后果时，就得追究单位自身的刑事责任。”② 持否定观点的则认为，“如果单位个别成员为了单位的利益实施犯罪，其犯罪所得的利益实际也归属于单位，但单位和单位的决策机构根本就不知晓，则该犯罪不能认定为单位犯罪，符合个人行贿特征的，应作为个人行贿认定。”③

《反不正当竞争法》将员工为企业利益实施的行贿行为，直接推定为企业行为，但规定了例外情形。根据《反不正当竞争法》第七条第三款规

① 赵煜：《惩治贪污贿赂犯罪实务指南》，法律出版社2019年版，第722页。
② 参见张明楷等：《刑法新问题探究》，清华大学出版社2003年版，第25页。
③ 孙国祥：《贪污贿赂犯罪研究》，中国人民大学出版社2018年版，第1011页。

定，“经营者的工作人员进行贿赂的，应当认定为经营者的行为；但是，经营者有证据证明该工作人员的行为与经营者谋取交易机会或者竞争优势无关的除外。”国家工商总局反垄断与反不正当竞争执法局领导针对《反不正当竞争法》的修订，在接受记者专访中提出，“有证据证明该工作人员的行为与经营者谋取交易机会或竞争优势无关”是指，经营者已制定合法合规合理的措施，采取有效措施进行监督，不应放纵或变相放纵工作人员实施贿赂行为。那么，企业能否以单位内部已建立完备的反商业贿赂合规体系，以员工擅自实施行贿行为，背离了企业的规章制度，并不能体现单位意志，作为免责抗辩事由呢？在著名的中国企业合规无罪抗辩第一案，某企业员工侵犯公民个人信息案[①]中，涉案员工提出，自己的行为是按照公司要求做的，是公司下达的任务，但某企业通过提供诸如《公司指示》《宪章》、员工承诺函等各种证据，证明公司禁止员工以非法方式收集消费者个人信息，并且从不为此向员工、医务人员提供资金，员工为提升个人业绩而实施犯罪行为，系员工个人行为。最终，法院裁判认为，该公司禁止员工从事侵犯公民个人信息违法犯罪行为，涉案员工为提升个人业绩而实施犯罪为个人行为，不是单位犯罪。

从英国等西方国家的法律规定看，企业如能证明自身已经制定了适当的合规程序预防贿赂，可以据此提出抗辩。英国《反贿赂法案》（UK *Bribery Act* 2010）设立了“预防商业机构贿赂失职罪”（Corporate Failure to Prevent Bribery），对公司企业贿赂行为的惩罚采取的是严格责任。“如果一个商业机构的关联人员为了取得或保留业务，而向他人行贿，则该机构构成违法。但是，如果该组织能够证明其已制定了充分程序以预防关联人员从事行贿行为，则这个组织将不构成犯罪。”英美法系的法人犯罪归责原则

① 甘肃省兰州市城关区人民法院刑事判决书，（2016）甘 0102 刑初 605 号。

与我国不同，英美法系采用的是“视同原则”“雇主原则”[①] 等更为严格的归责原则，即便在法人不存在犯意或主观过错的情况下，也需要承担刑事责任。但根据我国刑法理论，单位是作为与自然人并列的犯罪主体，成立单位犯罪的前提是需要体现单位意志，如果企业的一般员工擅自实施行贿行为，既未取得单位事先授权，亦未获得单位事后追认，所在单位自始至终毫不知情，不能评价为代表单位意志。案中，法院并非以合规体系作为免责事由，而是在单位及决策机构始终不知情的情况下，难以将单位一般员工擅自决定实施的行为，评价为单位犯罪。否则，让不知情的单位为普通员工擅自实施的行贿行为承担相应责任，有违刑法上责任主义的基本原则。特别是国有企业、上市公司及大中型企业，一般都有严格的合规管理体系和制度，在单位毫不知情的情况下，让单位为普通员工擅自实施的行贿行为承担刑事责任，进而对单位判处罚金、剥夺相关资质并列入“行贿人黑名单库”，不利于对市场主体的保护。

三、利益归属的辨识

根据《刑法》第三百九十三条的规定，单位行贿罪是“单位为谋取不正当利益而行贿”，“因行贿取得的违法所得归个人所有的，依照本法第三百八十九条、第三百九十条的规定定罪处罚”。因此，是否为单位谋取不正当利益，是单位实施犯罪的起因，也是区分单位行贿和个人行贿的关键要素，也应该是我国刑法中成立单位犯罪的一个必备特征。下面，我们分情况予以讨论。

---

① 雇主原则原本是侵权行为法中的民事归责原则，为了遏制日益严重的法人违法行为，美国在20世纪初将雇主责任原则扩张适用于《刑法》领域，我国学者也称之为上级责任原则。按照雇主原则，法人对雇员的行为承担雇主责任，需要具备三个条件：1. 雇员实施了犯罪行为；2. 雇员的行为发生在雇佣范围之内；3. 雇员行为是为了法人的利益。

（一）形式上经集体研究，但行贿目的是个人利益

【案例一】

A国有公司的董事长王某、副董事长李某、总经理钱某经商议，决定以签订虚假融资咨询服务合同的方式，从A公司套取公款50万元，用于向某区领导行贿，以谋取王某、李某、钱某三人的职务晋升。

案例一中，公司董事长、副董事长及总经理经过集体商议决定实施行贿，该决定经过了单位负责人的集体决策程序，看似体现了单位的意志。但是，三人行贿的动机是谋取个人职务提拔晋升，或者说谋求的不正当利益与单位无关，归属于个人，不符合单位行贿要件。如果我们摒弃利益归属这一核心要件，仅仅因为行贿行为体现单位意志、行贿款来源于单位，就判断为单位行贿犯罪，对单位是不公正的。实质上看，王某、李某和钱某为了个人私利，通过虚假合同侵吞国有公司资产，用于买官，涉嫌共同贪污犯罪。A国有公司是贪污罪的被害单位，财产利益已经受到了严重损害。此时，如再将A国有公司评价为单位行贿的主体并判处罚金刑，显然不合法理。

（二）既为单位谋取利益，又间接为个人谋利

实践中，有的利益是明显归属于单位的。例如，为帮助单位承接工程项目、申请银行贷款、获取经营资质等向国家工作人员行贿。但是，单位作为拟制的法人，有的情形下，单位利益与单位成员的利益存在着重叠、交叉，或者单位从整体上获得利益后，单位成员可以通过一定形式获得衍生利益。比如，单位系私营企业的情况下，企业承接工程项目赚取利润后，股东可以通过分红获得可观收入；金融机构承接到相关证券业务后，经办部门和经办人按照公司规定可以获得一定的提成或奖金。下面结合具体案例分析。

【案例二】

A公司的董事长张某为使该公司的IPO申请获证监会通过，向证监会某发审委委员行贿5万美元。张某作为公司董事长及初创人，以每股5元的价格购买了A公司100万股原始股，证监会批复同意A公司的首次发行股票申请后，该公司股票发行价为每股10元。禁售期届满后，张某出售股票获利100万元。

案例二即是单位利益和单位成员利益高度重合的典型。从整体上看，张某的行贿动机是A公司首次发行股票的申请获得证监会批复，确系为单位谋取竞争优势，但张某作为A公司的董事长及股东，一旦首次发行股票的申请获批，其个人持有的原始股便可实现价值翻倍，间接也是为个人谋取利益，基于此，张某也十分乐意个人出资5万美元用于行贿。笔者认为，判断利益归属，更应注重利益的初始归属，当个人获利是以单位获利为前提，即个人获利要么来自单位内部的二次分配，要么属于单位获利的附随结果时，不能随意否认行为人是为了单位的利益向国家工作人员行贿。因此，案例二中，单位主要负责人的行贿行为，代表了单位意志，而行贿意图是为单位的上市申请能获审批通过，宜评价为单位行贿犯罪。

【案例三】

按照A金融公司的内部规定，业务员经手做成一笔融资业务，即可获得融资标的3%作为业绩奖励。业务员李某为使该公司顺利承接到标的额为2500万元的融资业务，向国家工作人员行贿20万元，后业务员获得奖励款75万元。

案例三中，业务员为使公司承接到相关业务，从而个人获得可观的绩效奖励，自己出资向国家工作人员行贿。作为普通业务员，李某的行为没有得到公司的授权或者追认，公司并不知情，故该行为不具有单位代表性，不能体现公司意志，不宜评价为单位行贿。对如何评价李某的行为性质，存在不同认识。一种观点认为，A 公司的融资业务能否做成，不仅关乎公司经营活动的盈利，也可直接量化为业务员具体的经济利益，因此，李某的行贿动机具有双重性，一方面是为了公司承接业务，另一方面是为了个人获得业绩奖励，虽不符合单位行贿的构成要件，但符合个人行贿的特征，应以个人行贿评价。另一种观点认为，为公司承接业务，系在市场活动中为公司谋取竞争优势，谋求的是“不正当利益”，但是，业务员获得一定的提成或奖励，符合公司内部规章制度的要求，并不属于不正当利益。因此，案例三中，虽然公司利益和个人利益存在一致性，但依然难以认定业务员是为本人谋取不正当利益。笔者更赞同后一种意见。如上所述，在判断利益归属主体时，更应立足整体利益、初始利益的归属，不能随意扩大为各种衍生利益的归属判断。即便单位普通成员通过二次分配等方式可获得一定的衍生利益时，也需要谨慎判断是否构成个人行贿犯罪，不能基于单位内部存在二次分配，就一律以个人行贿论处。

（三）A 单位向国家工作人员行贿为 B 单位谋取不正当利益

【案例四】

A、B 公司的实际控制人都是梁某。梁某请托国家工作人员王某，希望能够免除对 B 公司的 300 万元罚款，后在梁某的安排下，A 公司以低于市场价 100 万元的价格向王某出售房屋一套，王某遂违规免除对 B 公司的罚款。

传统观点认为，单位行贿罪必须是为本单位谋取不正当利益，但也有观点认为，《刑法》第三百九十三条仅规定“单位为谋取不正当利益而行贿”，并未限定一定要为本单位谋取利益。案例四中，A 单位为 B 单位谋取不正当利益而行贿，这种情形该如何认定呢？争议较大。

第一种观点认为，A 公司构成单位行贿罪。理由是单位行贿并不要求一定为本单位谋取不正当利益，因此，A 公司为 B 公司谋取不正当利益，向国家工作人员行贿，A 公司同样构成单位行贿罪。

第二种观点认为，B 公司构成单位行贿罪。理由是利益归属是区分单位行贿和个人行贿的关键，案例四中，不正当利益归属于B公司，梁某作为B公司的实际控制人，决定实施行贿行为，体现了B公司的单位意志，而行贿款的来源，并不影响单位行贿和个人行贿的区分，梁某仅仅是从自己控制的其他公司调度资金用于行贿，故B公司才是单位犯罪的主体。

第三种观点认为，A、B公司都不构成单位行贿罪。主要理由是，单位意志和单位利益，都是认定单位行贿犯罪的必备要素。梁某是A公司的实际控制人，可以代表单位形成单位意志，虽然A公司决策实施行贿行为，但不正当利益不归属于A公司，故A公司不构成单位行贿罪。B公司虽然在客观上获得了不正当利益，但B公司没有实施行贿行为，故B公司同样也不构成单位行贿罪。

第四种观点认为，A、B公司都不构成单位行贿罪，但可以行贿罪追究梁某个人的刑事责任。如果既不追究A公司，也不追究B公司的刑事责任，将形成处罚漏洞。那么，自然人可以通过成立数家公司，有的公司专门作为获益主体，有的公司专门作为送钱主体，从而轻松规避刑事处罚。A、B公司都被梁某个人所实际控制，从根本上看，梁某是为本人利益实施行贿行为，A、B公司好比梁某的左口袋和右口袋，左口袋送钱，右口袋获利。以穿透性审查角度看，完全符合个人行贿的特征，应认为是个人行贿。

案例四该如何认定，确具有较大争议。如前所述，对单位行贿罪核心要件的理解不同，就会对案例四得出完全不同的结论。笔者认为，是否为单位谋取不正当利益，是单位行贿与个人行贿区分的关键要素。我们在判断是否体现单位意志时，也同样不能脱离利益归属来判断单位意志。实践中，我们容易进入一个认识误区，认为凡是单位主要负责人的决定或行为，就必然代表单位意志。其实，在单位负责人个人直接决定的情况下，有可能代表单位意志，也有可能并不代表单位意志，关键要判断其是否追求单位的整体利益。在国外的法人犯罪立法中，也十分强调利益归属要件。例如，《法国刑法典》第121-2条第1款规定了法人对其机关或代表为其利益实施的犯罪负刑事责任。对此，法国学者解释认为："如果法人的机关与代表是为了他们本身的利益或者是为了第三人的利益或者为了法人的某个成员的利益而进行活动，实行了犯罪，不会引起法人的刑事责任”。根据意大利 2001 年底 231 号立法性命令第 5 条的规定，只有当有关犯罪是为了法人或机构的利益或者为法人或机构得到好处而实施时，相关法人和机构才因该犯罪承担责任[①]。最高人民法院的入库案例马某某等单位行贿案（入库编号 2023-03-1-411-001）的裁判要旨，也坚持要结合本单位业务、利益来判断是否体现单位意志。马某某案的要旨认为，“判断单位负责人的行贿行为是否代表单位意志，要注意审查通过行贿获得的利益与本单位业务之间是否具有关联性，如果获得的利益与单位业务没有关联性，则不能认为代表单位意志。”

案例四中，梁某既是 A 公司的实际控制人，又是 B 公司的实际控制人，其安排 A 公司以明显低于市场价的价格向国家工作人员出售房屋，到底体现的是 A 公司的单位意志，还是 B 公司的单位意志？不难看出，梁某是为了帮助 B 公司免除罚款才实施行贿行为，行贿所得的不正当利益与 A 公司的业务完全无关，且还损害了 A 公司的财产权益。如果仅仅因为贿送的财产性利益来自 A 公司，就将 A 公司作为行贿主体追究刑事责任，对 A 公司显然不公平。从实际情况下，梁某确为 A 公司大股东，梁某个人持股 30%，但 A 公司除梁某外，还有包括国有公司、其他自然人在内的八个股东（共计持股 70%），上述八个股东对梁某为何低价售房毫不知情。以明显低于市场价的价格售房给王某，损害了 A 公司的利益，并不能体现 A 公司意志，故不宜将 A 公司作为犯罪主体追究刑事责任。从根本上看，行贿目的是帮助 B 公司免除巨额罚款，B 公司是获益主体，梁某作为 B 公司负责人，为了 B 公司利益做出相关决策，能体现 B 公司意志，因此，笔者更倾向于认定 B 公司是单位行贿的主体。当然，如果有充分的证据证实，A、B 公司与

---

① 参见孙国祥：《贪污贿赂犯罪研究》，中国人民大学出版社 2018 年版，第 1012 页。

实际控制人梁某之间存在人格混同、财产混同，也可以采用穿透式审查判断方法，以行贿罪追究梁某个人的刑事责任。

需要说明的是，行贿款是否来自单位，是单位行贿和个人行贿的辅佐判断要素，但不是区分的关键。行贿款来自单位，的确可以在一定程度上反映单位犯罪之特征，但行贿款的来源并不决定性地影响单位犯罪的认定。实践中，有的上市公司、大型企业，财务制度非常健全，从单位套取、列支款项具有风险，故公司、企业的负责人可能借用他人款项、自行承担行贿款或者调度分公司资金用于行贿，只要符合单位行贿犯罪构成要件的，同样可以依法认定为单位行贿罪。最高人民法院的入库案例马某某等单位行贿案（入库编号 2023-03-1-411-001）的裁判要旨也进一步明确了，“行贿款来源于单位还是个人，不是区分单位行贿和个人行贿的关键因素。”

第三节　行贿犯罪不正当财产性利益的范畴与依法追缴

部分行贿人愿意赠送财物，是因为付出小利，可以攫取大利，因此，依法追缴行贿犯罪不正当财产性利益，不仅体现了“任何人不应从自己的不法行为中获益”的基本法理，也是遏制贿赂犯罪蔓延的釜底抽薪之举。《刑法》第六十四条的规定，“犯罪分子违法所得的一切财物，应当予以追缴或者责令退赔”。最高人民法院、最高人民检察院《关于办理行贿刑事案件具体应用法律若干问题的解释》第十一条、《监察法》第五十三条、《监察法实施条例》第二百零七条也均对追缴违法所得作了规定。2021 年 9 月，中央纪委国家监委联合中组部等六家单位发布《关于进一步推进受贿行贿一起查的意见》，也强调依法没收、追缴行贿所得的不正当财产性利益。实践中，一是“重判刑、轻追缴”的惯性思维依然存在，二是查明行贿违法所得及其去向需要投入不少司法成本，加之理论界和实务界对如何精准界定“不正当财产性利益”争议较大，导致行贿犯罪不正当财产性利益的追缴工作难以有效推进。有研究者通过中国裁判文书网选取了 2019 年至 2021 年全国司法机关办理的 202 件行贿犯罪案件，仅有 28 件查明并追缴行贿获利，追缴率仅为 13.8%[①]。

一、行贿犯罪不正当财产性利益的分类

因行贿人的诉求具有多样性，取得财产性利益的情形也繁杂不一，主要可以分为以下几类：一是通过行贿直接获取经济利益，如收买国家工作

① 参见李鹏飞：《行贿获取不正当财产性利益的处置现状、存在问题及路径选择——以中国裁判文书网公布的行贿案例为样本》，载《法律适用》2022 年第 10 期。

人员得以免除行政处罚、骗取拆迁补偿款等；二是通过行贿取得商业机会，再通过生产经营活动间接获得经济利益，即在土地竞拍、房地产开发、项目招投标等活动中，以金钱铺路拍土地、拿工程、接项目、揽业务，再通过生产经营、施工建设等赚取利润，这在实践中较为常见；三是靠贿买国家工作人员来通过审批、取得资质或条件，从而间接获取财产性利益。如通过行贿得以调整土地性质、提高项目容积率、申请首次公开发行股票等。一旦通过审批或取得资格条件，往往意味着可以获得巨额经济利益。通常，我们也把第一种情形称为获得直接财产性利益，后两种情形则为通过行贿取得间接财产性利益。

二、行贿犯罪取得的直接财产性利益的追缴

【案例一】

2020 年，李某为了骗取拆迁补偿款，向某区拆迁办主任王某行贿 15 万元，后通过虚增被拆迁房屋面积、虚增苗木数量等方式，骗取拆迁补偿款 50 万元。

按照司法解释规定，行贿人谋取的“不正当利益”，既包括“实质不正当”利益，如违反法律、法规、规章、政策规定的利益，也包含“程序不正当”利益，如在招标投标、政府采购等商业活动中，谋取竞争优势获得利益。对于行贿犯罪取得的直接财产性利益，如行为人获得利益并无任何法律法规上的依据，属于“实质不正当”，违法所得的性质明晰且范围明确，予以追缴并无争议。实践中，通过行贿免除了本该缴纳的行政罚款、骗取了不该获得的拆迁补偿款、以明显低于市场的价格购买了国有资产等，均属于没有获利根据，应依法予以剥夺。上述案例一中，李某通过行贿骗取了拆迁款 50 万元，上述 50 万元属于行贿取得的直接财产性利益，该利益从根源上具有非法性，应当全额予以剥夺。

实践中具有争议的另一种情形是，行贿人本身具备获得利益的资质或

条件，只是通过行贿谋取竞争优势、加快审批进度时，所获利益是否全部认定为违法所得予以没收？

【案例二】

2018年至2021年，张三作为A公司法定代表人、总经理，为让A公司在申报财政专项资金项目中谋取申报竞争优势，请托市财政局企业处资金专管员甲、市发改委创新和高技术发展处处长乙，利用职务便利提供帮助。张三本人或安排公司工作人员，以银行转账等形式给予甲、乙等人款物，共计折合人民币300万元。后A公司获得政府对科研企业的财政补助资金共计人民币3000万元。

案例二中，该公司获得的3000万元科研补助资金，是否作为行贿取得的不正当财产性利益予以全部追缴，争议较大。企业在申请科研项目补贴的过程中，给予国家工作人员财物，谋取了竞争优势，但企业本身符合补贴申请条件，所获补贴用于项目研发，相关科研项目未投入市场产生利润，此时，能否将所获补贴全部作为违法所得予以剥夺呢？一种观点认为，用不正当手段获取的全部利益均具有违法性，有如“毒树之果”，应全部追缴。另一种观点则认为，企业本身符合申请条件，所获资金又全部投入申报项目中且未产生实际利润，将补贴全部认定为不正当财产性利益予以追缴的依据不足，且会对企业生产经营、科研项目推进产生重大负面影响。上述案件中，涉案的三个项目均真实存在，且符合项目申报的条件和要求，其中两个项目还系省级以上项目，且均顺利通过省级以上发改部门的审核，可见申报项目本身符合获取补助条件。从财政资金实际投入使用情况看，也符合专款专用要求，项目在后期验收过程中均进行了专项审计，审计情况证实项目实际投入与申报时的总投入一致，拨付的财政专项资金也实际投入项目。财政专项补助资金制度的目的在于发挥导向和助推作用，推进产业高端化、国际化等发展。A公司将获取的补助资金均实际用于有关项目建设，起到了推动产业发展的作用，若对用于项目的财政资金全部追缴，可能不符合财政专项资金补助的目的和初衷。

笔者认为，在界定行贿以谋取“不正当财产性利益”的过程中，应当注重考量和判断“实质正当性”。对于没有任何获利依据，属于“实质不正当”的非法利益，应全部追缴或没收；对于获得利益具有法律法规依据或本身符合申请标准或条件，但由于程序违规或谋取了竞争优势而被认定为不正当利益的，也就是“程序不正当”的，应查明是否具有索贿情节、项目是否实际盈利及第三人是否善意取得等因素，主动征求政府职能部门意见，慎重把握不正当财产性利益的范畴。

三、行贿犯罪取得的间接财产性利益的追缴

行贿犯罪取得间接财产性利益，通常是指通过行贿犯罪拿工程、接项目、揽业务，即获得“商业机会”，再利用该机会、条件，实施生产经营行为或其他行为而获得利益，这在行贿犯罪中最为常见。如通过行贿中标某个项目或获取经营机会，再通过投入资金、人力等生产要素实际获利，由于行贿人自身投入了生产要素，那最终的所获利润能否直接、简单地认定为行贿获利进而予以追缴，实践中争议很大。下面，我们来探讨行贿人收入囊中的“项目利润”，是否应全部认定为不正当财产性利益予以追缴?

【案例三】

2016年8月至2020年1月，博某公司为在承接工程、投标备案登记等方面谋取不正当利益，多次请托时任A市某区交通运输局工程科、安全质监科科长张某及某区城乡建设局建筑管理科科长杨某某等人提供帮助。为表示感谢，芮某某先后给予张某、杨某某等人钱款、购物卡等共计折合人民币562万元。根据调查情况，博某公司所承接的相关项目总收入共计6619.2万元，通过调取博某公司记账凭证、采购合同、税务缴纳记录等书证，查明了博某公司支出的原材料采购费、劳务费、管理费、税费等项目成本共计5657.2万元。

案例三中，如何认定和追缴行贿取得的不正当财产性利益，能否将该公司通过行贿获得的工程利润962万元，均认定为行贿不正当财产性利益？在认定行贿不正当财产性利益的过程中，是否需要扣减行贿费用562万元？

对行贿犯罪取得的间接利益如何认定、如何剥夺，目前没有明确的规范性指引，司法解释也采取了“留白”方式。最高人民法院、最高人民检察院2012年出台《关于办理行贿刑事案件具体应用法律若干问题的解释》规定，行贿犯罪取得的不正当财产性利益，应予以追缴、责令退赔或者返还被害人，但不涉及对不正当财产性利益的分类及具体界定。该《解释》的理解适用中谈道，“通过行贿获取的不正当财产性利益，根据其产生方式可分为因行贿直接取得的财产性利益和因行贿取得的不正当利益间接产生的财产性利益，原则上均应予以追缴、退赔或返还。考虑到征求意见过程中，对间接财产性利益的认定和处理有不同意见，故该款仅明确对行贿犯罪取得的不正当财产性利益应当依照《刑法》第六十四条规定处理，目的在于要求司法机关在对行贿犯罪的惩处过程中重视对违法所得的处理。”①

实践中，对如何准确认定行贿间接违法所得的范畴，存在“全部合法说”“全部违法说”“比例考量说”等不同观点。“全部合法说”认为，行为人实质上获得的仅仅是商业机会，并非实实在在的利益。在商业机会向实际利益转化的过程中，存在着亏损的风险，且介入了市场因素，从而切断了获利与不法行为的因果关系，行贿人获利的真正原因是后续的合法经营行为，所获利润属于正常经营回报，不应追缴。“全部违法说”认为，通过行贿手段获取商业机会，从根本上具有不正当性。无论是基于“任何人不能从违法行为中获利”这一法律原则，还是“不让行贿人在经济上占便宜”的刑事政策，均应追缴行贿犯罪的间接不正当财产性利益。还有折衷的“比例考量说”认为，行贿人间接取得的财产性利益，既有非法取得的交易

① 参见陈国庆、韩耀元、宋丹：《〈关于办理行贿刑事案件具体应用法律若干问题的解释〉理解和适用》，载《人民检察》2013年第4期。

机会所产生的利益，也有投入资本、人力、设备等合法要素进行生产经营活动获取的利益，属于部分合法、部分违法，应根据比例大小确定予以追缴的违法所得范畴。

首先，根据《联合国反腐败公约》对于应予剥夺的“犯罪所得”的界定，既包括通过实施犯罪直接产生或获得的任何财产，又包括通过实施犯罪间接产生或获得的任何财产。《人民检察院刑事诉讼规则》第五百一十五条第一款也规定了，“犯罪嫌疑人、被告人通过实施犯罪直接或间接产生、获得的任何财产，应当认定为‘违法所得’”。因此，没收行贿犯罪取得的间接不正当财产性利益具有规范依据。其次，从实际情况来看，行贿犯罪所得不正当利益远远超过行贿人给付国家工作人员的财物数额，司法机关在办理行贿案件过程中，如果忽略对不正当利益数额的认定和处置，不仅影响准确量刑，也势必导致行贿犯罪成本明显低于行贿犯罪收益，不利于惩处贿赂犯罪。换言之，如保留行贿人的非法获利，根据犯罪行为人衡量利害得失之理性选择理论，在犯罪获利大于违法成本的情形下，无法达到抑制贿赂犯罪之刑罚目的，亦会成为对行贿者的变相鼓励，因此，行贿犯罪取得的间接财产性利益也应予以追缴。在具体处置行贿获得“商业机会”而衍生出的间接利益时，应考量以下几个维度：

第一，扣除经营成本。从文义解释看，《刑法》第六十四条规定的追缴“犯罪分子违法所得的一切财物”，重点在于“所得”。根据“刑法看实质”的基本理念，应理解为“实得”。追缴违法所得和罚金、没收个人财产等财产刑不同，追缴违法所得旨在剥夺行贿人的不当获利，不具有惩罚功能，故剥夺范围应以行为人的实际获利为限。加之行贿人获取机会后实际投入的经营成本不具有违法性，应当予以扣除。2024 年 12 月，最高人民法院、最高人民检察院公布了一批关于追缴和纠正行贿所获不正当利益的典型案例，其中一起王某某对非国家工作人员行贿案，该案明确了“对于行贿人通过行贿手段获取的不正当财产性利益中有合理成本支出的，应在扣除合理成本后依法认定行贿所获不正当利益的数额”的要旨。

第二，禁止重复追缴。对于行贿款是否扣除，存在一定争议。一种观点认为，行贿款属于非法成本，是供犯罪所用之物，不应视为成本予以扣除。另一种观点认为，行贿款亦是受贿款，应从受贿人处追缴。笔者更倾向于第二种观点，如行为人将部分违法所得用于行贿，因行贿款属于受贿人的非法所得，理应从受贿人处追缴，不宜向行贿人重复追缴。行贿与受贿属于对向犯，行贿款与受贿款实质上是同一笔款项，在案例二中，鉴于相关受贿案中已依法追缴受贿所得562万元，向博某公司追缴的不正当财产性利益数额为400万元更为适宜。当然，如果受贿人未收取行贿款或者已将行贿款项退还至行贿人处，在没有其他特殊情形时，可向行贿人予以追缴。

第三，坚持标准一致。公平的基本内涵是同等情况得到同样对待，无论是对行贿人个人的处理，还是对行贿不正当财产性利益的剥夺，都需保证标准和尺度的统一性。一个受贿案件往往涉及多个行贿人，不少行贿人的送钱动机、请托事项和犯罪手段都具有高度相似性，违法所得的判定、处置标准也应坚持同一性。譬如，同样通过行贿手段承接工程项目，如在违法所得处置上，将移送司法机关处理的行贿人与未移送司法机关处理的行贿人区别对待，或者仅通过司法程序处置了部分行贿人的间接财产性利益，未处置具有相同情形的其他行贿人，将有损司法公正。

第四，坚持综合判断。具体处置行贿获得“商业机会”而衍生出的间接利益时，可综合考虑行贿行为对该收益的贡献大小、合法经营成本在其中的占有比例、对善意第三人及市场经济秩序的影响等因素，确定该衍生利益是否正当，是否应全部没收、追缴。如果行贿人开发项目的最终获利与其投入资金规模、规避商业风险等经营行为紧密关联，或者工程利润与土地溢价、市场行情变化等因素息息相关，对于该利益是否需要全部追缴，应综合考量判断，必要时可以按比例原则合理确定追缴范围。相反，如果行贿犯罪是非法获利的直接、关键因素，或者在实现谋利事项的过程中，行贿人在多个阶段、多个环节向多名国家工作人员多次行贿，所获利益在根本上具有“不正当性”，应依法追缴其全部获利。

第四章 法定情节论相关问题认定

◇ 如何认定职务犯罪案件电话通知到案的自首

◇ 如何认定审查起诉阶段的坦白

◇ 如何认定职务犯罪立功

……

第一节　职务犯罪案件电话通知到案的自首认定问题

一、争议观点及相关案例梳理

职务犯罪案件中，被调查人到案通常有三种方式，一是主动向办案机关投案，如河北省政协原副主席艾某某携带赃款主动到中纪委投案，这是典型的自首；二是监委工作人员到被调查人工作单位或住处，将被调查人带至办案点接受调查，这是典型的被动到案，没有自首的成立空间；三是监委工作人员打电话通知行为人到监委办案点或其他特定地点，即我们通常所说的"电话通知到案"，实践中比较普遍的是电话通知到案，即监委工作人员打电话通知行为人到监委办案点或其他特定地点。

职务犯罪案件中，电话通知到案能否认定为自首有截然不同的观点，理论界也是各抒己见、尚未形成共识。一种观点认为，电话通知到案的，应认定构成自首，主要有以下三点理由：第一，电话通知不同于传唤，不具备任何强制力，行为人接电话通知后，仍处于人身自由的状态，对是否去特定地点依然具有自主选择权，此时，如果行为人自愿前往办案点配合调查，主观上具有将自己置于办案机关控制之下的意愿，应依法构成自首。第二，普通刑事案件中，电话通知到案视为自动投案已是司法共识，不应对职务犯罪案件采用不同标准。《刑事审判参考》第 45 期第 354 号案例"王某某盗窃案"中已明确，被告人被侦查机关口头或电话传唤到案后，如实供述自己罪行的，系自首。浙江省高级人民法院于 2013 年作出的杨某某等人强奸案二审判决中，认为杨某某的"犯罪事实尽管已被公安机关掌握，但其当时尚未受到讯问，亦未被采取强制措施，在接到公安机关电话通知后即主动到案，后如实供述犯罪事实，应以自首认定"，从而推翻了之前未认定自首的一审判决[①]。第三，如果行为人接电话通知后拒绝到特定地点协助调查并逃匿，而后在被追捕过程中自动投案的，根据相关司法解释，犯罪后逃跑，在被通缉、追捕过程中主动投案的，以自首论。先逃匿再投案的，相较于接到电话就主动去交代问题的，显然更具谴责性，既然逃匿后投案的仍能构成自首，根据“举重以明轻”的法律原则，接电话通知主动到案的，也应认定为自首。实践中，不少职务犯罪案件将电话通知到案的评价为自首。如河池市中级人民法院处理的（2018）桂12刑终128号李某某挪用公款一案，明确李某某在接到检察机关的电话通知后，在指定时间自行去到指定地点接受调查，如实供述自己的罪行，是自首。北京市高级人民法院审理的案号为（2021）京刑终151号刑事裁定书认定：张某某贪污一案，鉴于张某某经监察机关工作人员电话通知到案后，如实供述了主要犯罪事实，系自首。

另有观点认为，调查人员通知到案的，情况比较复杂，应结合具体因素综合判断是否构成自首。实践中，主要有以下几种判断标准。

一是以电话通知时是否已掌握相关犯罪事实为标准。最高人民法院、最高人民检察院2009年《关于办理职务犯罪案件认定自首、立功等量刑情节若干问题的意见》（以下简称《认定自首、立功等问题的意见》）中规定，“……犯罪事实或者犯罪分子未被办案机关掌握，或者虽被掌握，但犯罪分子尚未受到调查谈话、讯问，或者未被宣布采取调查措施或者强制措施时，向办案机关投案的，是自动投案……”有观点认为，根据这条规定，应根据办案机关当时是否掌握犯罪事实和线索来确定犯罪嫌疑人是否属于主动投案，相关犯罪事实或线索当时已被监察机关掌握的，不能构成自首。如广西百色市右江区人民法院审理的被告人黄某犯挪用公款罪一案，黄某经百色市右江区监察委电话传唤，自行到案接受调查，并如实供述自己挪用

① 翁寒屏：《通知本人到案应当视为自动投案》，载《检察日报》2021年5月25日，第7版。

公款的事实，一审法院认定其具有自首情节。广西百色市中级人民法院则认为，监察机关是在全面掌握黄某的犯罪情形后，才电话通知其到案接受调查。黄某作为依法从事公务的国家工作人员，有义务配合国家机关的调查，其接到监察机关电话通知后前往配合调查，是其作为国家工作人员应尽的义务，并不体现为其主动投案的主观意愿。因此，黄某虽如实供述自己的罪行，但没有自动投案的情形，依法不应认定其具有自首情节[①]。

二是以电话通知时是否已经立案为标准。此种观点认为，如果电话通知时，监察机关已通过初核掌握了相关犯罪线索乃至犯罪事实，已经对行为人进行立案调查，便意味着监察机关已正式启动调查程序，此时，电话通知就属于“调查谈话、讯问”的行为，接到电话通知，意味着行为人已“受到调查谈话、讯问”，因此，接到电话通知后自行前往特定地点的行为，无法视为“自动投案”。同时，根据《认定自首、立功等问题的意见》第一条第三款的规定，“没有自动投案，在办案机关调查谈话、讯问、采取调查措施或强制措施期间，犯罪分子如实交代办案机关掌握的线索所针对的事实的，不能认定为自首。”因此，在行为人没有主动投案的前提下，即便在接到电话通知到案后的第一次笔录中便如实供述全部犯罪事实，依然无法成立自首。

三是需要结合电话通知的具体内容进行判断。实践中，电话通知的内容有所差别，有的监委工作人员直接告知行为人涉嫌违法违纪，需要其到办案点配合调查；有的监委工作人员担心调查对象心理负担过重，可能会发生意外，为使调查对象平稳、安全到案，往往以“开会”“填写表格”等为由，通知其到单位负责人办公室或其他特定地点。因此，有观点认为，电话通知的内容与调查对象的主观意图息息相关，需要结合电话通知的具体内容，分情形判断行为人是否有把自己主动置于办案机关控制之下的意愿。“如果在通知中，办案机关明确告知是要调查其涉嫌的职务犯罪问题，要求

① 广西壮族自治区百色市中级人民法院刑事判决书，（2022）桂10刑终90号。

其至办案机关配合调查，被调查人在知晓真实缘由的情况下来到办案机关，不论其是基于悔悟还是迫于压力，其在未被采取带有强制性措施的情况下选择归案，应当认定其在主观上具有归案的自愿性和主动性，应视为自动投案。”① 相反，如果监察机关在通知中未告知被调查人真实缘由，而是以召开会议等为由通知其前往，被调查人在不知自己涉嫌职务犯罪的事实已被掌握情况下来到办案机关后，在接受办案机关的谈话过程中供述自己的犯罪事实的，不应认定为自动投案。

二、国家工作人员经电话通知到案

司法实践中，对电话通知到案能否认定为自首，职务犯罪案件与普通刑事案件的办理存在不同。普通刑事案件中，一般参考王某某盗窃案的裁判要旨，将犯罪嫌疑人被公安机关口头或电话传唤后直接到案，并如实供述自己的罪行的，认定为自首。但职务犯罪案件中，由于对具体规定存在不同理解，一直存有较大争议。有律师进行了实证研究，对2018年以来中国裁判文书网的相关案例进行统计分析，“经监察委员会电话通知到案的案件共有418件，其中有86件被认定为构成自首”②。换言之，79.4%的职务犯罪案件中，电话通知到案的未能认定为自首。为什么职务犯罪案件中的标准更为严苛呢？

首先，需要厘清的第一个问题是，党员、监察对象经电话通知自行前往指定地点的行为，是否能评价为《刑法》中的“自动投案”。调查对象是党员、监察对象的，需要对党忠诚老实，执行党的决定，根据《中国共产党纪律处分条例》第八十条，对党组织纪律审查不能拒绝作证。根据《监察法》第十九条的规定，对可能发生职务违法的监察对象，监察机关按照

① 孔祥庚：《经监察机关通知到案是自动投案吗》，载中央纪委国家监委网站，http://www.ccdi.gov.cn/yaow en/202005/t20200506_216737.html。

② 刘立杰、钱浩：《被调查人经监察委电话通知到案并如实供述应否认定为自首》，载腾讯网，http://news.qq.com/rain/a/20221020A057X600。

管理权限，可以直接或者委托有关机关、人员进行谈话或者进行函询，要求说明情况。可见，党员、监察对象作为特殊群体，在接到纪检监察机关的通知后，具有主动前往指定地点或场所配合调查的义务，因此，其履行义务的行为，并不能直接体现主观上具有投案的主动性、自愿性，难以被评价为“自动投案”。

其次，《认定自首、立功等问题的意见》规定，“……没有自动投案，在办案机关调查谈话、讯问、采取调查措施或者强制措施期间，犯罪分子如实交代办案机关掌握的线索所针对的事实的，不能认定为自首……”根据上述规定，认定自首的关键在于，如何理解该条文中的“调查谈话”？众所周知，监察体制改革是对我国国家权力监督机制的重新整合，监察机关享有“监督、调查、处置”三项权力职能，[①] 是不是在监委办案点接受询问都是“调查谈话”？《认定自首、立功等问题的意见》出台的时间是2009年，当时尚未进行监察体制改革，因此，此处的“调查谈话”，是指行为人被纪委采取“两规”措施后的谈话，“调查谈话”意味着办案机关启动了对违法违纪问题的调查程序。从逻辑上看，“调查谈话”是与“讯问、采取调查措施或强制措施”相并列的，可见，此处的“调查谈话”，是将行为人作为被审查调查对象的谈话。监察体制改革后，职务犯罪的调查工作由监察机关负责，纪委监委在立案之后的谈话当然是“审查调查谈话”，但在立案之前还存在初步核实、谈话函询等程序，初步核实过程中也可能存在“初核谈话”，形成初核阶段的谈话笔录、询问笔录。此时的谈话，是否属于司法解释所规定的“调查谈话”呢？在初核阶段主动交代犯罪事实，能否认定为自首？初核前或者初核期间，监察机关在调查其他案件的过程中，也可能通知行为人以证人身份谈话，如果行为人此时如实交代犯罪事实，能否认定为自首呢？我们重点讨论以下几种情形。

① 谢芳：《监察人员职务犯罪调查权行使的刑法规制——以“徇私枉法罪”为例的分析》，载《中国政法大学学报》2024年第2期。

（一）初核后、立案前，按照电话通知前往办案点并如实交代犯罪事实

根据《监察法》第四十一条规定，“需要采取初步核实方式处置问题线索的，监察机关应当依法履行审批程序，成立核查组……”在初步核实阶段，核查组经批准可采取必要措施收集证据，比如与相关人员谈话了解情况，要求相关组织作出说明，调取个人有关事项报告，查阅复制文件、账目、档案等资料，查核资产情况和有关信息，进行鉴定勘验等。也就是说，经审批进入初核阶段后，纪检监察机关可以采取包括谈话在内的审查调查措施。根据国家监委、最高法、最高检、公安部《关于加强和完善监察执法与刑事司法衔接机制的意见（试行）》第八条第二款的规定，监察机关在初核阶段依照监察法规定收集、调取的证据材料，在刑事诉讼中可以作为证据使用。一种观点认为，监察机关立案时，才正式启动对行为人的审查调查程序，而初核阶段，监察机关掌握的线索通常是不具体、不明确的，甚至非常模糊，难以达到立案的标准，因此，如在初核阶段电话通知行为人接受谈话，行为人在此时主动交代犯罪事实，本质上节约了司法资源，不管该事实是否为监察机关掌握的线索所针对的事实，都应视为“自动投案”。但另一种比较严苛的观点则认为，初核是带有核查性质的，亦需要履行严格审批程序才能启动，难以将初核阶段的调查谈话，排除在《认定自首、立功等问题的意见》所规定的“调查谈话”之外。2019年，中央纪委办公厅发布了《纪检监察机关处理主动投案问题的规定（试行）》（以下简称《投案规定（试行）》）第五条规定，“有关人员具有以下情形之一的，应当视为主动投案：（一）在初步核实阶段，尚未受到纪检监察机关谈话时主动投案；（二）在纪检监察机关谈话函询过程中，主动交代纪检监察机关未掌握的涉嫌违纪或者职务违法、职务犯罪问题的……”从上述规定看，对“主动投案”的要求非常严格，即在初步核实阶段，尚未受到纪检监察机关谈话时主动投案，才能被视为主动投案。初步核实，同样意味着组织核查

程序已经启动，初核阶段收集的证据同样可以作为刑事诉讼中的证据材料使用，因此，在初核后、立案前，接到纪检监察机关的电话通知前往办案点接受谈话，系被动到案，如果行为人如实交代的犯罪事实是调查机关已经掌握的线索所针对的事实，难以评价为具有自首情节。但是，在初核阶段，也并非完全没有自首成立的空间。

在初核阶段，如果调查机关掌握的线索所针对的事实不成立，行为人主动交代其他事实的，亦成立自首。如，监察机关掌握行为人收受王某10万元的线索，初核阶段，收受王某贿赂的事实经核查不成立，行为人主动交代了调查机关并不掌握的其收受宋某、李某等人贿赂款100万元的犯罪事实，同样成立自首。还有一种情形，如调查机关因有人举报行为人受贿而启动初核程序，行为人经电话通知到案后，在初核阶段主动交代了调查机关不掌握的滥用职权犯罪事实，该犯罪事实与受贿事实不存在关联，行为人同样成立滥用职权罪的自首。

（二）监察机关在对其他对象展开调查的过程中，电话通知行为人以证人身份前来谈话，行为人如实交代了自己的犯罪事实

司法解释中的“调查谈话”，应限定在纪检监察机关对行为人本人进行初核后，将其作为被审查调查对象的谈话，而不包括将其作为证人的一般性询问。行为人在本人未被审查调查的情形下，如实供述了办案机关不掌握的本人的犯罪事实，依法应构成自首。

【案例一】

2023年1月1日，某区监委对国家工作人员甲以贪污罪立案调查，甲从2023年1月5日开始，稳定交代了甲、乙共同贪污的犯罪事实。2023年1月25日，调查人员将乙作为证人通知至办案点进行询问，乙自行前往办案点并于当日如实交代了共同贪污的犯罪事实。1月26日，某区监委对乙以贪污罪立案调查。

案例一中，乙是否成立自首呢？这个问题实践中存在争议。一种观点认为，乙作为国家工作人员，具有按电话通知到办案点配合调查的义务，且当时办案机关已掌握了甲、乙共同贪污犯罪事实，乙在监察机关调查谈话过程中交代已掌握的事实，不属于主动投案。另一种观点则认为，纪检监察机关是对人立案，而非对事立案，乙在 1 月 25 日是以证人身份自行前往办案点接受询问，当时纪检监察机关尚未对乙进行审查调查，因此，乙并非在“办案机关调查谈话、讯问、采取调查措施或者强制措施期间，如实交代办案机关掌握的线索所针对的事实的”，而是在尚未受到调查谈话、讯问时，经电话通知自行前往并主动交代共同贪污犯罪事实，根据《认定自首、立功等问题的意见》的相关规定，应以自首论。在涉嫌共同犯罪的情况下，中央纪委办公厅的《投案规定（试行）》非常严苛，“涉案人员的涉嫌行贿犯罪或者共同职务违法、职务犯罪问题，未被纪检监察机关掌握，或者虽被掌握，但尚未受到纪检监察机关的询问、审查调查谈话、讯问或者尚未被采取留置措施时，主动向纪检监察机关投案”。相形之下，司法解释规定的是“尚未受到审查调查、讯问时”，而该条规定的是“尚未受到纪检监察机关的询问、审查调查谈话、讯问”，多了一个“询问”，从该条字面意思理解，共同职务违法、职务犯罪问题已被掌握的情况下，只有尚未受到纪检监察机关的询问时主动投案的，才能认定为自首。结合这条看，乙的行为难以构成自首。但笔者认为，即使甲在此前交代了共同贪污事实，犯罪事实已经被掌握，但监察机关尚未经审批对乙启动审查调查程序，而是把乙作为证人通知到案，乙在接受询问过程中主动交代自己的犯罪事实，因此，乙在未受到调查谈话、讯问，或者未被宣布采取调查措施、采取留置措施或者强制措施时，向办案机关投案，实质上具备自首的主动性要件，以自首论更适宜。

（三）以 A 罪对行为人立案调查，行为人调查期间主动交代 B 罪

这种情形不存在争议，按照《最高人民法院关于处理自首和立功具体

应用法律若干问题的解释》第二条的规定，“被采取强制措施的犯罪嫌疑人、被告人和已宣判的罪犯，如实供述司法机关尚未掌握的罪行，与司法机关已掌握的或者判决确定的罪行属不同种罪行的，以自首论。”如，监察机关以滥用职权罪对行为人立案调查，行为人在调查阶段，主动供述了办案机关不掌握的其涉嫌受贿的犯罪事实，受贿罪应成立自首。此外，还有一种情形值得探讨。如调查机关事先仅掌握行为人收受1万元贿赂的犯罪事实，行为人到案后，主动交代了调查机关不掌握的其收受其他人4万元的犯罪事实，能否认定具有自首情节呢？从表面上看，监察机关已掌握的罪行和行为人主动交代的罪行都是受贿罪，属同种罪行，似乎不具备适用上述司法解释的前提，无法认定具有自首情节。但笔者认为，受贿罪是数额犯，监察机关仅掌握行为人收受1万元贿赂的事实，尚达不到受贿罪立案追诉标准，因行为人的主动交代，才得以追究其刑事责任，从实质上看，应将此种情形视为自首，更符合刑事政策的精神。

三、非国家工作人员经电话通知到案

【案例二】

2022年1月1日，监察机关经审批对国家工作人员A受贿一案开展初核。2022年1月5日，电话通知某私营企业董事长B前往办案点配合调查，B自行前往办案点并交代了办案机关不掌握的其向A行贿100万元的犯罪事实，办案人员通知其回家等候通知，不要离开本市。其间，B一直未离开本市。同年2月20日，监察机关对A、B立案调查，同日通知A、B二人到办案点并对二人宣布留置决定，后B一直如实供述犯罪事实。

【案例三】

2023年2月1日，监察机关对国家工作人员A立案调查，A到案后，交代了其收受某企业法定代表人B人民币50万元的犯罪事实。2月15日，监察机关电话通知B到办案点配合调查，B在当日的询问笔录中交代了向A贿送 50 万元的犯罪事实，监察机关让其回去等候通知。3 月 1 日，监察机关再次通知 B 到办案点，B 在当日询问笔录中再次交代了向 A 贿送 50 万元的犯罪事实。3 月 15 日，监察机关经研究，对 B 进行立案并采取了留置措施，后 B 一直如实供述犯罪事实。

在上述两个案例中，行贿人 B 能否认定为自首，存在较大争议。一种观点认为，案例三中，在 B 到案之前，受贿人 A 已被留置且交代了收受 B 贿赂的犯罪事实，B 经电话通知到案，并非积极、主动投案，交代的又是监察机关已掌握的犯罪事实，依法不构成自首。案例二中，虽 B 主动交代了监察机关不掌握的犯罪事实，但在职务犯罪案件中，电话通知到案一般不能认定为主动投案，因此，B 没有主动投案，同样不构成自首。笔者认为，上述观点有失偏颇。如上所述，对于党员、监察对象、国家工作人员，因其负有执行党的决定、配合党组织调查的义务，故难将其按照电话通知要求自行前往指定地点的行为，一律评价为自动投案。但案例二、三中，B 并非党员、监察对象，在普通犯罪案件中，行为人经公安、海关等机关电话通知到案后如实供述的，均认定为自首，如果仅因涉嫌监委管辖的罪名，就将行贿人接电话通知后主动到案的行为一律不认定为自首，缺乏足够法理支撑。笔者认为，非国家工作人员经电话通知到案后如实供述的，可以认定构成自首。

从司法实务看，一个不可回避的现实是，一个受贿案件有多个行贿人，并非所有符合刑事追诉标准的行贿人都移送司法机关处理，把行贿人作为普通证人、还是作为留置对象处理，监察机关无疑具有很大的决定权。如案例二，B 经电话通知到案就主动配合调查，交代了办案机关不掌握的其向 A 行贿的犯罪事实，为调查突破受贿案件起到了积极作用。一开始监察机关并不打算留置 B，所以让 B 回家等通知，B 也一直没有离开本市，始终保持电话畅通。2 月 20 日，经集体研究还是决定对 B 立案调查并采取留置措施，B 当日接电话通知后立即前往办案点并如实供述。由此看来，B 一直有把自已置于办案机关控制之下的意图和实际行动，主动交代了监察机关不掌握的事实，保证随传随到，对照自首的立法本意，应以自首论。从办案效果看，贿赂犯罪本身就是没有被害人的犯罪，隐蔽性很强，需要打破行受贿双方的攻守同盟，如果按照电话通知主动前往特定地点接受询问，无论犯罪事实是否已被掌握，无论审查调查程序是否已经启动，都失去了成立自首的时机和余地，无异于变相鼓励行受贿双方负隅顽抗。

第二节　职务犯罪认定坦白的几个问题

一、坦白情节的时间节点

2011年2月25日，第十一届全国人大常委会第十九次会议审议通过了《中华人民共和国刑法修正案（八）》，其中一个重要修改是，将坦白从刑事政策上升为法定量刑情节。全国人大法工委刑法室副主任黄太云在《刑法修正案（八）的理解和适用》中指出，“有些司法机关和法律专家建议，将犯罪嫌疑人、被告人坦白认罪规定为法定从轻量刑情节。主要理由是：其一，到案后能够自愿认罪，表现了犯罪嫌疑人、被告人对法律的归服，以及其改恶向善的意愿，相对于负隅顽抗，甚至故意编造谎言误导侦查、审判工作的犯罪嫌疑人、被告人而言，自愿认罪者更易于改造，适用较轻的刑罚即可达到刑罚目的。其二，从认罪与自首之间的关系看，自首与坦白同样以向司法机关交代犯罪事实为其基本内容，二者的主要区别在于交代犯罪事实的主动性上，自首者具有更为积极的态度和作用，但不能因此而忽视坦白者的从宽处理。”①

《刑法修正案（八）》实施以来，对于如何理解坦白情节中的“如实供述”，坦白中的“如实供述”与自首中的“如实供述”内涵是否一致？对侦查阶段、调查阶段拒不供述的犯罪嫌疑人，在审查起诉阶段、审判阶段才如实供述自己罪行的，能否认定具有坦白情节？实践中存在争议。

一种观点认为，坦白成立的时间节点必须始于侦查阶段。主要理由是，坦白的核心价值是为了加快侦查机关破案进度，节约侦查资源。如果在审查起诉阶段才认罪，实质的侦查工作已经结束，对于节约司法资源没

① 参见黄太云：《刑法修正案（八）的理解和适用》，载中华人民共和国最高人民法院刑事审判第一、二、三、四、五庭主办：《刑事审判参考》（总第81辑），法律出版社2012年版。

有实质帮助，不符合坦白制度的立法本意。另一种观点则认为，《刑法》第六十七条第三款表述的坦白主体是“犯罪嫌疑人”，有别于该条第一款“犯罪分子”的表述，在提起公诉前，依然属于犯罪嫌疑人，具有成立坦白的余地。此外，《刑法》和司法解释对坦白中“如实供述”的时间节点没有限制，由此，没有充分依据将那些在侦查或调查阶段不认罪，审查起诉阶段才开始认罪的犯罪嫌疑人排除坦白情节的适用。

关于在侦查阶段如实供述的时间节点有无限制，也存在不同意见：一种意见认为，犯罪嫌疑人首次如实供述的时间应当在首次被讯问时或者司法机关掌握主要犯罪事实前，“犯罪嫌疑人在司法机关已经掌握主要犯罪事实并且向其出示相关证据后，不得已供述自己罪行的，不认定坦白”[①]。这种观点的主要理由是，根据2010年最高人民法院《关于处理自首和立功若干具体问题的意见》第二条“关于‘如实供述自己的罪行’的具体认定”，“……犯罪嫌疑人自动投案时虽然没有交代自己的主要犯罪事实，但在司法机关掌握其主要犯罪事实之前主动交代的，应认定为如实供述自己的罪行”。据此，“自首”中的“如实供述自己的罪行”，要求犯罪嫌疑人自动投案时，至迟在司法机关掌握其主要犯罪事实之前作出如实供述，故认为坦白中的“如实供述自己的罪行”，也应符合上述司法解释的规定。另一种意见认为，犯罪嫌疑人只要在侦查阶段如实供述，即使如实供述的时间已经是侦查中后期，也可以认定为坦白。赵秉志主编的《刑法修正案（八）理解与适用》一书中，认为“有的犯罪人在被动归案后即刻就予以如实供述，而有的犯罪人则经过一段时间的心理斗争后才放弃与司法机关的对抗”，“对于坦白的犯罪人，处理时需要根据坦白的时间和背景予以区别对待，相同情形下，坦白早的从宽幅度要比坦白晚的从宽幅度大”。《刑事审判参考》（第130辑）第1454号叶某某、孙某某故意杀人、孙某某窝藏

---

① 人民法院出版社编：《司法解释理解与适用全集（刑事卷）》，人民法院出版社2018年版，第200页。

案中，犯罪嫌疑人叶某某归案后，“没有在第一时间如实供述所犯罪行，直至第四次讯问时在公安机关出示一定证据后才开始坦白”①，法院最终也认定具有坦白情节。

笔者认为，坦白成立的时间节点包括侦查阶段以及审查起诉阶段。理由如下：第一，根据《刑法》第六十七条第三款的规定，“犯罪嫌疑人虽不具有前两款规定的自首情节，但是如实供述自己罪行的，可以从轻处罚；因其如实供述自己罪行，避免特别严重后果发生的，可以减轻处罚。”《刑法》表述的坦白主体是“犯罪嫌疑人”，有别于该条前款“犯罪分子”的表述，是将坦白的主体限定于犯罪嫌疑人，提起公诉前均是犯罪嫌疑人，故坦白主体当然应包括审查起诉阶段的犯罪嫌疑人。第二，全国人大法工委刑法室副主任黄太云在《刑法修正案（八）》的解读中，提到“草案在研究修改过程中……有的认为，如实坦白从轻或者减轻处罚的适用对象不应仅限于犯罪嫌疑人，应扩大到‘被告人’。考虑到根据刑诉法规定，犯罪嫌疑人到审判阶段才被称为‘被告人’，如果犯罪嫌疑人在侦查、审查起诉阶段都不如实坦白自己的罪行，进入审判阶段在法庭上才如实坦白，实际意义已经不大，因此没有采纳这个意见”②。由此可见，立法机关在立法过程中，就曾考虑过坦白的主体和阶段问题，认为坦白的主体是犯罪嫌疑人，坦白的阶段包括侦查及审查起诉阶段。第三，根据最高人民法院、最高人民检察院《关于常见犯罪的量刑指导意见（试行）》的第三部分第（七）项的规定，“对于坦白情节，综合考虑如实供述罪行的阶段、程度、罪行轻重以及悔罪表现等情况，确定从宽的幅度”；第三部分第（八）项的规定，“对于当庭自愿认罪的，根据犯罪的性质、罪行的轻重、认罪程度以及悔罪表现等情况，可以减少基准刑的10%以下。依法认定自首、坦白的除外”。“两

---

① 叶某某、孙某某故意杀人、孙某某窝藏案，载中华人民共和国最高人民法院刑事审判第一、二、三、四、五庭编：《刑事审判参考》（总第130辑），人民法院出版社2022年版，第1454号案例。

② 黄太云：《〈刑法修正案（八）〉解读（一）》，载《人民检察》2011年第6期。

高”在该意见中明确指出，坦白情节应当综合考虑如实供述罪行的阶段来确定从宽幅度，可理解为坦白情节不仅限于侦查阶段，还应包含审查起诉阶段，否则就不存在综合考虑认罪阶段的问题，只不过对于审查起诉阶段才认罪的，从宽幅度相较于从侦查阶段就如实供述的，需进行一定区分。另外，《关于常见犯罪的量刑指导意见（试行）》将当庭自愿认罪与自首、坦白进行了区分，表明审理阶段才认罪的不能成立坦白。

二、认定坦白情节是否附加其他条件

实践中，有观点认为，对于在侦查、调查阶段不认罪，审查起诉阶段才如实供述自己罪行的，不能当然成立坦白，还需附加一定的实质条件。有观点认为，需附加“对侦破案件起到实质帮助作用”这一条件。换言之，犯罪嫌疑人到案之初并未如实供述，办案机关掌握其主要犯罪事实并向其出示相关证据之后，不得已供述自己罪行的，并未有效节约司法资源，不认定坦白。有的认为，需附加“缺乏认罪供述无法定案”这一实质条件，即只有在缺乏犯罪嫌疑人认罪供述将导致证据不充分、指控难成立的情况下，犯罪嫌疑人在审查起诉阶段开始如实供述的，才可以认定为坦白。但这种观点也存在明显的弊端，“缺乏认罪供述是否无法定案”，这依赖于对全案证据的综合判断，不同法官可能会形成不同的内心判断。笔者认为，只要犯罪嫌疑人在提起公诉前如实供述自己的罪行，就可以认定具有坦白情节，主要基于以下考量：

从法律规定看，应按照《刑法》第六十七条第三款的规定认定坦白情节。坦白不同于自首，并不要求供述的主动性，对于被抓获的犯罪嫌疑人，司法机关在其被抓获前基本已掌握了其罪行，故以自首中“如实供述自己的罪行”的时间节点来认定坦白，显然不具有合理性。被动到案情形下，对司法机关未掌握罪行的如实供述，应当成立“余罪自首”而非坦白。被动到案的犯罪嫌疑人，即使在司法机关已掌握主要犯罪事实并出示证据情况下，对于愿不愿意配合调查仍然具有自主权，犯罪嫌疑人此时主动选择放弃对抗，如实供述自己的罪行，体现出其对法律的归服，应当认定为坦白。按照《刑法》第六十七条第三款规定，只要犯罪嫌疑人如实供述自己的罪行，就可以认定为坦白，在法律或司法解释没有另行附加认定条件的情况下，如在司法过程中随意附加其他条件，有损法律权威。

从立法精神看，审查起诉阶段如实供述自己的罪行，同样起到节约司法资源和提高诉讼效率的作用，认定坦白符合立法精神。根据全国人大法工委刑法室副主任黄太云对《刑法修正案（八）》的解读，将坦白设定为法定量刑情节的理由之一是，自愿认罪行为协助了司法机关及时破案和审结案件，节省了司法资源，减轻了公诉方的证明责任，同时保证了诉讼效率，为此应对认罪者予以法律上的褒奖。可见，是否节约司法资源不应当仅仅考虑是否节约了侦查机关的侦查资源，还应全面考虑有无节约检察机关、审判机关的司法资源。犯罪嫌疑人在审查起诉阶段认罪，虽对及时侦破案件没有实质作用，但有助于加快审结案件。特别是在职务犯罪案件中，贿送财物过程具有高度隐蔽性，呈现“一对一”的特征，犯罪嫌疑人在审查起诉阶段如实供述自己的罪行，有助于进一步印证相关证据材料，完善贿赂犯罪证据体系，促进尽快审结案件及查实赃款去向，坦白所起的作用不一定小于自首等法定量刑情节。同时，在审判阶段，因坦白罪行、适用认罪认罚程序，可以减少庭审对抗、缩短开庭时间、加快审理进度及减少上诉程序，与不认罪案件相比，显然起到了节约司法资源、提高诉讼效率的作用。

从行为指引的角度看，自愿认罪表现了对法律的归服以及改恶向善的意愿，坦白是鼓励犯罪分子尽快放弃负隅顽抗，对违法犯罪者进行教育感化，审查起诉阶段也依然需要对犯罪嫌疑人进行教育。对于调查、侦查阶段一直拒不供述的犯罪嫌疑人，如果即便在审查起诉阶段认罪，也无法得到法律的正面褒奖，容易导致犯罪嫌疑人始终与司法机关站在对立面，不利于检察机关开展追赃挽损、认罪认罚等相关工作。

第三节　职务犯罪认定立功的几个问题

一、安排家属协助挽回国企经济损失是否构成立功

【案例一】

被告人赵某，男，个体经营物流运输业务。2013年8月至2018年9月，赵某为感谢某国有公司原副总经理陈某某在物流运输业务及融资性贸易业务中帮助自己谋取了不正当利益，先后26次向陈某某提供的他人银行账户转账汇款合计人民币1010万元。在本案调查、审查起诉阶段，赵某通过提供线索、安排家属提供帮助等方式，协助案发国有企业追回案涉经营业务所产生的业务钱款7326万余元。

根据最高人民法院1998年《关于处理自首和立功具体应用法律若干问题的解释》第五条的规定，“……具有其他有利于国家和社会的突出表现的，应当认定为有立功表现。”赵某在案发后，安排家属帮助国企挽回融资性贸易所产生的经济损失7326万余元，能否认定为“其他有利于国家和社会的突出表现”？一种观点认为，涉案国有企业在A省开展融资性贸易业务中，垫资的巨额资金未能追回，案发前，赵某参与了该国有企业在A省的融资性贸易业务，为国有企业介绍业务伙伴、承担其中的矿石运输业务。案发后，赵某安排亲属联系相关企业的实际控制人，帮助国有企业挽回巨额经济损失，具有重大立功表现。另一种观点认为，赵某在归案后主动交代犯罪行为并提供追款线索、安排家属协助国有企业、办案机关追回部分欠款，具有积极意义，可酌情从轻处罚，但不能认定为具有重大立功表现。

何谓“有利于国家和社会的突出表现”，司法解释没有明确规定。实践中，有将行为人取得重大发明创造、舍己救人见义勇为、抵御自然灾害或排除重大事故中表现突出的，认定为利于国家和社会的突出表现。笔者认为，应严格把握认定标准，一是要“有利于国家和社会”，而非仅仅有

利于某个单位或者个人，二是需要有突出表现。结合本案看，赵某的行为不属于其他有利于国家和社会的突出表现，但可以酌情从轻处罚，理由如下：第一，立功行为必须由犯罪分子本人实施。2009年最高人民法院、最高人民检察院《关于办理职务犯罪案件认定自首、立功等量刑情节若干问题的意见》明确规定，“立功必须是犯罪分子本人实施的行为。为了犯罪分子得到从轻处理，犯罪分子的亲友直接向有关机关检举揭发他人犯罪行为，提供侦破其他案件的重要线索，或者协助司法机关抓捕其他犯罪嫌疑人的，不应当认定为犯罪分子的立功表现”。最高人民法院法官对上述司法解释所作的理解与适用中也认为，“立功应该具有亲为性，由犯罪分子的亲友而非其本人直接实施的行为，不能归之于犯罪分子，故协助立功不属于《刑法》规定中的立功。犯罪分子的亲友应犯罪分子的要求直接向有关机关揭发他人犯罪行为，虽不成立立功，但在量刑时可以结合案件具体情况适当考虑。”[①] 由此可见，立功的行为必须由犯罪分子本人实施。本案中，被告人赵某仅提供了线索，实际由其家属协助联系相关人员，由案发企业、办案机关作为主体进行洽谈、出具扣押手续等，在多方共同作用下最终实现了挽回经济损失的结果。因此，赵某的家属积极配合司法机关追赃挽损，并非赵某实施的行为，不宜据此认定其具有立功表现。

第二，犯罪分子对损失的产生负有责任，配合挽损是其法定义务，不应另行评价为立功。司法实务在认定立功表现时，要求犯罪分子的立功行为必须与其本人的犯罪行为无事实上和法律上的关联，需具有独立的价值。如，犯罪分子到案后检举同案犯，是犯罪分子应当履行的责任和义务，一般不认定为立功；但如果犯罪分子协助司法机关抓捕同案犯，则属于履行“如实供述”义务之外的独立行为，该行为具有独立价值，可以认定为立功表现。“任何人不得从其违法行为中获利”是司法价值判断的重要参考标准，犯罪

① 刘为波：《〈关于办理职务犯罪案件认定自首、立功等量刑情节若干问题的意见〉的理解与适用》，载《人民司法》2009年第9期。

分子不能在履行责任和义务的同时，获得刑罚奖励的利益。本案中，某国有企业在A省违规开展的国家明令禁止的融资性贸易业务，均是由赵某介绍、推荐，且赵某明知上述业务实际由国有企业垫资，存在较高风险。因此，被告人赵某实施了违反国家规定的行为并造成国有企业损失，协助挽回损失是其应尽的义务，不具有独立的价值，不应另行认定为立功表现。

第三，应当严格把握犯罪分子是否具有“其他有利于国家和社会的突出表现”。司法解释虽未对“有利于国家和社会的突出表现”有明确具体的规定，但根据体系解释的基本原理，一般应当把握与“检举揭发他人犯罪查证属实、提供重要线索得以侦破其他案件、阻止他人犯罪、协助司法机关抓捕”等四种立功情形达到相当的程度，才能够认定“其他有利于国家和社会的突出表现”。参照《刑事审判参考》相关案例，司法实践中曾认定提供线索协助公安缴获数量巨大的毒品；协助抓捕同案犯未果，但使已卖出的毒品全部被追回，防止流入社会；救助意欲自杀人员等行为符合“其他有利于国家和社会的突出表现”，上述行为均体现出对国家和社会利益、人类生命安全的直接保护和贡献，是一种“纯粹”的社会公共利益，值得在法律上通过认定为立功表现进行提倡和肯定。

本案中，虽然案发后挽回的资金系国有资金，属于国家和社会所共有，但涉案国有企业具有相对的独立性，挽回损失的利益直接归属该国有企业，并不会直接体现到国家和社会的公共利益。同时，挽损行为虽然对国有资金安全具有一定的贡献，但未达到“突出”程度。

二、揭发他人职务犯罪，被揭发对象以“四转三”处理，是否构成立功

【案例二】

被告人陈某在被监察机关留置阶段，主动检举了建设局局长李某利用职权为某企业承接工程提供帮助，收受企业给予的现金、购物卡的事实。经调查，检举的犯罪事实属实，李某利用职务便利为企业谋利，收受企业给予的现金、

购物卡共计10万元。但综合考量李某的主观恶性、认错悔错态度、全案情节等因素，监察机关经集体研究对李某以第三种形态处理，李某被开除党籍、开除公职，违纪违法所得予以收缴，但李某未被移送检察机关审查起诉。

《中国共产党党内监督条例》第七条、《中国共产党纪律处分条例》第五条，均规定了执纪监督的四种形态，党内监督必须把纪律挺在前面，运用监督执纪“四种形态”，经常开展批评和自我批评、约谈函询，让“红红脸、出出汗”成为常态；党纪轻处分、组织调整成为违纪处理的大多数；党纪重处分、重大职务调整的成为少数；严重违纪涉嫌违法立案审查的成为极少数。我们通常所说的“四转三”，是指纪检监察机关在办理公职人员严重违纪违法涉嫌犯罪案件时，对符合一定条件的被审查调查人，可以不移送司法机关追究刑事责任，也就是从第四种形态转为第三种形态处理。本案中，被检举人李某受贿10万元，而司法解释规定受贿罪的入罪标准是3万元，李某的行为已构成受贿罪，但纪检监察机关按照“四转三”程序对其给予处分，未将其移送司法机关处理。

“四转三”并不是认为公职人员的行为不构成犯罪，而是在认定其行为构成犯罪，符合法定各类条件的前提之下，在权衡处罚的必要性后决定不再移送司法机关追究其刑事责任[①]。按照第三种形态处理，体现出了刑法的谦抑性和我们党“惩前毖后、治病救人”的政策。2010年最高人民法院《关于处理自首和立功若干具体问题的意见》第六条规定，“……被告人检举揭发或者协助抓获的人的行为构成犯罪，但因法定事由不追究刑事责任、不起诉、终止审理的，不影响对被告人立功表现的认定……”根据上述司法解释的规定，行为人检举揭发他人职务犯罪，被揭发对象以“四转三”处理，不影响对被告人立功表现的认定。

① 钱小平、冀洋：《国家治理现代化视野下职务犯罪的预防与惩治》，东南大学出版社2021年版，第248页。

第四节　“为他人谋取职务提拔、调整”的升格量刑标准

最高人民法院、最高人民检察院2016年《关于办理贪污贿赂刑事案件适用法律若干问题的解释》（以下简称《解释》）第三条第三款规定：“受贿数额在一百五十万元以上不满三百万元，具有本解释第一条第三款规定的情形之一的，应当认定为《刑法》第三百八十三条第一款规定的‘其他特别严重情节’，依法判处十年以上有期徒刑、无期徒刑或者死刑，并处罚金或者没收财产。”根据该解释的规定，受贿数额在150万元至300万元，具有“曾因贪污、受贿、挪用公款受过党纪、行政处分、曾因故意犯罪受过刑事追究的、多次索贿、为他人谋取不正当利益，致使公共财产、国家和人民利益遭受损失的”等八种情节之一的，应当认定为具有“其他特别严重情节”，依法判处十年以上有期徒刑、无期徒刑或者死刑。“为他人谋取职务提拔、调整”，即属于上述八种升格量刑情节之一。实践中，如何准确适用该升格量刑情节，存在较大分歧。例如，行为人的受贿金额为200万元，其中有80万元系为他人谋取职务提拔、调整所收受的贿赂，是否认定行为人具有“其他特别严重情节”，升格至十年以上有期徒刑、无期徒刑或者死刑量刑，具有不同观点。

第一种观点认为，受贿数额在150万元到300万元，只要存在部分谋利事项系为他人谋取职务提拔、调整，无论所涉及数额为多少，均应升格量刑。理由如下：第一，“数额+情节”作为升格条件时，司法解释对情节所涉数额未作规定。“为他人谋取职务提拔、调整的”属于情节加重犯，从法理上说，只要实施了该行为就应当依法加重处罚。司法解释已经明确了升格处罚的情形，且对条文的解读不能得出升格处罚需达到一定数额或者比例等结论，因此，只要存在司法解释规定的情节，无论该情节对应的受

贿数额为多少，均应升格处罚。第二，从严惩治腐败需要。司法解释之所以将为他人职务提拔、调整谋取利益作为法定刑升格条件，因“通过贿赂买官卖官的行为严重违反党的组织纪律，严重败坏政治生态，区域性腐败、系统性腐败案件往往与此有关，危害性十分严重”[①]，为了净化政治生态，全面从严治党，有必要从严惩治买官卖官行为。为贯彻立法意图，体现从严打击，只要在受贿犯罪中存在为他人谋取职务提拔、调整的行为，无论该情节所涉数额多少，都应升格处理、加重量刑。第三，符合体系解释思路。对于前述司法解释的理解，可以根据对相关法条的含义予以明确，结合《解释》中对于多次索贿即应升格的规定，没有对索贿的具体数额、在受贿数额中所占的比例作出规定。为他人谋取职务提拔、调整的规定与多次索贿的规定均系升格处罚条款，二者的危害性相当，也应遵循一致标准。

第二种观点认为，为他人谋取职务提拔、调整所收贿赂数额达到一定比例时，才升格量刑。具体理由如下：一是有利于保障犯罪嫌疑人权益。刑法规范应当具有可预测性，行为人可以对自己的行为在量刑轻重、刑罚执行等方面的影响有所预见，才能有效保障刑事诉讼参与人的基本权益。因此，从保障人权角度，应当要求该部分数额达到相应法定刑幅度规定数额的底线，即谋取职务提拔调整所涉数额应占犯罪数额的大部分才升格处理。二是体现罪责刑相适应的原则。对受贿罪应当根据“数额 + 情节”综合把握，从量刑的角度评价受贿犯罪中的具体行为，必须立足该行为所涉受贿犯罪事实加以认定，该情节所涉贿赂数额达到一定比例，方能说明该行为对干部任用制度造成的危害性大，此时予以升格处理，方能体现罚当其罪，符合罪责刑相适应的立法原则。部分地区的司法实践中，对“为他人谋取职务提拔、调整的”这一升档量刑情节，采用相对严格的标准，需该情节所涉受贿数额达到一定比例或者金额，才加重量刑。具体而言，又

① 裴显鼎、苗有水、刘为波、王珅：《〈关于办理贪污贿赂刑事案件适用法律若干问题的解释〉的理解与适用》，载《人民司法》2016 年第 19 期。

有不同的细化标准。有的认为，为他人谋取职务提拔、调整所收贿赂数额需达到150万元以上，方加重处罚；有的认为，为他人谋取职务提拔、调整所收贿赂数额需达到全案受贿数额的50%以上，才升格量刑；还有的认为，谋求职务提拔、调整部分的受贿数额翻倍后，加上其他受贿数额需达到300万元才升格。当然，这些标准的提出，体现了从严惩治犯罪与避免打击面过大之间的审慎考量。

第三种观点认为，"应结合案件实际，综合考量为他人谋取职务提拔、调整行为收受贿赂的金额、次数、谋取利益的阶段、是否实施了不正当手段、对当地政治风气造成的恶劣影响程度、归案后的态度、悔罪表现、退赃情况等因素，作出是否入罪或升档量刑的具体裁量。"[①] "综合分析说"基于以下几种考量：一是符合法律和司法解释的立法原意。《刑法修正案（九）》对受贿犯罪定罪量刑修改的一大亮点是突出情节在受贿犯罪定罪量刑中的重要影响和制约作用。以"数额＋情节"方式认定是否入罪或者升格处罚，更符合《刑法》的立法主旨。另外，《解释》出台后，最高法《解释》起草者在相关解析中也明确，谋取职务提拔、调整的数额不要求达到受贿数额的一半，也并非存在此部分数额就升格量刑，数额过小的或者比例过低的，可以不予考量；但需要达到一定的程度，达到一定的比例，也是体现了以"数额加情节"的适用标准。二是可以全面综合评价犯罪嫌疑人行为的社会危害性。"综合分析说"充分考虑了受贿犯罪的复杂性，根据为他人谋取职务提拔、调整的行为所收受贿赂的数额、所占比例、受贿次数、单笔金额、谋利是否实现、调整行为是否正当、国家工作人员所起作用、对一个单位或地方政治生态的破坏程度等因素，更能客观评价受贿行为的危害程度。特别是对于关键岗位尤其是一把手利用干部任免权、人事权谋利等具有严重危害性的行为发挥了刑罚的预防作用。

---

① 彭林泉、李琴：《"为他人谋取职务提拔、调整"利益型受贿罪的司法适用》，载《中国检察官》2017年第2期。

从文义上看，《解释》对受贿犯罪的八种特殊情形，表述是"有下列情形之一"，可见，"为他人谋取职务提拔、调整"收受贿赂属于情节加重犯。从法理上看，只要实施该行为、具有该情节，就应当依法加重处罚，似乎无须附加数额、比例、危害程度等其他实质判断。但是，只要有为他人谋取提拔、调整而收受贿赂的，即认定为其他特别严重情节，有扩大打击面的嫌疑。比如，受贿数额为160万元，为他人谋取职务提拔、调整的数额为1万元，"为他人谋取职务提拔、调整"收受贿赂数额只占0.6%，没有达到值得刑罚加重惩罚的程度，升格判处十年以上有期徒刑，明显不符合立法原意，也不符合罪责刑相适应原则。第二种观点认为要达到150万元以上或者受贿数额的一半以上，才能升格量刑，则无法体现《解释》对买官卖官行为的从严惩处立场。笔者认为，不要求"为他人谋取职务提拔、调整"收受贿赂数额达到一半，但需要综合考虑该部分的受贿金额、所占比例、行为人在职务提拔中的作用力、职务提拔调整是否实现、对当地政治生态造成的负面影响等诸多因素，作出是否升格的裁量。如某国有企业董事长王某某受贿案中，受贿总数额为241万元，其中有120余万元系为他人谋取职务提拔和调整，接近受贿数额的一半，更主要的是，41个行贿人中有近30人的谋利事项系职务提拔和调整，且王某某系集团的一把手，在单位内部造成了一种跑官买官的不良风气，严重败坏了单位的政治生态，最终法院判决认定"具有其他特别严重情节"，以受贿罪判处王某某有期徒刑十年。

第五章

职务犯罪其他常见问题

◎ 徇私枉法罪疑难问题

◎ 挪用公款罪疑难问题

◎ 互涉案件办理中的程序问题

◎ 检察提前介入监察调查相关问题

第一节　徇私枉法罪疑难问题

2018年10月，刑事诉讼法第三次修正，确立了检察机关对司法工作人员相关职务犯罪直接立案侦查的制度。根据《关于人民检察院立案侦查司法工作人员相关职务犯罪案件若干问题的规定》，检察机关对诉讼活动实行法律监督中，发现司法工作人员涉嫌滥用职权、徇私枉法、刑讯逼供等14个罪名，可以立案侦查。近年来，检察机关不断加大司法工作人员职务犯罪的查处力度，徇私枉法罪更是查处的重点罪名。随着案件数量的攀升，新情况新问题不断出现，徇私枉法罪在主体范围、徇私动机、既遂认定、追诉期限等方面存在诸多争议，造成了案件办理的困惑，亟须加强研究。

一、主体身份的认定

《刑法》第三百九十九条将徇私枉法罪的主体明确规定为司法工作人员，根据《刑法》第九十四条的规定，“本法所称司法工作人员，是指有侦查、检察、审判、监管职责的工作人员”。由于《刑法》条文对司法工作人员的规定较为笼统，无法涵盖司法实践中具体和复杂的各类情形，本罪在主体范围界定上，仍然存在一些需要探讨的特殊情形。

（一）聘用人员可否独立构成该罪

对于不具有司法工作人员身份，因授权、委托等原因实际履行了司法职责的人民陪审员、警辅人员、内勤、书记员等聘用人员，能否单独构成徇私枉法罪？实践中，存在“身份说”① 和“职责说”② 两种不同观点。笔者认为，对司法工作人员的认定应以其所履行的职责为标准，而不应以表

① 身份论主张形式上是否具有司法工作人员的身份。

② 职责论主张实质上是否承担司法职责。

面身份为标准。一方面，徇私枉法罪所保护的法益是刑事司法秩序，确保国家刑事追诉活动的正当性、有效性、严肃性，但凡负有司法职责的个人，无论是否具有司法工作人员的“身份”，只要行使了司法工作职责并有枉法行为，对法益造成的侵害没有实质差别。另一方面，徇私枉法罪属于渎职犯罪，全国人民代表大会常务委员会《关于〈中华人民共和国刑法〉第九章渎职罪主体适用问题的解释》规定，“……虽未列入国家机关人员编制但在国家机关中从事公务的人员，在代表国家机关行使职权时，有渎职行为，构成犯罪的，依照《刑法》关于渎职罪的规定追究刑事责任。”立法解释同样采取了“职责说”的立场，因此，符合条件的聘用人员也是徇私枉法的适格主体。需要注意的是，部分人员具有双重或多重职责，其是否履行司法职责需要具体分析。如司法机关内部的鉴定人员，有观点认为“司法机关专业技术人员，不是法律意义上的司法工作人员，而只是司法机关工作人员，其主体不能构成徇私枉法罪的主体”[①]。笔者认为，鉴定人实际上担负着侦查违法犯罪活动和技术鉴定的双重职责，其对刑事案件专门问题所做的鉴定意见，包括毒品成分鉴定、人身损伤程度鉴定、死亡原因鉴定等，是刑事案件的重要证据，关乎刑事追诉的启动与刑事责任的追究，实质上履行了司法职责，符合该罪的主体资格。

（二）监察人员是否为适格主体

履行职务犯罪调查职责的监察机关工作人员，是否为本罪的适格主体？监察体制改革是对我国国家权力监督机制的重新整合，监察机关具有“监督、调查、处置”三项重要职能。根据《宪法》第一百二十三条的规定，各级监察委员会是国家的监察机关。监察机关并非司法机关，从形式解释角度看，监察人员并不属于司法工作人员，并非该罪的适格主体。但另有

① 李文生:《渎职侵权犯罪认定指南》，中国人民公安大学出版社2001年版，第143页。

观点认为，“监察工作人员履行职务犯罪调查职责时，具备原职务犯罪侦查权的实质，此时监察工作人员具备准司法工作人员的基本属性，可以适用《刑法》有关司法工作人员犯罪的规定。”①

首先，从职责内容看，监察机关的调查职能包括职务违法调查和职务犯罪调查。按照《监察法》的规定，监察机关在行使职务犯罪调查权的过程中，为了收集被调查人的犯罪证据，依法可以采取一系列专门的调查手段和强制性措施，监察人员收集的证据材料，可直接作为刑事诉讼中的证据使用。监察委员会调查终结的案件，直接移送人民检察院审查起诉，无须经过立案、侦查阶段，因此，监察人员在履行职务犯罪调查职责时，具有刑事侦查权的“效果”。其次，从法益侵害的角度看，《刑法》之所以规定本罪的主体是司法工作人员，是因为司法工作人员行使着立案、侦查、逮捕、起诉、审判等职权，其履职行为对公民的人身、财产权益会产生重大影响，司法工作人员徇私枉法，不仅破坏司法秩序，还损害司法权威。监察人员在调查职务违法犯罪的过程中，如果徇私情私利，对明知是无罪的人而故意使其受追诉，或擅自将本该移送司法机关处理的案件以违纪性质认定，同样会破坏司法秩序。从实质解释论的立场出发，从事职务犯罪调查活动的监察人员与司法职责履行效果相似，根据职责内容决定主体身份的立法逻辑，该部分监察人员应以司法工作人员论，是徇私枉法罪的适格主体。反之，对于监察人员在职务犯罪调查过程中实施的徇私枉法、暴力取证、非法搜查等行为，如不能以徇私枉法等相应罪名入罪，又不符合滥用职权罪的入罪条件时，势必形成处罚漏洞，不利于严密法网。

---

① 谢芳、刘艳红:《监察工作人员准司法属性与刑法适用》，载《福建师范大学学报（哲学社会科学版）》2022年第6期。

（三）正犯是否限定为原案承办人

【案例一】

2023 年初，周某某因涉嫌危险驾驶罪被 A 市公安局直属分局查处，周某某通过亲戚陈某找到 B 市经济开发区派出所所长于某帮助提供立功线索，于某表示同意。后于某为周某某出具立案决定书、情况说明等虚假材料，导致 A 市某法院错误认定周某某具有立功表现并对其减轻处罚。

有意见认为，“只有负有刑事追诉职责的司法工作人员，即具体承办案件和指示、指挥承办案件的司法工作人员，才能成为本罪的正犯”①。按照此观点，案例一中的于某，并非周某某危险驾驶案的侦办民警，无法实施使无罪的人受追诉、故意包庇有罪的人不使其受追诉的行为，难以评价为徇私枉法罪。结合各地裁判结果看，对民警为其他案件的犯罪嫌疑人、被告人提供虚假立功材料的行为，有的观点认为构成帮助伪造证据罪，有的认为构成滥用职权罪②。另有意见认为，徇私枉法罪的犯罪主体，不应局限于具体经办或指挥、负责案件的人员，还应包括“利用司法职务或者地位形成的便利条件配合、协助等方式实际参与了追诉进程”③的司法工作人员。笔者更认同第二种意见，将徇私枉法罪的主体限定为原案办案人员，不利于打击犯罪。

徇私枉法罪罪状描述中的“对明知是有罪的人而故意包庇不使他受追诉”，将其解释为既包括“不受任何追诉”，也包括“受较轻追诉”，在文义解释的合理射程之内。此处的“追诉”，不仅包含对出、入罪事实上的枉法行为，还包括对罪轻、罪重等重要情节的枉法行为。根据 2006 年《最高人民检察院关于渎职侵权犯罪案件立案标准的规定》，“……采取伪造、隐

① 张明楷：《刑法学》（第五版），法律出版社 2016 年版，第 1255 页。

② 参见季子群：《徇私枉法罪刑法条文辨析》，载《中国检察官》2016 年第 8 期。

③ 最高人民检察院第三检察厅编：《职务犯罪检察专题研究与办案指引》，中国检察出版社 2023 年版，第 289 页。

匿、毁灭证据或者其他隐瞒事实、违反法律的手段，故意使罪重的人受较轻的追诉、或者使罪轻的人受较重的追诉的……”是徇私枉法罪的立案情形之一。案例一中，于某虽未参与周某某危险驾驶案的侦查，但明知其伪造证据会导致原案错误认定周某某有立功表现、出现重罪轻判的结果，仍接受请托并伪造证据材料，其已实际介入了原案的办理进程，其伪造的证据也作为原案的关键证据使用，直接影响原案的刑罚适用结果，于某实质上履行了司法职责，符合徇私枉法罪的主体要件。从法益侵害的角度看，警察利用职务便利为他人出具虚假立功材料，其“伪造证据”行为的职务性明显，损害了司法秩序及民众对司法工作人员客观公正的信赖，如仅以帮助伪造证据罪或滥用职权罪定罪处罚，难以评价该种法益侵害结果。综上，对于警察徇私徇情出具虚假立功材料的行为，以徇私枉法罪评价更为适宜。

二、“徇私”的内涵

（一）“徇私”是否为构成要件要素

理论上，关于“徇私”的性质主要有动机说、目的说、行为说、动机兼行为说等观点，动机说是主流观点。有学者指出徇私作为犯罪动机，“并非必备的构成要件要素，不影响定罪，只有量刑上的意义。”[①] 另有学者指出，“徇私枉法罪还要求出于徇私、徇情动机，但是，只要排除了因法律水平不高、事实掌握不全面而过失造成错判，便可认定为徇私枉法、徇情枉法。”[②] 这种观点实际上消解了“徇私”要件，将“徇私”趋向于“故意”的同位语，在排除过失的情形下，直接以是否枉法这个单一维度确定入罪与否。另有学者认为，“徇私”属于目的犯中的特定目的，在徇私枉法、徇

① 陈兴良:《罪名指南》，中国政法大学出版社2000年版，第1591页。
② 张明楷:《刑法学》(第五版)，法律出版社2016年版，第1256页。

私舞弊减刑、假释、暂予监外执行等罪名中属于构成要件[①]。

《刑法》中与“徇私”相关的渎职犯罪有12个，在滥用职权罪，玩忽职守罪，食品、药品监管渎职罪中，徇私是从重、加重处罚情节，但在徇私枉法罪中，“徇私”与“枉法”均是构成要件，相互依存、不可分割。笔者认为，“徇私”是渎职罪成立的主观违法性依据，这一要素体现了行为人的主观恶性及应受法律谴责的程度，属于德日三阶层犯罪论体系中的有责性评价，换言之，“徇私”是主观责任要素，仅有枉法没有徇私难以入罪。

（二）“徇私”的具体内涵

现行司法文件关于“徇私”的规定很少。2003年《全国法院审理经济犯罪案件工作座谈会纪要》规定，“徇私舞弊型渎职犯罪的‘徇私’应理解为徇个人私情、私利”。根据2006年《最高人民检察院关于渎职侵权犯罪案件立案标准的规定》，“本规定中的‘徇私舞弊’，是指国家机关工作人员为徇私情、私利，故意违背事实和法律，伪造材料，隐瞒情况，弄虚作假的行为”。可见，“两高”对“徇私”均规定为“徇私情、私利”，但对“私情、私利”的内涵缺少明确规定。最高人民检察院《关于办理徇私舞弊犯罪案件适用法律若干问题的解释》（已废止）的规定，《刑法》中的徇私是指“贪图钱财、袒护亲友、泄愤报复或者其他私情私利”。该规定对“徇私”的含义进行了初步列举，但也无法涵盖现实中的多种情形。

理论界对“徇私”的内涵有诸多讨论，有观点将“私情私利”进行了具体界定，认为“私利”包括物质性利益和非物质性利益，物质性利益如金钱、黄金、财物等，非物质性利益如安排子女工作、职务升迁等；“私情”的范围则更加纷杂和广泛，包括亲友情、同学情、同事情、战友情以及地

---

① 最高人民检察院第三检察厅编:《职务犯罪检察专题研究与办案指引》，中国检察出版社2023年版，第269页。

方领导、部门领导之情等[①]。实践中，公利和私利可能交互交织，公中有私、公私夹杂，难以划出一条“非公即私”的分界线，因此，“在认定逻辑上，不能一有私情私利因素就认定徇私，而是要判断个人利益是否占据支配地位或者具有利益交换性，以及能否排除公共利益”[②]。

（三）徇单位、集体之私

“徇私”是否包括徇单位、集体之私，这个问题一直有较大争议。有学者认为，“无论司法工作人员是徇个人之私，还是徇单位之私，都会产生对国家机关工作人员职务行为的客观公正性，以及国民对该客观公正性的信赖的法益侵害后果，都具有客观违法性”[③]。因此，徇单位之私的渎职行为，其法益侵害性、道义上的可谴责性并不比徇个人之私的更小，不应排除在“徇私”的范围之外[④]。

从最高法的相关规定和文件看，并未将“徇私”扩大解释为包括徇单位之私。《全国法院审理经济犯罪案件工作座谈会纪要》的规定，“徇私”应理解为徇个人私情、私利。国家机关工作人员为了本单位利益，实施滥用职权、玩忽职守行为，构成犯罪的，依照《刑法》第三百九十七条第一款的规定定罪处罚。2013 年《最高人民法院、最高人民检察院关于办理渎职刑事案件适用法律若干问题的解释（一）》第二条第二款规定，“国家机关工作人员滥用职权或者玩忽职守，因不具备徇私舞弊等情形，不符合《刑法》分则第九章第三百九十八条至四百一十九条的规定，但依法构成第三百九十七条规定的犯罪的，以滥用职权罪或者玩忽职守罪定罪处罚。”该

---

① 张连超:《关于司法工作人员徇私枉法罪中“徇私”的司法认定》，载《河南检察论坛》2020 年第 2 期。

② 最高人民检察院第三检察厅编:《职务犯罪检察专题研究与办案指引》，中国检察出版社 2023 年版，第 268 页。

③ 任磊:《准确把握徇私枉法罪也须重视“徇私”要件》，载《检察日报》2021 年 1 月 22 日。

④ 陈兴良主编:《刑法各论精释》，人民法院出版社 2015 年版，第 1230 页。

解释“实际上间接回应了徇私舞弊的理解和相关定罪思路，通过转适用一般罪名解决为单位利益实施的渎职行为的刑事责任追究问题。”①

其实，从刑法体系解释的角度看，徇私不应包含徇单位之私，否则会导致《刑法》第一百六十九条规定的徇私舞弊低价折股、出售公司、企业资产罪陷入自相矛盾的境地。从一般语义看，单位代表的是“公”，而非“私”，将单位方面的考量因素也解释为“私情私利”，不符合大众的认知，也混淆了公私界分，无异于取消了“徇私”这一要件，会不当扩大刑法规制圈。当然，结合到具体情形的认定，既要看形式，还要看实质。对于打着单位的旗号实施枉法行为，名义上为单位，实际上为了单位中的少数人、个别人或者小集体的利益，本质上还是徇私。如公安分局治安大队长为了给大队干警违规发奖金，在查处涉赌场所时，采取以罚代刑的方式，将刑事案件降格为治安案件处理，形式上看是为了治安大队这个小集体的利益，实质上是为了干警个人能够违规获得不法收入，属于个人私利的范畴。

（四）徇领导之私

司法人员根据上级指示或为了奉承领导而实施枉法行为，即通常所说的“徇领导之私”，能否构成徇私枉法罪？

有观点认为，因执行上级违法命令而滥用职权的，不属于“徇私”。例如，内蒙古自治区呼和浩特市中级人民法院（2016）内01刑终160号刑事裁定书认为，“关于上诉人某甲提出的其于在押人员脱逃后实施的补救措施是在苏某的指示下所为，没有徇私舞弊情节的上诉理由，经查，某甲在在押人员某乙脱逃后接到通知即到单位，其在苏某授意下伪造了监狱公章和送监手续，在主观上并无徇私的故意，故该上诉理由部分成立，本院应予以采纳。”

---

① 参见刘为波等:《关于办理渎职刑事案件适用法律若干问题的解释（一）的理解和适用》，载《中国刑事审判指导案例6》（增订第3版），法律出版社2017年版，第657页。

实践中，“徇领导之私”的情况比较复杂，需要分情形探讨:（1）主动讨好领导而实施枉法行为。如明知案件当事人与领导之间存在亲属、好友等特殊关系，基于政治攀附、讨好领导等原因而主动枉法的，本质上还是为了个人职务晋升、仕途前景等私利。（2）与领导通谋实施徇私枉法行为。领导在指示、安排下级实施枉法行为时，告知了相关原因，上级与下级在“徇私”方面进行了意思联络与沟通的，构成徇私枉法共犯。如派出所所长带队查处了一个有 20 台赌博机的场所，分局局长此时打电话称，该场所是其亲属经营，要求减少赌博机数量、降格为治安案件处理。在此种情形下，局长与派出所所长共谋实施徇私枉法行为，尽管所长本身不认识场所经营者，并非基于自身的“私情私利”，但为了巴结讨好领导而实施枉法行为，同样构成徇私枉法罪。（3）下级按照上级指示行事，下级没有个人私情私利且提出过明确反对意见时，入罪时需特别慎重。实践中，有的司法工作人员以“服从上级安排”为由提出抗辩，特别是《人民警察法》第三十二条规定“人民警察必须执行上级的决定和命令”。如上级按照正当程序指令下级行事，下级对“枉法”缺乏认知时，本身就不具备有责性要件。相反，如果上级通过非正当程序安排、授意下级执行其个人意见，且个人意见明显违法违规，此时，如果下级出于讨好领导，故意实施伪造证据等积极枉法行为，同样具有科处刑罚的必要性，但如果下级曾提出明显反对意见或被胁迫，入罪时需要特别慎重。

三、犯罪形态

（一）行为犯与结果犯之争

对行为人实施了徇私枉法行为，但因后续环节中的补救、纠正，未出现“无辜的人被追究刑事责任，犯罪的人逃避了刑事追究或者重罪轻判、轻罪重判”等后果的，是否既遂？换言之，徇私枉法犯罪是否存在未遂形态？这个问题在理论上一直存在争议。有学者认为，徇私枉法罪一旦实行，要么因为“情节显著轻微、危害不大”而不构成犯罪；要么成立犯罪且成立既遂[①]。相反，也有学者认为，当行为人实施了枉法行为，但最终行为人追求的结果没有实现时，应认定为本罪的未遂犯[②]。

判断徇私枉法罪的犯罪形态，首先要厘清该罪是行为犯还是结果犯。多数观点认为，徇私枉法罪属于行为犯，“行为犯，是指只要实施刑法分则规定的某种危害行为就构成既遂的犯罪。”[③] 因此，只要实施了徇私枉法行为，即便没有发生行为人追求的结果，应认定为犯罪既遂。少数观点认为，徇私枉法罪属于结果犯，因其他渎职类犯罪均以造成一定程度的损害后果作为入罪标准，此外，结合《刑法》第三百九十九条对民事、行政枉法裁判罪，执行判决、裁定滥用职权罪，执行判决、裁定失职罪的规定，都将“情节严重”“当事人或者其他人的利益遭受重大损失”等结果作为入罪要件，同一法律条文中法律解释的方式应具有统一性。

根据《刑事审判参考》第237号案例李某某徇私枉法、接送不合格兵员案的裁判要旨，“徇私枉法罪是行为犯，一般不以是否发生行为人所追求的后果为条件，只要行为人在刑事诉讼过程中实施了上述其中的一种徇私枉法或者徇情枉法行为，且不属于情节显著轻微危害不大的情形，应当认定构成犯罪。”[④] 笔者认同徇私枉法罪是行为犯。首先，徇私枉法罪的成立，不以“情节严重”为必要条件，“情节严重”和“情节特别严重”只是本罪加重处罚的情节。其次，从行为社会危害性看，司法工作人员无论是放纵犯罪还是构陷无辜，都直接冲击社会公平正义底线，严重破坏司法机关在

① 肖中华:《渎职罪法定结果、情节在构成中的地位及既遂未遂形态之区分》，载《法学》2005年第12期。

② 周光权:《危害结果仍是区分渎职罪未遂与既遂标准》，载《检察日报》2003年10月21日。

③ 高铭暄:《中国刑法学》，中国人民大学出版社1989年版，第169页。

④ 李某某徇私枉法、接送不合格兵员案，载中华人民共和国最高人民法院刑事审判第一、二庭编:《刑事审判参考》(总第31辑)，法律出版社2003年版，第237号案例。

人民群众中的公信力，基于犯罪行为本身危害性严重，既未遂不应以案件终局处理是否错误、行为人追求结果是否实现为标准，而应坚持“客观的未遂论”，以法益侵害结果是否发生作为既遂的处罚根据。结合李某某案看，李某某利用职务上的便利，徇私将犯罪嫌疑人陈某全释放，致使盗窃犯罪分子陈某全暂时逃脱法律追究；指使他人伪造证据，开具假医院证明，徇私对不具备法定条件的犯罪嫌疑人张某、孙某某取保候审，致使绑架犯罪分子张某、孙某某实际脱离了司法机关的侦控。李某某实施了徇私枉法行为，已造成犯罪嫌疑人脱离侦控的法益侵害结果，系犯罪既遂。

（二）犯罪未遂形态的认定

在认定徇私枉法犯罪系行为犯的情况下，仍有必要讨论是否具有犯罪未遂的成立空间。“任何犯罪行为都是一个过程，包括行为犯的实行行为，也必然需要一个过程，并非已经着手即既遂。”[①] 从徇私枉法的行为表现看，包括伪造、隐匿、毁灭证据，违法立案、侦查、起诉、审判，应当采取而不采取强制措施、对案件实际放任不管、违法撤销、变更强制措施等多种复杂形态，发生在刑事诉讼的不同阶段。行为犯不同于举动犯，也依然有成立未遂的空间，可以从行为是否影响事实认定、是否干扰司法活动、是否对法益造成实际损害等角度综合判断。如，某侦查人员收受犯罪嫌疑人的好处，试图组织多名证人串供来为犯罪嫌疑人掩盖罪行，但只伪造一份虚假材料后便被调离岗位，已实施的行为不足以影响事实认定，可认定为犯罪未遂。值得注意的是，不能完全以案件终局处理结果来判断既未遂。如，某名警察为犯罪嫌疑人出具了全套虚假立功材料，检察机关依法认定其具有立功表现，后审理阶段因他人举报，经调查发现材料虚假，最终判决未认定立功情节。虽然最终未能实现“重罪轻判”的犯罪目的，但虚假

---

① 黎宜春:《略论资助恐怖活动罪的认定》，载《广西警官高等专科学校学报》2015年第1期。

证据已干扰审查起诉阶段的事实认定，司法机关投入了大量司法资源才查明真相，可评价为犯罪既遂。

四、追诉时效

（一）以作为方式实施徇私枉法

徇私枉法罪的犯罪主体在实施渎职行为时，具有一定的权力地位与必要的职务便利，犯罪手法普遍较为隐蔽，结果的发生也具有滞后性，通常不易被及时追诉。根据《刑法》第八十九条第一款："追诉期限从犯罪之日起计算；犯罪行为有连续或者继续状态的，从犯罪行为终了之日起计算。"

徇私枉法罪是行为犯，"犯罪之日"是指犯罪成立之日，只要行为人实施了伪造证据、枉法裁判等一种或几种徇私枉法行为，不论最终是否造成了放纵罪犯、冤枉无辜等实际危害结果，徇私枉法犯罪均宣告成立，诉讼时效应从犯罪成立之日开始起算。徇私枉法行为实施完毕后，可能会导致无辜的人被启动刑事追诉程序或犯罪的人一直潜逃在外的结果，即不法状态处于持续状态，但不法状态的持续不等同于犯罪行为的持续，徇私枉法罪的追诉时效应以犯罪行为实施之日即犯罪成立之日开始起算。

（二）以不作为方式实施徇私枉法

【案例二】

2009 年 4 月，A 派出所所长王某带队查处"风云"夜总会，查到 10 名卖淫女及嫖客，王某接受夜总会老板李某的请托，通过篡改笔录等方式，将案件降格为治安案件处理，事后收受李某的感谢费 10 万元。结案后，王某从未组织查处过"风云"夜总会，也交代下属不要去。"风云"夜总会长期从事组织卖淫活动，李某逢年过节给予王某购物卡、特产。2015 年 9 月，王某从 A 派出所调至公安分局宣传处。2020 年 10 月，市局在专项行动中查处该夜总会，后李某等人以组织卖淫罪被法院判刑。2020 年 11 月，检察机关对王某立案侦查。

实践中，徇私枉法行为表现多样，可能是伪造证据、枉法裁判等积极作为，可能是有案不立、怠于取证等不作为，也可能两者兼而有之。案例二中，行为人的徇私枉法行为，既包括将刑事案件降格为治安案件处理的积极作为，也包括有案不立、有案不查的不作为，追诉时效该如何起算？如果以降格处理案件的2009年4月起算，追诉期限已经届满，但王某实际上实施了多种徇私枉法行为，作为在前，不作为在后，以不作为方式实施徇私枉法行为的，犯罪行为与不法状态均处于持续状态，属于继续犯，“对于不作为式的继续犯，应从具有作为可能性的最后一刻开始计算”[①]。因此，应以2015年9月即行为人调离原岗位、不负有追诉职责时起算追诉时效。

有案不查、怠于取证、隐匿罪证等行为，是不作为方式实施徇私枉法行为的典型表现，但“前行为引发义务说”认为，行为人徇私情私利实施的枉法行为，同样是不作为的义务来源。行为人实施了毁灭、伪造证据等枉法行为后，始终未履行纠正错误的义务，便是以不作为的方式实施徇私枉法行为，属于《刑法》第八十九条规定的继续犯，应以不法行为终了之日计算追诉时效。如，“司法工作人员枉法追诉了无罪的人之后，就有义务让他不继续被追诉，如果甲为了掩盖自己先前的罪行，而不履行作为义务，使乙继续被关在监狱，就是通过不作为的方式使无罪的人受追诉。”[②]

（三）以其他罪名追诉

【案例三】

2004年5月，N市公安局某分局局长谷某接受好友吴某甲的请托，在指挥办理吴某乙（吴某甲之子）等人故意伤害致人重伤案过程中，对包括吴某乙在内的3名犯罪嫌疑人违规采取取保候审措施，导致上述人员实际脱离侦控，案件被放任不管。2004年8月，吴某乙等人多次串供并以重金

---

① 最高人民检察院编：《司法工作人员职务犯罪侦查业务》，中国检察出版社2021年版，第275页。

② 张明楷：《刑法的私塾之三（上）》，北京大学出版社2022年版，第225—230页。

换取了被害人家属的谅解。2007年8月，市局开展挂案清理专项行动，刑警大队向其汇报该案时，谷某指示“双方已和解，暂不处理”。2008年10月，谷某调离公安系统。凭借此案，吴某乙在当地打出恶名，于2005年至2018年多次实施违法犯罪活动，2018年2月吴某乙被公安机关立案。2020年10月，因有人举报，检察机关对谷某立案侦查。

与案例二不同的是，案例三中，谷某通过违规取保、压案不查等徇私枉法行为放纵犯罪嫌疑人吴某乙，导致了一系列新的后果，该如何计算追诉期限？一种观点认为，谷某于2004年5月对吴某甲违规变更强制措施，中断侦查，致使3名犯罪嫌疑人实际脱离司法机关侦控，应以实施犯罪行为时即2004年5月起算追诉期限，立案侦查时已超过16年，追诉期限已届满。另一种观点认为，2007年8月，市局开展挂案清理专项行动，“如果渎职犯罪行为人参与到相应的专项活动，并且承担相应的侦查职责，便可以认为重新引起了作为义务，行为人不履行相应职责的，前案的追诉期限就会因行为人又犯罪而中断。”[①] 因此，谷某在专项行动中再次指示压案不查，应以2007年8月起算追诉时效，立案侦查时已超过13年，追诉期限已届满。笔者认为，案例三也是作为、不作为并存的徇私枉法犯罪，谷某既实施了违规变更强制措施的行为，也指令下属中断侦查、放任不管案件，应以2008年10月谷某调离公安系统、不具有作为义务的时间起算追诉期限。截至立案侦查已超过12年，同样超过了追诉期限。

案例三中，谷某实施的徇私枉法行为导致了两个后果：一是致使吴某乙在当地打出恶名，于2005年至2018年多次实施违法犯罪活动，二是2020年10月，徇私枉法行为才因举报被司法机关发现，此时故意伤害致人死亡案已过追诉时效，除吴某乙因实施新罪仍可被追诉外，其余两名犯罪

① 徐伟勇:《司法工作人员相关渎职犯罪追诉期限研究》，载《人民检察》2021年第20期。

嫌疑人已无法追诉。可否以上述危害结果发生时起算徇私枉法罪的追诉期限？笔者认为，徇私枉法罪是行为犯，并非结果犯，不能以结果发生时间起算行为犯的追诉时效。但是，徇私枉法罪属于特殊渎职犯罪，与滥用职罪是特殊与一般的关系，谷某本质上实施了滥用职权犯罪，以最后一个危害结果发生之日起算，滥用职权罪并未超过追诉期限，可以轻罪滥用职权罪追究其刑事责任。

第二节 挪用公款罪疑难问题

一、如何理解“个人决定”

随着反腐力度不断增强，金融领域出现了一些新型职务犯罪案件，其中，金融系统的挪用公款犯罪常呈现出专业性强、涵盖面广、犯罪手段复杂隐蔽等特点，给打击犯罪带来一定难度。最高检发布的第四十七批指导性案例中，检例第189号“李某等人挪用公款案”系一起新型挪用公款犯罪案件。挪用公款犯罪有两个本质特征，一是个人决定，二是归个人使用。金融领域的新型挪用公款犯罪，往往以证券承销、理财产品发行等专业手段为掩护，如何从实质上把握上述特征，进而精准追究犯罪分子的刑事责任有一定难度，审查中应多角度分析论证。

司法实践中，部分挪用公款行为经过集体研究，被告人及其辩护人即以集体研究辩称不构成犯罪，理由是按照2003年最高人民法院《全国法院审理经济犯罪案件工作座谈会纪要》(以下简称《纪要》)规定，“经单位领导集体研究决定将公款给个人使用，或者单位负责人为了单位的利益，决定将公款给个人使用的，不以挪用公款罪定罪处罚”。集体研究是否就是当然的出罪事由？笔者认为，对此不能简单下结论，还需要结合集体研究的形式、内容和目的等进行综合判断。

首先，审查集体研究的形式，确定是否体现民主集中制原则。就此，应审查集体研究时参与研究的人员范围、研究时是否可以充分发表意见，如研究时基于个人利益考虑，选择性通知相关人员参与研究，或者研究中无视反对意见，力主强行通过个人意见，实质上属于以集体研究之名行个人决定之实，不符合《纪要》关于集体研究的规定。

其次，审查集体研究的内容，确定集体研究是否发挥科学决策的实质作用。就此应审查集体研究时汇报人员有没有如实汇报，有没有隐瞒影响决策的重要事项，是否发挥集体研究集思广益、民主决策的作用，相关人员有没有通过集体研究引导作出错误决策，如果汇报时基于谋取个人利益的目的，虚构事实、隐瞒真相，致使研究内容不是建立在客观实际基础上，误导参会人员作出挪用公款的决策，那么这种所谓的集体研究就是形同虚设，没有发挥集体研究应有的作用，故不影响对个人决定的认定。

最后，审查集体研究的目的，确定研究决策体现的是单位意志还是个人意志。如果集体研究的目的并不是解决使用公款问题，也未研究使用公款事项，而是为了研究决定钱款使用的前一环节事项，但客观上为下一步个人决定挪用公款作准备，比如银行通过行长办公会研究，决定提前终止本行发行的理财产品，但没有研究兑付方式和资金来源。此后，个人擅自决定挪用银行公款进行兑付的，很显然不能被集体研究所涵盖，此种挪用公款行为体现的不是单位意志而是个人意志。

概言之，使用公款之前的集体研究，并非都是出罪事由，如研究时搞“一言堂”、不如实汇报、不能反映单位意志或者集体研究作出决策系为个人擅自决定使用公款作准备，均应认定为“个人决定”，不影响个人责任的认定。

二、实质判断挪用公款“归个人使用”

挪用公款案件中，有一种表面上是归单位使用，看似合法使用公款的行为，该情形是否符合挪用公款犯罪的构成要件呢？以检例第 189 号案例中银行使用自有资金兑付本行发行的理财产品为例，可以按四步审查法作出实质判断。

第一步：审查公款使用目的确定公款是否公用。如李某等人挪用公款一案中，银行并无提前兑付理财产品意愿，使用公款兑付并非基于经营需要，提前兑付后银行也无法从中获利。这足以表明提前兑付的目的是为犯罪分子通过兑付行为获得更高收益作准备，是为了实现犯罪分子的个人利益最大化，故使用公款的目的显然并非公用。

第二步：审查公款使用流程确定公款使用是否合规。一般而言，按照银行内部规定，银行理财产品的兑付资金是理财产品到期后的收益，不能使用银行自有资金兑付，即应由委托人自担投资风险并获得收益。但是，犯罪分子擅自决定使用银行自有的备付金兑付理财产品，显然违反了银行备付金使用管理规定，系对公款的不合规使用，侵犯了银行对公款的管理使用权。

第三步：审查公款潜在风险确定公款是否处于风险之中。用银行备付金兑付理财产品后，公款流向大量理财产品投资人，银行获得了理财产品投资项目的收益权，即银行成为了理财产品投资项目的投资主体，将本应由购买银行理财产品的投资人承担的投资风险转嫁给了银行，银行可能获益也可能亏损，何时能收回公款、能收回多少公款均不确定，银行公款处于风险之中。

第四步：审查违法所得归属最终确定使用公款是否属于为个人谋利的私用。对于挪用银行备付金提前兑付理财产品的，应审查最终的利益归属与受益主体，通过建立资金流向图等方式确定公款流转路径和最终获益情况。如银行只获得少量的通道费或手续费，而犯罪分子通过提前兑付反而获得了巨额利益，提前兑付理财产品由此成为犯罪分子谋利的手段之一，这一使用公款行为本质上就是为犯罪分子个人使用。

综上，根据全国人大常委会《关于〈中华人民共和国刑法〉第三百八十四条第一款的解释》规定，将公款供本人、亲友或者其他自然人使用的，属于挪用公款“归个人使用”。表面上将公款用作单位公用，虽非个人直接使用，但使用公款已成为犯罪链条之一，服务于为个人谋利，对此应从实质上认定为“归个人使用”。

三、挪用公款和受贿罪的罪数认定

司法实践中，对于国家工作人员利用职务上的便利，挪用公款归个人使用，事先或事后索取、收受他人财物的，以挪用公款罪和受贿罪数罪并罚，还是按照牵连犯从一重的原则，认定为一罪，存在较大争议。

最高人民法院1998年《关于审理挪用公款案件具体应用法律若干问题的解释》第七条的规定，“因挪用公款索取、收受贿赂构成犯罪的，依照数罪并罚的规定处罚”。按照该解释的观点，并不区分具体情形，而是按照数罪并罚的原则处理。

2002年4月28日，全国人大常委会通过了《关于〈中华人民共和国刑法〉第三百八十四条第一款的解释》，对挪用公款“归个人使用”进一步解释为三种情形：第一，将公款供本人、亲友或者其他自然人使用的；第二，以个人名义将公款供其他单位使用的；第三，个人决定以单位名义将公款供其他单位使用，谋取个人利益的。虽然挪用公款行为，是国家工作人员利用职权为他人谋利的具体表现，但立法解释规定的前两种情形，并不以“谋取个人利益”为要件，即无论是否收受他人财物，均不影响挪用公款罪的成立。如果在此过程中，行为人又趁机索要或者收受他人财物的，则已超出挪用公款罪的犯罪故意，即产生新的受贿罪的犯意，侵害了新的法益，有独立评价的必要性，所以，在立法解释规定的第一、二种情形中，因挪用公款索取、收受他人贿赂，既构成挪用公款罪，又构成受贿罪的，应当数罪并罚。但在立法解释第三种情形中，“谋取个人利益”系挪用公款罪的一个必要构成要件，行为人收受贿赂的行为，如果既作为受贿犯罪中的收受财物行为予以评价，又作为挪用公款犯罪的入罪条件“谋取个人利益”予以评价，无疑违背了刑法禁止重复评价的原则。因此，在个人决定以单位名义将公款供其他单位使用，谋取个人利益，既构成挪用公款犯罪，又构成受贿罪时，不能再适用1998年挪用公款解释第七条的规定进行数罪并罚，而应当择一重罪论处。

《刑事审判参考》（总第87辑）第805号姚某某贪污、受贿案中，也明确了这样的裁判要旨，“1999年被告人姚某某擅自决定以吉林省慈善总会名义将公款借给吉林省某实业公司使用，但其挪用款项时并未与王某某约定事后收受财物。直到2003年，王某某才以姚某某借给其440万元工程保证金以及为其修路提供保函等帮助为由，送给姚某某10万元，姚某某收受财物的行为应当认定为受贿罪，但如将四年后姚某某收受贿赂的行为认定为‘个人决定以单位名义将公款供其他单位使用，谋取个人利益’的情形中‘谋取个人利益’的行为，则属于重复评价。因此，姚某某的行为应当认定为受贿罪一罪，而不构成挪用公款罪。”①

《关于审理挪用公款案件具体应用法律若干问题的解释》第七条第二款规定，“挪用公款进行非法活动构成其他犯罪的，依照数罪并罚的规定处罚。”根据该条规定，挪用公款进行非法活动，例如，挪用公款进行赌博犯罪的，同时符合挪用公款罪、赌博罪两罪的犯罪构成要件，应当实行两罪并罚。但是，是否不区分情形，一律数罪并罚，也存在争议。

---

① 姚某某贪污、受贿案，载中华人民共和国最高人民法院刑事审判第一、二、三、四、五庭主办：《刑事审判参考》（总第87辑），法律出版社2013年版，第805号案例。

第三节 互涉案件办理中的程序问题

按照国家监委、“两高一部”《关于加强和完善监察执法与刑事司法衔接机制的意见（试行）》（以下简称《衔接机制意见》）的相关规定，职务犯罪互涉案件是指被调查人或犯罪嫌疑人既涉嫌职务犯罪又涉嫌其他犯罪的案件。实践中，互涉案件类型主要为监察机关与公安机关管辖罪名互涉案件，也有监察机关与检察机关、国家安全机关、海关走私犯罪侦查机关等管辖罪名互涉案件。由于案件的互涉属性，增加了监察调查程序与刑事诉讼程序衔接的复杂性，尽管《衔接机制意见》对互涉案件管辖、留置与强制措施适用、移送起诉等程序性问题已经有所涉及，但从实际运行情况看，仍然难以满足实践办案需要。鉴于此，本节将立足检察机关办案实际并结合刑事诉讼相关理论，着重研究探讨互涉案件提前介入、指定管辖、审查起诉期限计算、退回补充调（侦）查以及并案处理等程序性问题，以期为司法办案提供参考。

一、互涉案件既有程序规范的梳理与分析

2022 年 3 月，国家监委、最高检首次联合发布 5 起行贿犯罪典型案例，其中“四川刘某富行贿、非法采矿案”便涉及互涉案件的办理，该案要旨部分明确：“检察机关在办理公安机关移送案件的过程中，发现行为人可能涉嫌监察机关管辖的职务犯罪的，应当依照规定将线索移送监察机关。监察机关为主调查互涉案件时，应当统筹协调调查、侦查、审查起诉进度，并就事实认定、法律适用等重要事项进行充分论证，确保关联的受贿行贿案件均衡适用法律。检察机关对监察机关、公安机关分别移送起诉的互涉案件，可以依职权并案处理”。作为国家监委、最高检共同审定发布的案例，该案例关于互涉案件管辖、案件统筹以及并案处理等方面的做法，其

实是对既有规则的重申与强调，要求各级监察机关、检察机关积极主动发挥作用，共同抓好互涉案件办理。

经梳理发现，关于互涉案件的规定主要体现在《监察法》《监察法实施条例》以及《衔接机制意见》相关条文。具体包括以下内容：

第一，关于互涉案件调查管辖模式。根据《监察法》第三十七条、《监察法实施条例》第五十一条、第五十二条和《衔接机制意见》第二条之规定，互涉案件一般采取分别立案，并以监察机关为主调查的模式，且为主调查的监察机关要承担组织协调职责，包括协调调查和侦查工作进度、协商重要调查和侦查措施使用等重要事项。对司法工作人员涉“14个罪名”案件，监察机关在必要时可以单独立案调查，或者在调查司法工作人员贪污贿赂等职务犯罪时一并管辖，只需通报同级人民检察院。此外，《衔接机制意见》第三条还就监察机关、人民检察院、公安机关在办案过程中的协助配合事项作了规定。应该说，学界还是普遍肯定分案调（侦）查模式的，有学者也提出例外情形下的“并案管辖模式”[①]，或者分案管辖情形下的“联合办案模式”[②]的设想来完善该程序，但总体而言，该模式避免了并案调（侦）查模式无法解决的法理正当性不足问题[③]，其不足部分亦只需在实际运行中加强统筹即可有效控制影响，仍不失为当下调（侦）查模式的

① 林艺芳:《监察检察主体互涉案件管辖问题检视》，载《法学杂志》2021年第5期。文章认为，在监检互涉案件中，单纯的主体互涉案件，一般由监察机关和检察机关分案管辖；主体互涉叠加事实互涉的案件更适宜由监察机关并案管辖。

② 林艺芳:《监察与公安主体互涉案件管辖问题研究：解析与建构》，载《北方法学》2021年第3期。文章认为，分案管辖切断了不同行为之间的联系，联合办案可以实现证据共享，办案人员联动，显著提升案件调查侦查效率。联合办案不同于并案管辖之处在于，前者并没有发生管辖权转移，属于“独立为主、协助为辅”的形式。

③ 艾明:《互涉案件监察机关为主调查的实践模式及其改进》，载《地方立法研究》2020年第1期。文章认为，合并吸收模式法理正当性不足具体表现在：第一，监察调查和刑事侦查性质不同，难以合并吸收；第二，合并吸收模式将造成法律适用上的混乱；第三，监察调查吸收刑事侦查的法律依据不足；第四，在合并吸收模式下，监察机关收集的部分证据，其证据能力将面临质疑；第五，在合并吸收模式下，被调查人的辩护权被实质剥夺，违反宪法所规定的法律平等保护原则。

较优解。

第二，关于互涉案件证据共享。正如有学者所言，“法法衔接”的实质是国家监察制度与刑事诉讼制度的衔接，其核心在于证据的衔接[①]。《监察法》第三十六条赋予监察机关收集的证据材料在刑事诉讼中的法律效力，并且规定了取证要求和标准。《衔接机制意见》第九条则针对互涉案件特别明确了可以“为对方调、从对方调”的证据共享规则，即：在调查取证层面，监察机关、人民检察院、公安机关必要时可以互相为互涉案件的其他管辖机关收集、调取证据材料或提供协助；在形式要件层面，要求一方从另一方调取已经收集的证据材料需注明证据材料来源，并加盖另一方单位公章；在证据效力层面，明确上述证据材料，经审查符合法定要求的，可以在刑事诉讼中作为证据使用。互涉案件证据共享规则是对分案调（侦）查模式的有效补充，其确立基础在于，监察机关、人民检察院和公安机关都是法定的调查、侦查机关，按照法定程序收集的各类证据材料均具有合法性基础，通过证据共享可以提高衔接效率，节约办案资源，避免多头重复取证等问题[②]。

第三，关于互涉案件留置与刑事强制措施的优先适用与转换。互涉案件留置与刑事强制措施如何适用，以及两者之间如何转换、衔接，目前尚无明确法律依据，且因涉及不同程序、不同办案机关的转换，实践中需要大量的沟通协调工作。《衔接机制意见》第十八条明确了两条规则：其一为“互斥”规则，即“对同一被调查、侦查对象，不得同时采取留置措施和拘留、逮捕措施”；其二为“留置措施优先”规则，即“以监察机关为主调查

---

① 姚莉：《〈监察法〉第 33 条之法教义学解释——以法法衔接为中心》，载《法学》2021 年第 1 期。

② 比如，关于职务犯罪主体身份职责类证据，监察机关或检察机关调取的书证、证人证言等证据具有极大的同质性，完全可以互相调取、共享使用。再如，受贿犯罪中的谋利事项涉及其他普通刑事犯罪的（串通投标罪），不可避免地也会存在证据收集方向、内容、目的等重合一致，同样可以互相调取，再由一方从另一方调取已经收集的证据材料。

的一般优先适用留置措施”。当然，也可以根据案件具体情况选择适用刑事强制措施。关于留置与刑事强制措施转换、衔接，《衔接机制意见》第十九条针对羁押性刑事强制措施和非羁押性刑事强制措施两种情形，如何与留置措施进行衔接分别作出规定：一是犯罪嫌疑人被拘留、逮捕的，监察机关经与人民检察院、公安机关沟通一致，在依法解除拘留、逮捕措施后，采取留置措施。留置措施解除后，重新将犯罪嫌疑人移交公安、检察机关继续侦查的，可以依法办理有关手续后继续拘留、逮捕①，此前已采取的刑事强制措施时间计入本次同类刑事强制措施羁押时间。二是犯罪嫌疑人被取保候审、监视居住的，监察机关可以依法采取留置措施，只需及时通报有关机关，且原刑事强制措施不再办理解除手续。这主要是考虑到，实践中监察机关难以及时掌握相关情况以及职务犯罪案件调查工作的保密性和时效性，难以做到一律提前与司法机关协商，故在非羁押性强制措施情形下作此规定。

第四，关于互涉案件提前介入工作。监察机关商请人民检察院提前介入职务犯罪案件，是加强互相配合、互相制约，提高职务犯罪案件办理质量和效率的重要机制。《衔接机制意见》第二十四条第二款针对互涉案件提前介入，提出了“全案审查”要求，即拟移送人民检察院并案审查起诉的，检察机关在提前介入时既要审查职务犯罪，也要审查其他犯罪。显然，该条规定对检察机关提前介入工作提出了新的更高要求，尤其在检察机关专业化发展的背景下，专司职务犯罪检察工作的检察官同步介入审查其他刑事犯罪，在专业性上是否胜任，或者说是否可以采取 1+1>2 的其他介入模式，都值得进一步探讨。此外，由于职务犯罪与其他刑事犯罪调（侦）查主体可能存在级别差异、地域间隔以及进度悬殊等额外因素，也对提前介

① 关于“依法办理有关手续”的理解，司法实务中有意见认为，公安机关继续执行之前的逮捕措施，无须重新向检察机关提请逮捕，只需直接开具逮捕证即可逮捕犯罪嫌疑人。笔者认为，仍需重新向检察机关提请逮捕。

入审查全案带来挑战。比如，职务犯罪案件由A市监委调查，但公安管辖罪名案件由A市B区公安分局侦查，提前介入的主体分别对应A市检察院与A市B区检察院，如未能提前确定办案主体，可能出现市检察院与区检察院各自单独完成提前介入工作且缺乏沟通，甚至意见不一的情况，既影响诉讼效率，又徒增沟通成本。又比如，职务犯罪案件由A市监委调查，公安管辖罪名案件由B市公安局侦查，需要统筹解决案件管辖、调（侦）查进度、跨地域提前介入等诸多现实问题。因此，互涉案件的提前介入工作并非“全案审查”四个字就可以概括，还有许多细化问题有待研究深入。

第五，关于互涉案件移送起诉、退查问题。《衔接机制意见》第三十一条规定了互涉案件移送起诉、并案处理以及退查等内容。对于并案处理有利于查明案件事实和诉讼进行的互涉案件，在调查、侦查终结前，监察机关应与其他办案机关协商，并与同级检察机关沟通，确定并案审查起诉的检察院；调查、侦查终结后一般分别移送起诉，监察机关负责统筹协调移送起诉工作进度，人民检察院可以在职责范围内并案审查起诉。有意见指出，监察机关与公安机关互涉案件，应当分别移送起诉，不宜合并移送起诉；监察机关与人民检察院互涉案件通常应当分别移送起诉，但若被调查人被采取留置措施，且确有必要的也可以由监察机关合并移送起诉[①]。此外，互涉案件退查遵循一般退查原则，即以两次为限，只不过同时退回监察机关、人民检察院或者公安机关补充调查、侦查的，仅作为一次退查计算。

除上述内容外，《衔接机制意见》第六十二条还就互涉案件的涉案财物规定了处置方法。不过，正如笔者在上文互涉案件提前介入部分所述，尽管相关条文已经对互涉案件的一些程序事项作了规定，但仍有待细化研究之处，特别是对检察机关而言，一些问题已经在司法实践中出现，在解决个案问题的同时需总结一般规则。比如，互涉案件调查管辖与司法管辖的

① 周岩：《移送起诉与审查起诉如何衔接》，载中央纪委国家监委网，https://www.ccdi.gov.cn/hdjln/ywtt/2021 03/t20210311_18473.html。

衔接，在遵循一般职务犯罪案件移送起诉或商请指定管辖规则之下，倘若互涉案件跨区划、跨层级，则如何确定检察环节的司法管辖。又如互涉案件退查，能否仅退查其中个别罪名，分别退查情况下如何办理换押手续问题。再如互涉案件并案审查起诉，如何具体判断并案标准以及如何确定并案时机等，都需要在理论上探讨明确以满足办案所需。

二、互涉案件提前介入的一体化路径

对于拟并案审查起诉的互涉案件，提前介入“全案审查”既是规范层面的要求，也是保证全案质量的需要。但要达到提前介入的最优效果，必须首先解决的现实问题就是“派谁介入”？这问题似乎多余，既然是职务犯罪互涉案件，必然要由职务犯罪检察部门派员介入。但是随着犯罪手段、模式日趋专业化以及检察机关因应形势发展深入推进以专业化为方向的内设机构改革，一个无可回避的问题是，专司职务犯罪检察工作的检察官可能缺乏办理诸如内幕交易、操纵证券市场等经济犯罪案件的经验，专司经济犯罪检察工作的检察官可能缺乏办理职务犯罪案件的经历，是否有必要跨部门组建办案团队，更好发挥专业化优势，此其一也。其二，当职务犯罪案件与公安管辖罪名案件分属不同级别调（侦）查机关，比如职务犯罪案件由市监委调查，普通罪名由区公安分局侦查，根据“同级提前介入”原则，就会出现市、区两级院各自派员介入的情形。由于案件保密要求或者信息不畅等原因，上下级院、不同部门之间对另一方管辖罪名案件的取证情况并不了解，并案之后可能出现承办检察官未全面提前介入，甚至承办检察官提出的意见与提前介入检察官意见相左的尴尬情况，严重制约提前介入的效果及影响办案质量。

鉴于此，必须调整当前互涉案件提前介入的思路。随着“四大检察”的全面推进，“四大检察”正在呈现相互支撑、融合发展的良好局面，这种局面的形成有赖于人民检察制度与生俱来的检察一体化基因。何谓检察一体化？有学者认为，是指检察机关在行使检察权过程中形成的整体统筹、上下一体、指挥灵敏、协作配合，统一行使检察权的运行机制[①]。新时代检察一体化，要打造“上下统一、横向协作、内部整合、总体统筹”的模式，具体包括办案一体化、人员调配一体化、资源配置一体化、案件管理一体化等内容[②]。因此，在互涉案件提前介入环节落实检察一体化，既是全面推进检察一体化机制建设的需要，也能有效解决“派谁介入”才能达到提前介入最优效果的难题。具体的实现形式，可以在必要时，建立跨部门、跨层级的办案团队（组）。在具体建构上，笔者认为需要着重把握三点：第一，“跨部门、跨层级”不单指本院各部门之间或者上下级院同一条线之间，但凡各级院、各部门有所关联，均可成为办案成员。当然，在具体角色和分工上应根据实际情况区分。第二，“有分工、有统筹”，互涉案件引入其他力量分工协作，发挥专业优势，但并不意味着职务犯罪检察官可以对其他普通罪名作壁上观。互涉案件特殊之处，究其根源还是在于涉嫌职务犯罪，因此，职务犯罪检察官仍然需要承担全案统筹职责。第三，提前介入意见的形成，办案组成员之间应加强相互沟通，尽可能统一认识、标准，做到对外意见一致。反馈意见需经由检察长批准同意，方可向调查机关、侦查机关反馈，增强对互涉案件“全案”的审查把握。

三、互涉案件跨区划与管辖的“横纵”规则

关于互涉案件调查管辖与司法管辖的衔接规则，《监察法实施条例》和《衔接机制意见》都未作出具体规定。要理顺其中的“横纵”规则，必须先搞清职务犯罪案件和普通刑事案件的一般移送规则。由于监察管辖是按照干部管理权限和属地管辖相结合的原则确定管辖地和管辖层级，而司法管

---

① 张智辉：《同心协力践行检察一体化》，载《检察日报》2022年8月25日，第3版。

② 姜昕、李成林、张建伟、侯亚辉：《检察一体化机制建设的推进与落实》，载《人民检察》2022年第3期。

辖则是依据犯罪地为主、居住地为辅原则确定地域管辖，依据案件重大程度、影响范围和可能判处刑期等确定级别管辖，这就导致部分案件出现立案调查的监察机关与后续审查起诉的人民检察院不同级、不同地的问题，实践中也确实存在监察机关的指定调查影响甚至决定后续司法管辖的情况[①]，故在此先讨论职务犯罪案件指定管辖问题。

《监察法实施条例》第二百二十一条至第二百二十四条、《衔接机制意见》第四条至第六条对职务犯罪案件商请指定起诉、审判管辖问题作出了系统规范，明确了“同级协商”原则。针对下列情形，具体操作方法为：

情形 1：A 市监委调查的案件，需由 A 市 B 区检察院、法院管辖的，可由 A 市监委向 A 市检察院商请确定由 A 市 B 区检察院、法院管辖。

情形 2：A 市监委调查的案件，需由同省 B 市检察院、法院管辖的，可由 A 市监委商请有管辖权的 A 市检察院并由其报请省检察院指定 B 市检察院管辖。

情形 3：A 市监委调查的案件系甲省监委指定或交办，犯罪地及被告居住地均不在 A 市，现需由 A 市检察院、法院管辖的，则由 A 市监委报请甲省监委商请甲省检察院指定 A 市检察院管辖。

另外需要注意的是，对于指定起诉、审判管辖的职务犯罪案件，在审查起诉、审判过程中，需要追加犯罪事实的，可以直接移送原受理移送起诉的检察院；但若追加犯罪嫌疑人、被告人的，监察机关应当按原有程序再次商请办理指定管辖手续，这主要是考虑到根据刑事诉讼法的有关规定，管辖的效力只能及于因某一犯罪行为而产生的具体案件，不能延伸至其他自然人[②]。与此同理，监察机关办理的主案指定起诉、审判管辖后，对于行

---

① 邓思清：《我国重大职务犯罪案件指定管辖制度研究》，载《政治与法律》2022 年第 6 期。

② 实践中遇到指定管辖的罪名没有成立，如指定管辖时系甲犯行贿罪，但最终监委却以甲犯单位行贿罪移送起诉，此时因犯罪主体同一、犯罪行为同一，故仍可依法管辖受理。

贿、介绍贿赂等关联犯罪案件需要随主案确定管辖的，仍然需要再次办理指定管辖手续，且主案和关联案件在办理管辖手续时，应当分别办理，不能以减少程序、提高效率等名义而相互替代[①]。

案件调（侦）查终结后就将进入移送审查起诉环节。根据《刑事诉讼法》第一百六十二条和《公安机关办理刑事案件程序规定》第二百八十九条第一款之规定，公安机关侦查终结的案件，应移送本辖区同级人民检察院审查起诉。《衔接机制意见》第二十三条坚持“同级移送”原则，即应移送同级人民检察院，同时又结合“法法衔接”实际创新工作程序，明确可向异地同级人民检察院移送审查起诉，若由异地上级检察院审查起诉的，应将案件通过上级监察机关移送异地同级检察院办理。具体如下：

假设王某因犯开设赌场罪，被甲省 A 市 A1 区公安分局立案侦查，后因犯受贿罪被乙省 B 市监委立案调查，若该案拟由乙省 B 市 B1 区检察院审查起诉，那么该案应如何移送？根据上述管辖和移送规则，王某受贿罪由乙省 B 市监委移送 B 市检察院后，由 B 市检察院再移送给 B1 区检察院；王某开设赌场罪则需由甲省 A 市 A1 区公安分局先移送 A1 区检察院后，再报送共同的上级检察院（即最高检）指定管辖至 B1 区检察院。再假设王某因经济犯罪，被甲省 A 市公安局立案侦查，后因受贿罪被乙省 B 市监委立案调查，若该案拟由乙省 C 市检察院审查起诉，则甲省 A 市公安机则需将王某经济犯罪移送甲省 A 市检察院，由甲省 A 市检察院报送最高检指定管辖至乙省 C 市检察院；王某受贿罪则应由乙省 B 市监委商请乙省 B 市检察院，由乙省 B 市检察院报请乙省检察院指定管辖至乙省 C 市检察院，待移送起诉时，乙省 B 市监委可直接移送至乙省 C 市检察院。

由上述假设案例可知，互涉案件确定司法管辖需要大量沟通工作，信息沟通不畅，可能出现同一被告人的不同罪名案件被指定不同地方司法机

---

① 孙梦远：《如何理解和把握监察法实施条例关于职务犯罪案件指定起诉、审判管辖的相关规定　把握具体原则　高效顺畅衔接》，载《中国纪检监察》2022 年第 17 期。

关办理的情况。即便在信息沟通顺畅的理想状态下，互涉案件特别是跨区划改变管辖案件仍旧存在层级多、耗时长等问题，有时为一个“小案”还需层报至最高人民法院、最高人民检察院指定管辖，耗费大量司法资源。对此，笔者认为，由于互涉案件中职务犯罪案件政治性强、敏感度高，如职务犯罪罪名为主罪名，职务犯罪案件已由“两高”确定司法管辖且检察机关已受理，公安机关后续移送较轻的普通罪名案件，因主案管辖已经确定，特别是犯罪嫌疑人已被检察机关采取拘留、逮捕等强制措施，公安机关“只移案、不移人”的，可以不办理指定管辖手续，直接将案件移送有管辖权的司法机关一并处理。

四、互涉案件分别移送情形下审查起诉期限的计算

互涉案件由于调（侦）查主体不同、案件复杂程度不一、适用程序不同等原因，案件调查终结、侦查终结的时间往往不同步，即便互涉案件由监察机关负责统筹协调调查和侦查工作进度，但现实情况总不都以人的意志为转移，终结不同步、移送有先后的情况时有发生。倘若前、后案移送时间相差无几或者后案在前案起诉后才移送审查起诉，对审查起诉工作的影响都不大；但如果前、后案移送时间均在审查起诉期内，且相隔时间较长，检察机关往往面临审查起诉时间不足的实际困难。对此，审查起诉期限能否从受理“后案”之日重新计算？

在研究讨论中存在两种分歧意见：

第一种意见认为，审查起诉期限应从“前案”受理之日起算。主要理由包括：第一，按照刑事诉讼法的相关规定，重新计算审查起诉期限仅限于改变管辖及退回补充调（侦）查完毕后重新移送起诉的案件。不同时间受理的互涉案件并案处理，不属于重新计算审查起诉期限的法定事由。第二，法律设定审查起诉期限的目的，是为了贯彻诉讼及时性原则，以“前案”受理之日起算审查起诉期限，有利于从整体上缩短办案期限，提高诉

讼效率。从刑罚执行角度看，有期徒刑减刑的起始时间自判决执行之日起计算，缩短办案期限有利于罪犯“早投监、早减刑”。第三，以“前案”受理之日起算，不影响对全案犯罪事实的审查，如审查期限不足或案件存在事实尚未查清等情况，可以通过延长审查起诉期限、退回补充调（侦）查或者先对“前案”提起公诉、再对“后案”补充起诉等方式解决。

第二种意见认为，审查起诉期限应从“后案”受理之日起算。主要理由有：第一，以“后案”受理之日起算，符合诉讼期限重新计算的一般原理。根据《刑事诉讼法》第一百六十条第一款、第一百七十五条第三款、第二百零八条第三款之规定，刑事诉讼法规定可以重新计算审查起诉期限的情形，均涉及对新证据的补充及审查，互涉案件中的“后案”也属于新罪名和新证据，同样需要重新计算诉讼期限。第二，从“后案”受理之日起算审查起诉期限，有利于发挥检察机关在诉讼中的主导作用，兼顾公正与效率，确保检察机关办案质量。检察机关受理互涉案件后需要时间进行全面审查，也需要时间对可以适用认罪认罚从宽制度的案件开展相关工作。按照“前案”受理时间计算全案审查起诉期限，虽一定程度上有利于案件尽快办结，但从办案期限上看，客观上会导致审查“后案”的时间甚至会少于一个月的法定审查起诉期限，仓促起诉势必有损“后案”及全案办理质量。特殊情况下，还会出现“后案”刚刚受理即面临到期的尴尬情形，只有在检察机关并案处理，并以“后案”的时间来起算办案期限，才不至于仓促起诉，确保检察机关充分履职，保障最佳办案效果。第三，从“后案”受理之日起算，首先，有利于保障犯罪嫌疑人的诉讼权利。辩护人也需要就“后案”开展阅卷、会见、向检察机关提交辩护意见等一系列辩护工作，如果“后案”审查起诉期限被压减，无疑会导致辩护权得不到充分行使。其次，有利于犯罪嫌疑人对自己面临的刑事处理形成明确预期。检察机关以“后案”起算审查起诉期限，全面审查所有犯罪事实，整体适用认罪认罚从宽制度，有利于犯罪嫌疑人全面了解自己罪刑，尽早认罪认罚，获得从宽处罚，避免因多次量刑协商、多次认罪认罚具结、多次讯问告知补充起诉、多次开庭等情况给犯罪嫌疑人增加诉累。从“后案”受理之日起算，并不必然导致羁押期限延长，也不必然影响罪犯投监时间，因为羁押日期可以折抵刑期，减刑系或然性事件，相关因素较多，对犯罪嫌疑人不构成实质影响。此外，先对“前案”提起公诉、再对“后案”补充起诉的方式，对于一般互涉案件可以作为应对方式，但对于重大职务犯罪案件，分开两次起诉，也会有损案件办理的“三个效果”。

2022 年 3 月，南京市人民检察院在办理一起互涉案件的过程中，针对互涉案件审查起诉期限如何起算的问题，提出以“后案受理之日重新起算”的意见，通过江苏省人民检察院向最高人民检察院书面请示。2022 年 11 月 9 日，最高人民检察院出台《关于先后受理同一犯罪嫌疑人涉嫌职务犯罪和其他犯罪的案件审查起诉期限如何起算问题的批复》，明确规定“对于同一犯罪嫌疑人涉嫌职务犯罪和其他犯罪的案件，监察机关、侦查机关移送人民检察院审查起诉时间不一致，需要并案处理的，审查起诉期限自受理后案之日起重新计算。”

五、互涉案件的并案审查与退查程序

（一）并案审查的相关程序

互涉案件并案主要涉及检察机关内部，但是否并案、何时并案、如何并案等问题仍值得研究。

关于是否并案。根据《衔接机制意见》第三十一条以及《人民检察院刑事诉讼规则》第十八条，对于一人犯数罪、共同犯罪、共同犯罪的犯罪嫌疑人还实施其他犯罪、多个犯罪嫌疑人实施的犯罪存在关联，并案处理有利于查明案件事实和诉讼进行的，人民检察院可以在职责范围内对相关犯罪案件并案处理。“可以”表明并案处理是赋权性规定，检察机关对互涉案件是否并案审查需要根据案件具体情况确定，比如案件移送起诉时间、复杂难易程度等，最主要就是要利于查明案件事实和诉讼顺利进行，如果并案审查起诉增加查明案件事实难度、阻碍诉讼顺利进行，显然不适宜采取并案审查方式，比如犯罪嫌疑人同时涉及洗钱犯罪，但因洗钱行为涉及地下钱庄等隐蔽、复杂手段，并案审查反而会拖延职务犯罪案件诉讼进程的，则分案处理更为适宜。

关于何时并案。对于符合并案条件的案件，实践中有的“后案”受理后随即并入“前案”，有的则对“后案”事实证据审查后才并入“前案”。不论是哪种做法，其实都基于检察官对“前案”和“后案”具体情况的把握，对于在互涉案件提前介入阶段，已经掌握全案事实证据情况的，受案即并案亦无不可。但若对全案情况不了解且案件疑难复杂的，最好还是预留一定的审查时间，经审查符合起诉标准后再进行并案操作。当然，上述预留审查时间也应注意控制期限，防止出现“借时间”等情况。需要说明的是，如果犯罪嫌疑人同时涉嫌A、B两个罪名，由监察机关、公安机关分别移送审查起诉，检察机关并案审查后发现，指控犯罪嫌疑人构成B罪的证据不足，经两次退查仍达不到起诉标准，此时能否拆案，以A罪对犯罪嫌疑人提起公诉，同时以B罪对犯罪嫌疑人作存疑不起诉决定？从现有法律及司法解释看，对该种情形如何操作并无具体规定。笔者认为，并案审查后，办理的即是一人涉嫌多个罪名的案件，如经审查认为，其中一个或部分罪名不成立的，应核减罪名后直接起诉，无须再次拆案。当然，也有观点认为，为了保证侦查机关对不起诉决定的复议复核权，应拆案后对某个罪名作不起诉处理。

关于如何并案。互涉案件调查管辖采取“监察机关为主调查”的模式，那么互涉案件移送并案审查起诉的，是否一律将其他公安管辖案件并入职务犯罪案件，如果一律并入，则按照检察机关内设机构职能分工，互涉案件均由职务犯罪检察部门办理；如果并非单向并入，那么互涉案件可能归由其他刑事检察业务部门办理。有观点认为，如何并案应根据“主罪”确定，若难以确定哪一个为主罪的，则并入职务犯罪案件。笔者认为，该观点有一定道理，但同时考虑到互涉案件属性，仍应考量犯罪嫌疑人是否具有国家工作人员身份，如具有国家工作人员身份，即便职务犯罪罪名并非主罪名，也应将主罪并入职务犯罪案件。

（二）退查的相关程序

互涉案件退查的规定简单明了，与一般案件退查规则无异。从《衔接机制意见》第三十一条第二款文义理解，互涉案件可以就个别罪名退回补充调查、侦查，且无论移送审查起诉后是否并案审查起诉，退回补充调查、侦查均不得超过两次。

在具体操作层面，互涉案件退查的难点在于并案情形下如何操作。除了尽量在并案之前严格把关避免后期退查之外，倘若并案后确实需要退查的，要么重新拆案，要么在并案情形下操作退查。重新拆案的好处在于指向明确，该退给谁就退给谁，弊端就在于反复进行并、拆案操作，且若互涉案件分别移送以“后案”受理之日起算审查起诉期限的话，并案之后再进行拆案，拆案之后再进行并案，缺少规范依据，同时也增加了期限计算的复杂度。在并案情形下退查时，不管是向公安机关还是向监察机关退查或者全案退查，退查时均作为一个整体，只是在退查对象上具体区分，该退给谁就将退查文书开给谁，操作相对简单。

第四节　检察提前介入监察调查相关问题

一、检察提前介入监察调查的正当性

（一）提前介入机制的内涵

“对监察委员会调查案件的提前介入，是指检察机关针对监察委员会立案调查的刑事案件，应监察委员会的邀请，派员提前介入调查，对案件定性、证据收集、事实认定、法律适用、案件管辖等提出意见和建议，以保证案件顺利进入起诉阶段”[①]。国家监察委员会、最高人民检察院2018年《办理职务犯罪案件工作衔接办法》（以下简称《衔接办法》）、2019年修订后的《人民检察院刑事诉讼规则》以及国家监察委员会、最高人民法院、最高人民检察院、公安部2020年《关于加强和完善监察执法与刑事司法衔接机制的意见（试行）》（以下简称《衔接机制意见》）等规范性文件都对检察机关提前介入监察调查活动进行了规定，相继出台的文件正在助推检察机关提前介入监察调查机制走向规范化、法治化。检察机关对监察案件的提前介入，向前延伸职务犯罪案件调查阶段，向后连接司法机关审查起诉环节，在职务犯罪案件办理过程中起着承上启下的作用。

（二）提前介入机制的功能

理论界对于职务犯罪案件提前介入机制的正当性，依然存在不同声音，肯定者确认其正当性和实践价值[②]，否定者认为其欠缺法理基础[③]。根据《监察法》第三十六条的规定，监察机关搜集的证据，依然要经过证据资格

---

① 陈国庆：《职务犯罪监察调查与审查起诉衔接工作指引》，中国检察出版社2019年版，第41页。

② 吕晓刚：《监察调查提前介入实践完善研究》，载《法学杂志》2020年第1期。

③ 封利强：《检察机关提前介入监察调查之检讨——兼论完善监检衔接机制的另一种思路》，载《浙江社会科学》2020年第9期。

和证明力的双重考验，因此，检察机关作为公诉方提前介入，对职务犯罪案件的证据进行把关、筛选和过滤，能够从源头确保证据符合审判标准，也有助于防范监察调查权力运行的合法性风险。从实践看，监察体制改革以来，提前介入机制不仅在管辖手续办理、强制措施准备、涉案财物处理等程序衔接方面发挥着“公诉准备”的重要作用，也有助于规范取证工作、完善证据体系和准确适用法律，在提升监察案件质量与保障被调查人权益方面，发挥着“有效制约”的作用。在各地，监察案件提前介入机制常态化运行，在重大职务犯罪案件的办理过程中，提前介入的比例更高。不少案件通过规范、有效的提前介入，核减了拟指控的罪名或事实，明晰了违纪行为与犯罪行为的界限，完善了全案证据体系，可见，提前介入监察调查是“相互配合、相互制约”原则的重要实现机制。

二、检察提前介入监察调查的实践困境

（一）提前介入机制的不规范性

《人民检察院刑事诉讼规则》第二百五十六条第二款规定，“经监察机关商请，人民检察院可以派员介入监察机关办理的职务犯罪案件。”对比该条第一款，“经公安机关商请或者人民检察院认为确有必要时，可以派员适时介入重大、疑难、复杂案件的侦查活动”，由此可见，检察机关认为确有必要时，可以主动派员介入公安机关的侦查活动，但监察案件提前介入的启动权掌握在监察机关，检察机关并无主动启动权。《衔接办法》进一步明确，商请介入需以“书面商请”为前提，检察机关也强调提前介入的实质化、规范化，实现“提前介入的案件化办理”。但实践中，落实的情况却并不理想，从商请主体看，有的以监察机关名义提出商请并加盖公章，有的则是以监察机关审理部门名义提出商请，还有的由案件调查部门提出商请；从反馈主体看，有的由检察机关出具正式反馈意见，有的则是以职务犯罪检察部门或者检察官办案组的名义进行反馈；从介入地点看，有的监察机

关将装订成册卷宗移送检察机关审查，有的则是检察机关派员至监委办案点查阅卷宗。由此可见，提前介入机制的启动与意见反馈的具体程序有待规范，影响了提前介入机制功能的发挥。

（二）提前介入比例过高或过低

《衔接办法》第十二条规定了检察机关介入监察机关的案件范围为重大、疑难、复杂案件，但是，何谓重大、疑难、复杂案件？不论是从涉案金额、被调查人级别、可能面临的刑期、社会影响力等角度看，目前都缺乏具体、明晰的判断标准。调查研究发现，“全国市县监察机关商请提前介入率并不平衡，存在畸高畸低的现象”[①]。由于“重大、疑难、复杂案件”的标准过于笼统，实践中容易出现两种倾向：一是“凡案必商请介入”，认为检察机关提前对案件质量进行把关是一道质检流程，每件案件都商请介入，既可以由检察官一起帮忙指导取证，又可以保证后续移送司法环节的顺畅高效，避免出现退回补充调查等程序倒流现象及规避不起诉风险；二是“严格把握介入案件范围”，认为介入比例过高，可能会影响监察机关办案的独立性和检察机关审查起诉的客观公正性，结果在审查起诉阶段耗费相当多的精力进行补证工作。其实，提前介入应坚持适度原则，有些案情简单、争议不大的案件，并无提前介入的必要。从各地实践操作看，多是检察机关派员至监委办案点听取案情介绍、直接查阅卷宗，如果提前介入比例过高或者全覆盖，势必要投入大量检察资源，也可能造成提前介入机制的滥用。

（三）提前介入时间过早或过晚

按照《衔接办法》等相关规定，监察机关商请提前介入，原则上应在案件进入监察审理程序后，案件移送检察机关审查起诉15日前。之所以规定

---

① 阳平：《检察提前介入监察：正当性、限度与制度建构》，载《南京大学学报》2022年第5期。

这个时间节点，因为案件移送审理部门，意味着调查基本终结，已进入移诉前的准备阶段，要求至少在移送审查起诉 15 日介入，也是为了保证介入时间的充裕及提前介入的实质化。一种倾向是，调查初期，案件事实尚未全面查清、卷宗材料尚未装订成册，此时介入调查，可能影响检察机关介入意见的全面性和精准性。另一种相反的倾向是，留置期限即将届满，监察机关才商请检察机关介入，留给检察机关介入的时间只有两三天，非常仓促，来不及全面阅卷，审理部门也来不及将介入意见提交纪委常委会讨论。

（四）介入意见的落实不到位

检察机关的提前介入意见是柔性的，监察机关可以采纳，也可以不采纳。但不能仅注重检察机关的配合作用而忽视其制约功能，对检察机关提前介入意见的重视程度不够，尤其是检察机关提出否定性意见。总体而言，检察机关的提前介入意见可以分为三类：一是补充完善证据的意见。监察调查虽不属于刑事诉讼活动，但与侦查程序具有同质性，同样需要坚持刑事诉讼的证据标准及“以审判为中心”的基本原则，因此，对于检察机关提出的补证意见，监察机关应当予以采纳，这样才能使提前介入工作真正发挥预设功能。二是法律适用意见，特别是核减拟指控罪名或事实的意见。通常来说，监察机关对补证意见的接受度更高，一旦监检双方在法律适用上产生实质分歧，则需要花费相当大的沟通成本。如果监察机关不认同检察机关介入意见并直接移送审查起诉，后续双方很可能在审查起诉环节花费大量时间精力进行再次沟通。三是其他人员涉嫌犯罪的意见。如介入受贿案件后，检察机关一般会反馈其他人员涉嫌受贿共犯、洗钱犯罪、行贿犯罪，这对于落实“受贿行贿一起查”的重大部署、从严惩治洗钱犯罪等都具有重要意义。对于涉嫌犯罪的其他人员，如果监察机关以违纪形态处理、不再移送司法机关，原则上应予以反馈或者作出说明，这也是落实“相互配合、相互制约”原则的需要。

三、提前介入机制的优化

（一）严格控制提前介入的范围和比例

如何界定“重大”“疑难”“复杂”案件，是解决检察机关提前介入监察案件范围的首要问题。整体来看，不可采取一刀切的方式，而是要综合考量被调查人职务级别、犯罪数额大小、案件敏感度及社会影响力、是否涉及新型隐性腐败、在罪名适用及事实认定上是否存在较大争议等。一般而言，对于在全国、全省有较大影响力的重大职务犯罪案件，监察机关通常都会商请检察机关派员介入。对于一般的职务犯罪案件，提前介入比例需控制在合理范畴，既不能盲目追求100%的提前介入率，也不能对提前介入机制持排斥、否定态度。在提前介入的启动上，由于监察机关是惩治贪污腐败的核心力量，故目前提前介入的启动权掌握在监察机关手中。但有学者主张，检察机关的及时跟进有利于提高办案效果，可允许检察机关主动介入可能会引发高度舆论关注的特殊案件①，该观点具有一定的合理性。

（二）明确提前介入的时机及方式

监察案件调查过程具有高度保密性，这是由职务犯罪案件隐蔽性和秘密性的特点决定的。因此，选好检察机关提前介入的时机是监检衔接顺畅高效的关键所在，过早或过晚都难以正常发挥检察机关提前介入的功能。调查阶段，案件事实尚未完全查清，证据体系也可能存在较大缺口，检察机关此时介入，势必无法做到“一次性介入”，需要“两次介入”甚至“多次介入”，浪费司法资源，容易加剧基层司法机关“案多人少”的矛盾。同时，过早提前介入还容易演变为监检联合办案，可能影响监察调查的独立性及监察机关审理部门过滤功能的发挥。因此，介入时间原则上应确定在案件进入审理部门最为适宜，且检察机关提前介入时间原则上在审理部门

① 姚莉:《监检衔接视野下的检察提前介入监察机制研究》，载《当代法学》2022年第4期。

受理案件5～7日后，以确保审理部门独立作出审查意见。如果案件特别疑难、复杂，确有必要在调查阶段听取检察机关的初步意见的，个别案件可以提前至调查阶段商请介入。在提前介入方式上，主要以听取案情介绍、审阅案件卷宗为主，但是，对于在监察调查阶段不认罪、翻供、零口供的案件，检察机关经审查认为有必要时，需查看被调查人、行贿人的同步录音录像资料，以便及时审查证据合法性、保障被调查人的合法权益。在提前介入的地点上，建议在检察机关办公地点对监委移送的卷宗进行全面审查，而非检察机关派员至监委办案点介入，避免调查未终结就仓促商请检察机关提前介入，也防止提前介入演变成监检联合办案。

（三）健全提前介入意见反馈落实机制

检察机关提前介入案件后，应建立有效的提前介入意见跟踪反馈机制，以实现提前介入程序的闭环。首先，开展提前介入工作的虽是检察官或办案组，但反馈主体应为被商请介入的检察机关。其次，为确保提前介入意见的权威性和严肃性，应以书面方式反馈介入意见，包括案件法律适用、证据完善、财物处理及其他人员涉嫌犯罪情况等全面意见。最后，检察机关提前介入意见，对监察机关的案件办理应有一定的约束力，避免提前介入流于形式。“如果监察机关不采纳检察机关的合理意见，则可能严重影响监察案件办理质效，与国家监察体制改革初衷背道而驰。因此，有必要制定科学的规则对监察机关在提前介入中可能出现的随意行为进行规制。”[①] 对于检察机关的补证意见，监察机关原则上应予以采纳并按照以审判为中心的原则完善证据体系。检察机关提出的法律适用意见，如与监察机关拟认定意见存在较大分歧且经沟通仍不能达成一致的，应层报监察机关主要负责人决定。检察机关的介入意见对监察机关不具有强制力，但如果监察

① 左为民、刘帅：《监察案件提前介入：基于356份调查问卷的实证研究》，载《法学评论》2021年第5期。

机关不认可检察机关的法律适用意见，应予以说明并正式回复。对于检察机关提出的其他人员涉嫌行贿、单位行贿等犯罪的意见，监察机关如认为行贿人对调查突破案件起关键作用或者有自首、重大立功等表现，拟不移送司法机关处理的，应出具行贿人等其他涉案人员处理情况说明。对于检察机关提出的其他人员涉嫌洗钱、串通投标等公安机关管辖罪名的意见，监察机关应将相关犯罪线索移送有管辖权的侦查机关。

根据《宪法》第一百二十七条第二款的规定，监察机关办理职务违法和职务犯罪案件，应当与检察机关互相配合、互相制约。通过提前介入监察调查，明确取证方向，完善证据体系，向前传导刑事诉讼证据标准，防止案件“带病”移送司法机关，这些都是相互配合的具体体现。但是，相互配合不是联合办案，检察机关需要通过实质化、规范化的提前介入，审查证据合法性以保障被调查人的合法权益，关注其他涉案人员处理以落实“受贿行贿一起查”，严把证据标准以确保每一起案件都经得起历史检验，切实发挥好提前介入机制的作用，以确保配合有力、制约有效。

后　记

2006年，我从厦门大学毕业进入南京市人民检察院工作，时光荏苒、白驹过隙，转眼从事审查起诉工作已经近二十个年头了。作为一名公诉人，每天要接触各类真实的、鲜活的刑事案件并作出司法结论，时刻战战兢兢、如履薄冰。记得刚参加工作时，前辈告诉我们，“如果你从未因一起案件而忧心忡忡、辗转难眠，很难称得上是一个优秀的公诉人”。的确，一路走来，本领恐慌如影随形，我们在处理一个个疑难复杂案件的过程中，不断发现问题、解决问题，从而积累司法经验、提升业务素能。法律是一门善良和公平的艺术，司法者无法通过科学实验、精密计算等自然科学方法推导出精准结论，而是要在洞悉社会现实、回应民众期待、权衡价值冲突中不断求索，既要有从纷繁复杂的法律事实中把握实质法律关系的能力，也要有在情理法的有机统一中实现公平正义的智慧。

2018年7月，我从公诉一处调入新成立的职务犯罪检察部工作。当时，监察法公布不久，刑事诉讼法尚未作相应修订，对于职务犯罪案件办理中的不少程序性问题，譬如，留置措施与刑事强制措施如何衔接？如何规范开展提前介入工作？都没有具体规定可循。我们在办案中，不断探索监检衔接的细则。依然记得，在办理“留置第一案”的过程中，对于监察机关移送的留置案件，检察机关作出拘留决定后，具体由公安机关哪个部门负责执行，是当时面临的一个棘手问题。我们先后联系了法制大队、刑警大队、特巡警等多个部门，多方协调、反复研商，最终确定具体流程。近年来，随着互涉案件的增多，新的程序性问题又不断涌现。比如，检察机关先后受理同一犯罪嫌疑人涉嫌职务犯罪和其他犯罪的案件，审查起诉期限如何起算？以“前案”受理之日起算，还是从“后案”受理之日起算？这看似一个“小问题”，实则影响被告人及辩护人的诉讼权益，关乎实质正义。对此，我们深入开展调查研究，多角度进行分析论证，提出了从后案受理之日起算的意见并请示至最高人民检察院，最终推动批复出台。作为一个基层办案人员，能亲历司法解释的诞生，深感荣幸和自豪。

监察体制改革以来，随着反腐败斗争的持续发力、纵深推进，贪腐手段翻新升级、隐性变异，呈现出腐败主体隐身化、行权方式市场化、权钱交易民事化、利益兑现延时化、贿赂对象虚拟化等特征，法律适用方面的司法难题比程序方面的难题更多。作为一线办案的司法人员，一方面，需要树立穿透审查的意识，透过现象看本质，善于揭开“面纱”、识破“障眼法”，精准甄别和认定行为性质。另一方面，需要坚持罪刑法定、疑罪从无的基本原则，审慎谦抑地办理案件，以事实为依据、法律为准绳，运用法治思维和法治方式惩治腐败。

理论是灰色的，而生命之树常青。面对新情况新动向，我们在与时俱进破解实务难题的过程中，不断重复从实践到理论、再从理论到实践的探索。很早以前，便萌生出将司法实践中遇到的各种难题进行系统研究并梳理成册的想法，但在卷宗如山的压力下，终究是未能实现。去年，在检察官学院的实训课堂中，不少学员有感于同样的经历，建议我将各种沉甸甸的实务之“痒”总结成册出版，为办案实践提供一份有价值的参考。于是，经过无数个挑灯夜战的日子，笔耕不辍，便有了这一本书。

写作过程中，我时常问自己，办公桌上摆满了各类办案指导用书，站在“用户体验”的角度，实务工作者会更青睐一本什么样的书？简而言之，我觉得它应具备以下特质：第一，没有事无巨细的案情介绍，没有引经据典的观点堆砌，也没有长篇累牍的文献梳理，读者可以从短小精悍的案例和简洁明快的文字中，快速抓取核心问题；第二，坚持问题导向，直击近年来的新型隐性贪腐手段及理论前沿问题；第三，选取的个案要能折射出现实案例的争议焦点及司法考量，作者提出的意见，是经司法实务检验过的合理方法。阅读的过程，读者可以跟随作者，探究职务犯罪法律适用中的难点与争议，了解“司法产品”生产过程中的观点碰撞与审慎考量。

总之，这是一本由问题“倒逼”出来的书。希望它成为一把小小手术刀，精准剖开那些在司法实践中反复刺痛我们的“硬骨头”。如果它能给有同样困惑的同行些许启发，或者为学者、律师、学生提供辨法说理的不同视角，又或者能起到以案为鉴、以案释法的犯罪预防作用，那么，伏案耕耘的日夜便有了意义。

囿于时间与水平，本书还有很多不足与遗憾，期待广大读者多多批评指正。

余枫霜

2025 年 6 月 19 日